當代國際法（上）

吳嘉生 著

五南圖書出版公司 印行

自序

　　自政府遷臺以來，國家處境沒什麼時候比現在更為困難，自許為知識份子的一員，內心實在是感慨萬千。長年以來政府的目標，在提升人民的生活水準；想要走出去，增加國家的曝光度。無奈，因為各種不同的複難因素，使得國人的處境益形惡劣。

　　懷抱書生報國的職志，要教導好年輕的學子，能夠在不久的將來，為國人服務；首先必須要有正確的認知，再思如何去培養本身入社會後的競爭力，才能達到人生的目標。而學習國際法，了解國際法，才知道要如何「進入國際社會」，什麼的作法，才是最有效的，最容易達成的。所謂你必須先要知國際社會的遊戲規則——國際法，你才有可能成為國際社會不會忽視的一員。

　　近年來，政府大力提倡「國際化」，以培養年輕人能夠在社會上占有一席之地；不論是實際的作法也好，抑或是作為努力的目標，學習國際法，絕對是現在年輕人，至少自許為法律人的青年，一個正確的選擇。

　　作者在國際法的專業方面，仍然有待於先進與長者的不吝指導！在此先致感謝之意！

　　最後，用一名快要遺忘掉的精神講話與年輕學子共勉：

　　時代考驗青年，青年創造時代

吳嘉生　於法律研究室
97.8.8

目　錄

第一章　國際法之產生

第一部分：關鍵概念與名詞界定

1.國際法產生之動力

　　人類自從在地球上出現之後，便面對周遭的惡劣環境，最原始之要求就是要能夠「生存」，在這樣的最高目標與最低要求之下，人類知道要達成這樣的目標與要求並不是那麼容易。大自然的壓力與所面臨的生態環境對每一個人而言，更不是件容易的事。經過很長的一段時間，透過學習而獲得經驗，告訴了每一個人不能離群而索居，更不能「孤芳而自賞」，也因此而了解到獨立的個人難以達成「生存」的最低要求，彼此因事實上的需要而開始建立關係，相互合作，共同對抗外力的威脅。就因為這樣的基本觀念之形成，人類開始有了最基本的社會——家族；進而繁衍成小形的社會——部落，更進而擴大到了王國的出現。

　　為了維持彼此之間的正常關係以及彼此的共同需要；也逐漸建立了共同的信念——在人類社會之中的最基本的條件之下，有了尋求和平、秩序的建立；也因而建立了一些規則作為彼此行為規範——部族或對封建的法制（Feudal Law）的形，進而有了更高層次的「國家法」（Nation-State Law）。在其後，各王國與各王國之往來，彼此也因而有共同的需要而有了區域性的國際關係之形成。在經過長期的各國之實踐，透過習慣、慣例、最高統治者的判決，法律的一般原則、到學者專家所提出之主張，逐漸形成了現在所熟知的早期的國際法（Law of Nations）。

2.自然法學

　　原先，「自然法學」（Law of Nature）與神學相結合，經過相當長的一段時間的演變，自然法才從神學的觀念中脫穎而出，也才逐漸的認定自然法是從人類的理性出發而形成的一種理想規範。它是人類理性所依據的

自然律令。以自然法為立論依據之學者們，均有一個共同的趨向，認定以「自然法」作為理性、正義、國際社會之共同利益的「化身」。持此一觀點所形成之「自然法學派」的學者，均認為國際社會規範之具有拘束力，乃是將自然法適用於特殊環境之故。易言之，各國之所以會遵守國際法，是因為國與國之間的關係，受到一種更高的法律——自然法——之指導；因為國際法只是因為有自然法的存在，才會發生。

今日仍存有「自然法」學說之遺跡，例如，21世紀的各種國際公約，規定各國要尊重人權與基本自由，即含有「自然法」的意味。又如，二次世界大戰之後對於「戰犯」的懲罰，也是基於自然法的理論，來說明懲罰具有正當性而合乎正義的要求。因為自然法的理論，具有相當程度的理性與理想的特質，所以它對於國際法的發展，發生重大而正面的影響。雖然它欠缺精確的意義，偏向主觀而不是客觀的理論，但是它至少在建立各國注意到國際法的存在與尊重國際法，卻有其不可磨滅的貢獻。它的主要缺點顯然在於它的國際關係的現實，但是它的假定國際關係有其理想與道德之基礎，卻也是有一定之價值。

3.實證法學

「實證法學」（Positivism）的理論是根據幾個假設作為前提：第一，國家是一個「想像實體」（Metaphysical Reality），它的本身具有價值與意義；第二，國家被認為具有意志。而這個「國家意志」（State Will）的抽象觀念，乃是由德國哲學家黑格爾（Hegel）所創設，而這樣的國家意志，具有完全的主權與權威。「實證法學派」的學者認為國家的規則，經由分析到最後，是與國內成文法具有相同的性質。因為二者均是國家意志的表現。他們大致上認為國際法之所以具有拘束力，完全在於國家本身的意志接受了國際法。

實證法學派的學者，為了符合他們前述的立論前提，該學派的學者們認為國際法是國家意志所接受的規則，也就是每一個國家「自願限制」（Auto-Limitation）它本身的主權所接受的一些規則。他們稱此理論為「自我限制」說。如果欠缺此種「同意」的表示，國際法便不能拘束國際

社會的成員。實證法學派的學者承認他們的理論，對於國際法的習慣規則難以符合。他們認為國家有時會受到習慣規則的約束，但卻無法在條約或其他議定文書中國家曾有表示過同意。為此，他們解釋說：國家之所以遵守習慣規則，雖未有「明示同意」，但必須被認為國家曾作過「默示同意」。可知它在加入國際社會之前，即已予以「默示同意」。如此解釋，顯然是相當牽強。縱使姑且承認他們的理論有部分正確，也只能限於國際法的若干基本原則的說明。

　　實證法學派的學說，固然有許多缺點；然而，它對於國際法學卻也發生一個相當有價值的正面影響，那就是實證法學派之重視各國的實例。強調只有國家遵守的規則，才是國際法規則。如此的重視實例或許有些過分；但是，這樣可以使國際法的規範更加的務實而產生實際的功能，而省去許多理論上不具有實益的空洞討論。

4.國際法產生之新趨勢

　　就當今之國際社會而論，國際法乃是規範國家與國家之間大部分關係，所不可缺少之規則或原理。國際社會如果欠缺了國際法，國家與國家之間就無法實際交往；更重要的是國際社會就難以有和平與秩序，更遑論繁榮與發展了。事實上，國際法是各國在它們相互交往關係上的一種因應實際需要的產物。如果國際法不存在於國際社會，各國在國際社會之中，就難以得到通商貿易、文化交流及相互交往的便利與實益。自20世紀以來，國際法新規則的產生與發展，無可諱言的，比以往任何時期都要來得快速，這當然是因為科技發展的直接影響，使得國與國之間增加了相互依存與相互依賴的結果；以往的國際規則與原理已不足以因應新的國際環境，更不足以適應新的世局變遷。因而，過去超過半個世紀的時間，各國締結了許多「多邊條約」（Multilateral Treaty）制定了許多國際法新規則，此類多邊條約可以統稱為「立法條約」（Law-Making Treaties）或「國際立法」（International Legislation），此外，常設仲裁法院、常設國際法院以及現今的國際法院的判決，對於促進國際法的發展，亦有不可忽視的貢獻。而在主題方面，也從傳統的主權研討，擴充到基本人權、環境權及發展權等更多元、更先進的國際法規範。

第二部分：專題研究與論述

■專題：國際法產生之探討

壹、前言

　　要了解國際法是如何產生的？產生的原因？產生的動力……等相關問題，一個最便捷的方法就是從國際法的定義來找出國際法的特性，再由國際法的特性便可回答前面所列的幾個問題。一般來說，我們可以把國際法定義成規範國際社會內，其社會成員之間彼此相互關係的行為準則。從這個定義來看國際法如果把它加以解析，應該至少包含四個要件：1.國際社會；2.社會成員；3.相互關係；以及4.行為準則。因此，國際法的特性即與此四個要素的各種方式的結合有不可分的關係。

　　首先，因為國際法是國際社會的行為準則。那麼國際法即與國際社會成為孿生兄弟，有社會就有法，有國際社會就有國際法。也就是國際法是國際社會的法。國際法與國際社會是一種共生並存的關係，在這樣的情形之下，一旦國際社會形成，國際法即因為此種相互依存的需要而產生，這是國際法的第一特性。它似乎可以說明國際法產生與存在的理由。其次，從國際法的定義也約略可以看出其產生的原因。因為國際法是規範國際社會中其成員彼此之間的相互關係；簡單的說，國際法就是規範國際社會的成員彼此如何「共處」的行為準則。國際社會如果要生存、圖發展，則其成員必須要學習如何生存、如何發展，而學習必須要有典範、要有準則，以資依據。而此種典範、此種準則，即是國際法；唯有國際法方能實現此目的、發揮此功能。因此，國際法的第二特性就是國際法是國際社會內的共處法。例如：關於不干涉各國內政、尊重國界、承認公海上航行自由、

保護外交代表、遵守締結條約的程序等等國際法，都屬於共處法[1]。以上這些所謂的「共處法」，即是國際法產生的第二個原因。因為國際社會中的成員，因為需要「共處」而產生了國際法。

　　布萊利教授在其所著《國際法之展望》（*The Outlook for International Law*）中指出：「國際法之存在，就是由於相互間必須發生關係的許多國家共同相處所產生的自然結果。有一個沒有例外的真理，是法學家所熟悉的，就是凡有社會，必有法律。有法律也就說明有社會。國際法之存在就是這樣的一例。法律與社會之不可分，理由很簡單。因為人類生活在一處，少不了彼此有所要求，而要求鄰人對自己有某種作為或不作為。可是經驗告訴大家，除非基於互惠，這些要求不會被人接受，也就是說不會成為權利；必須每個人承認對別人也有一種相互的義務，正如別人之對自己一樣……。我們不妨給國際法下一個定義：國際法是一個國家為其本身及其人民向其他國家要求的權利，以及連帶地它必須對其他國家擔負起來的義務之總和」[2]。以上布萊利所述，基本上是說「互惠」是國際社會成員行為準則的基礎。因此，國際法的第三特性即是國際社會中的成員，彼此以「互惠」作為行為準則的基礎。就國際法的產生而言，則是因為國際社會的成員，因為互惠的需要，需要國際法來規範彼此之間的權利義務關係；國際法遂應運而生。無庸諱言，互惠的需要自然是產生國際法的基本因素之一。

　　以上所述的三種國際法特性，基本上是從傳統國際法產生的原因，來作為立論基礎所發現的國際法特性。但是我們如果從國際法產生的方法來探討國際法的產生，則就傳統國際法而言，國際法之產生乃是基於國家間之「合意」所形成的法。也就是起源於羅馬法的「合意必須遵守原則」或有學者稱之為「條約必須遵守原則」（Pacta Sunt Servanda）。依照傳統國際法的理論來看，規範國際社會成員之間的行為法則，基本上都是經由國際社會成員，彼此的同意而產生。每一個國際社會的成員都是以本身的同

---

[1]　見黃炳鐘編著，當代國際法，臺北，風雲論壇出版社，民國78年，頁1。
[2]　James Leslie Brierly, Outlook for International Law (1994), p.4.

意為前提，才會產生拘束它行為的國際法存在。對於特定國際社會成員所未表示同意之行為法則，即無法對該特定國際社會成員，有任何拘束力存在。

　　雖然傳統國際法亦承認在國際社會中亦存在有國際社會成員的行為法則，如：公平、正義、誠信及善意等，不須經由國際社會成員的合意，即已成立的國際法原理。然而這些行為法則，只能把它們視為判斷的標準，若是要對國際社會成員產生實際上的規範效力，仍然需要各該國際社會成員本身的同意為前提。而在各國際社會成員均一致同意之下，方能成為國際社會的行為法則，也才有國際法產生之效果。而目前現代國際法雖然仍然是以合意為基礎，但是隨著國際社會成員的日益增加，國際社會的結構，也開始隨著時代的發展而不斷地改變；如此隨著國際社會的改變，也使得傳統國際法原則發生本質上的變化。此一本質上的變化就是現代國際法的產生，其方法已由國際社會成員的全體合意改採多數合意的方式；這也就是國際法的第四個特性。而該多數合意的結果，經常表現在國際社會之中；例如：聯合國及各種國際組織對於憲章（基本條約）的制定，或是在習慣國際法法典化的過程當中，都已採用多數決取代傳統上全體一致的合意方式。其結果乃造成一些不同意某些規範的國際社會成員，在面臨無法完全孤立於國際社會的前提之下，亦不得不接受其本身「未合意」的法秩序；雖然此種現象，目前僅出現於國際法秩序的一部分，但是傳統國際法的「絕對」合意原則，無疑地已產生質變，使得國際法的產生、成立，乃至於運作，更能符合現實的國際社會[3]。而一般而言，現代國際法在「多數合意」方法的運作之下，所產生或創新的基本原則，至少有下列幾項：1.追求正義與人權：例如，尊重民族自決權、人權保障的國際化等；2.追求國際社會的和平與安全：例如，國際社會的組織化，以及集體安全保障等；以及3.追求人類共同福祉：例如，重視人口、糧食、生態環境保護等。

　　最後，經由以上的探討分析，我們對於促使國際法產生的國際法特

---

[3]　見許慶雄與李明峻合著，現代國際法入門，臺北，月旦出版公司，1993，頁24。

性，如果從國際法產生的原因方面來看有三：1.國際法是因為國際社會成員的相互依存的需要而產生的；2.國際法是國際社會成員的共處法；3.國際法是國際社會成員的互惠法。而如果從國際法產生的方法，這方面來審視國際法的特性，則傳統國際法的國際法特性是「絕對合意」。而現代國際法的國際法特性，則已轉變成所謂的「多數合意」。由國際社會成員中的多數，達成合意，即可使國際法產生或創新出來。

貳、國際社會之發展與國際法之產生

　　早期人類社會草創之初，一切情況都是混沌未開，「原始部落」（Primitive Trible）的活動，在人類學家與社會學家的努力之下，逐漸能揭開它的神秘面紗。然而在某些方面的表現實況，仍有待繼續努力。例如：原始社會是如何形成的？部落與部落之間的作戰是如何進行的？部落與部落之間的和平是如何維持的？以及部落與部落之間又是如何相處的？凡此等等問題均已成為學者專家按照人類社會現在的狀態，依賴科學研究的方法反溯人類社會歷史的進程，而獲得一些初步的推論結果。那就是任何一個部落組織或「政治社區」（Political Community）如果已經達到相當的自治程度，那麼多多少少會有一些獨立自主的性質；那麼它們勢必會與本身以外的其他組織、團體、社區或部落「接觸」──和平的或敵對的。因此，它們自然感覺有一種法國大思想家孟德斯鳩（Charles Louis de Secondat Montesquieu, 1689-1755）所謂的「萬民法」（Law of Nations）之需要的感覺，來作為維繫它們彼此之間的「交往關係」（Intercourse）的準則。這也就是孟德斯鳩為什麼會堅持他那讓人爭議不休的主張──所有的國家都有它們的萬民法──的基本因素。

　　雖然孟德斯鳩的主張，在他的那個時代未必為其他學者所認同。但是無論如何，在早期的原始部落之間確實有一些規則來規範它們之間如何相處，雖然相當的基本與原始而「未健全發展」（Rudimentary）。例如：早期的原始部落時期，他們並不懂得像近代戰爭的集體與組織戰，但是

他們對待部落以外的所謂的「外國人」（Foreigner），卻是相當的具有敵意，甚至於不視為人。但是也有初具規模的基本概念，例如：條約必須要遵守以及派遣及接受所謂的「大使」（Envoy）……等彼此相處之道的實現。這些早期的法律現象的表現在有文字記載的時代來臨之後就更為顯著了。根據文字歷史的記載，大約是在西元前三千一百年前在亞洲西南部的底格里斯河（Tigris River）與幼發拉底河（Euphrates River）之間的美索不達米亞平原（Mesopotamian Plain）上，存在有今天所謂的「城市國家」（City-State），如：拉格斯（Lagash）與烏瑪（Umma），他們的統治者簽訂了史書上所記載的第一個條約；該條約是以蘇美（Sumerian）文字刻在石碑上，而在20世紀的初期被考古學家所發現[4]。該條約在國際法產生的重要性是它包括了一個仲裁條約，要以仲裁的方式，來解決彼此之間的疆界糾紛。

　　如果檢視希伯來、亞利安、巴比倫、印度，乃至於我們中國的早期的上古史的紀錄，不難發現有關戰爭與外交這兩方面的事務，在我們近代國家的交往關係中，仍然存留有當時的習慣與作法。例如：在古代埃及及中東各國或各民族在彼此交往的關係中，即發展出某些國際關係的規則，與現代國際法中的某些規則頗為類似；像是它們之間彼此訂有條約，使節也享有豁免權等。史書上可以證明的是在古希臘半島上的城邦國家及古印度半島上的王國確實存在有效的國際法制度。在希臘城邦國家時代，在城邦相互間的關係上，逐漸發展出某些習慣規則，作為維持希臘半島上的「國際秩序」（International Order），而這樣發展出來的「習慣規則」（Customary Rules），即被蘇聯的著名法學家維諾格多夫（Paul Vinogradoff）教授稱之為「邦際法」（Intermunicipal Law）[5]。這些所謂的「邦際法」至少包含下列兩項：1.交戰前應該先行宣戰；2.交戰時不可侵犯來使。凡此等等均是當時的「習慣規則」；這些規則在當時不但適用於

---

[4] Arthur Nussbaum, A Concise History of the Law of Nations (N.Y.: The Mac Millan Company, 1954), pp.l-2.

[5] Barry E. Carter and Phillip R. Trimble, International Law (Boston: Little, Brown and Comp., 1995), p.30.

城邦相互之間的關係，也同時適用於希臘城邦與其鄰近國家之間的關係。更重要的是這些「習慣規則」至今未變，而成為近代國際法之嚆矢。另外，那些規則都深受當時宗教的影響，顯示在國際社會形成之初，其所應運而生的國際法，宗教、道德、正義與法律四者之間並未嚴格劃分，而均融入成一體。

　　在羅馬時代，因為羅馬必須與它的鄰近的「城市國家」相互交往、互通有無，以維持一定程度之穩定的「國際關係」；遂因此由於實際上的需要，而逐漸產生了一些規範羅馬與其鄰國或鄰近民族之間，因為「接觸」之故，而發展出來的習慣法則[6]。這些習慣法則中最重要也最值得注意的就是它們具有「法律性質」，與希臘城邦國家所遵守的習慣規則的具有「宗教性質」有極其顯著的不同。不過羅馬對於國際法的主要貢獻，不在於這些法則，而在於「羅馬法」（Roman Law）的間接影響後世，尤其羅馬法中的若干原則被類推適用來規律近代國家間的關係。

　　國際社會的發展隨著歷史的進展，到了中古時期（Medieval Period），我們現在所了解的近代主權國家的國際關係原則及現代的國際法觀念……即源起於此時期。而近代國際法之形成應該是與近代國家制度的建立，開始於同一個時期。那是可以歸結到16世紀。首先它源起於16世紀的西歐各國開始承認非歐洲國家在傳統意識下的國際法制度內，也可享有相當的權利；雖然所享有的國家權利相當有限。但是這樣的發展，使得傳統的國際法擴大適用的範圍到非歐洲國家。同樣的，非歐洲國家也開始準備讓歐洲國家在各種不同的非歐洲國家的國際法制度下，也享有一些有限的權利。如此，國際社會下的國際法就開始納入各個法制系統下所認可的國際法。

　　但是從國際社會的演進來看，國際法的產生與發展，可以發現，傳統國際法乃至於近代國際法，都幾乎是以歐洲白人社會的基督教文化為基礎及中心的國際法。因為大約是到了西元1880年，以歐洲的基督教文化為準的國家，可以說已征服了絕大多數的非歐洲基督教文化國家。為此，在民

---

[6] Ibid.

族國家主權觀念相當盛行的當時，似乎是證實了白人基督教文化的優越性。因此在國際法律制度的表現上，似乎也成為了一個「白人俱樂部」（White Club）；那些非歐洲基督教文化以外的國家，如果要成為國際法律體系下的一員，首先就必須要證明它自己已經達到如基督教文化一般的文明，否則它就會被排除在「白人俱樂部」之外。

　　以上的現象大概一直要延續到第一次世界大戰結束以後國際法才免除掉了它蘊涵的種族歧視性及文化優越感，才成為真正的國際法。但是一直要到二次世界大戰結束以後，國際法才發生了主要的改變。尤其是自1960年代以來，大量的前西方國家的殖民地——所謂的亞洲、非洲，以及拉丁美洲的國家，紛紛獨立。國際社會的成員已經從以往的以歐洲基督教文化為主的國家，轉變成非歐洲國家。最明顯的例子即是在二次世界大戰以後成立的最重要也是最主要的國際組織——聯合國（United Nations）從原來的52個創始會員國，到了1960年代之後，幾十個新國家相繼獨立，使國際關係形成了歷史上一種空前未有的發展局面：新興的、獨立的非歐洲國家，要求及主張改變某些傳統國際法的陳舊及所謂的帝國主義的腐朽觀念，使國際法能夠適應已經變化了的和還在繼續變化中的國際社會。而這些新興的獨立國家對於傳統歐洲基督教文化所形成的國際法，有強烈的排斥感，舉凡是認為不符合它們利益的，在今天都已經被改變了或者正在改變的過程當中。因此，如果說今天的國際法仍然是用來對非歐洲的新興國家不利的，那就整體來說，已經不再是正確的了。國際法已經隨著國際社會成員的大量增加，而呈現出新的面貌、注入了新的方向，更重要的是增加了新的內容。因此，今天的國際法已經是不僅成為維持國際社會安定與和平的動力，更是成為了在為全體人類謀求福祉的工具。

參、國際法產生之軌跡路線

　　國際法是從哪裡產生的？是從哪裡來的？這類的問題，可以從各種角度來切入，來回答。可以認為它就是存在於人類社會裡，只是等待人們去

發現它。但是問題又回到原點，它為什麼會存在於人類社會裡？這個問題幾百年來在國際法學者當中，就一直引起論戰。相信「自然法學派」（Naturalists）的學者會強調上帝和自然是法律的創造者；而另一派相信「實證法學派」（Positivists）的學者又會從另一個層面來解說，而認為法律乃是由行動和制度而產生。但是不論國際法學者看法是如何的紛歧，這裡有一個不可否認的事實就是國際法的發現或產生，總是有人參預其事；人或許是原來的發現者、原來的行動者，或者是解釋者、居間者，甚或是適用者。而實際生活的經驗法則告訴我們，法律的內容是由人來決定的。而國際社會裡的國際法規範，自然也就是由國際社會裡的成員來決定的。

　　國際法學者范耶林（Rudolf Von Jhering）認為法律就是由它的目的所產生。然而那些目的，卻可追溯自它所屬社會的文化；因此，可以大膽的指出：文化才是法律最根本的根源。由於人類社會所形成的各種不同的文化（如：遊牧文化、農業文化或工商業文化……），最低限度都有一些最基本的共同目的（如：保護個人的生命、契約的履行……），因此，在人類社會的各種不同的文化，應該可以找到共同的行為準則。因此，可以這麼說每一個社會的文化，都有一個為了達成其特別目的基本的法律規範。因此，文化是法律產生的最基本的根源，應該是可以成立的說法。

　　同樣的道理，國際社會也有它自己的文化。國際社會文化，可以反映在它的法律制度之中。國際法學者雷維教授（Prof. Werner Levi）認為：「國際社會的首要宗旨乃是在保護各國的主權獨立及維持社會秩序。由前者而產生了整個國際政治制度的結構，以及各國為了保存其本身獨立國格存在所負之義務的詳細法規；而由後者即產生了『條約神聖』（Pactor Sunt Servanda）的基本法則，以及隨著國際社會的社會秩序變得日益複雜而不斷增多的法律規則」[7]。此兩項宗旨，長久以來，並未隨著國際社會的發展，而有任何些許的改變。至少從國際法理論以及國際關係演進的角度，來檢視國際社會的存在與發展，它們是所獲得的初步結論。

---

[7] Werner, Levi, Contemporary International Law: A Conciel Introduction (Boulder, Colo: Westview press, 1979)

　　但是近年來，由於科技的發展，使得國際社會有以下的變化，值得我們注意[8]：第一是「縮小化」。隨著科技的進步，使國際間的交通往來，非但迅速而且頻繁。國際航線經常客滿，使各國拉近彼此間的距離。同時，資訊情報的傳達迅速，使國際社會的各角落所發生的各種狀況，也都能立即傳送到世界各地區，使種種事件好像發生在身邊一樣。如果與二百年前，土耳其發生戰爭時，歐洲各國仍然過著悠閒的生活相比較，顯然國際社會是縮小太多了。第二是「組織化」。各種不同性質與功能的國際組織，不斷的成立之後，已使國際社會中國家個別存在的空間消失。國家不僅是外交、政治方面，包括文化、貿易、貨幣、人權保障等各方面，都必然會受到其他國家、國際組織或條約的影響與規範。同時，任何國家也不能自外於國際社會而孤立，必須積極的加入各種國際組織，才能掌握國際社會的脈動。第三是「協力化」。國際社會隨著科技的發展，同時也面臨各種困擾。例如，環境破壞所造成的臭氧層破裂危機、國際河川污染、野生動物減少、國際犯罪增加等，這些難題都不是個別國家所能獨自處理，必須仰賴國際協力才能共同對應順利解決。

　　在另外一方面，科技的發展使得主權是否實際可行成為問題，也同時使得國際社會在秩序的維持方面發生了相當大的變化。傳統國際法的處理方式——將國家分隔，已不足以維持國際社會的國際法秩序。尤其是這種傳統作法已與現代國際社會發展出來的「參與性」的國際社會文化，發生觀念上的不相容與作法上的相衝突。因此，國際社會在彼此交往的同時，必須填補一些維持國際社會彼此交往的國際法秩序規則，以適應國際社會所面臨的科技化結果的需要。現今日益增加的國際協力與國際合作正是反映這種國際社會需要的表現。而這樣的情況也正反映了國際社會的變遷，帶動了國際法在維持國際社會秩序方面的創新與成長。

　　對於前述國際社會的變遷所帶動的國際秩序維持所須填補的國際法創新，前國際法院法官艾爾法瑞茲（J. Alvarez）在國際法院的「對種族滅絕公約的保留」（Reservations of the Convention on the Prevention and

---

[8]　見前揭註3，許慶雄與李明峻合著，頁4-5。

Punishment of the Crime of Genocide）意見書中所發表的反對意見書中所說：「由於這些變遷，不可能『確切分清什麼法律是發展出來的，什麼是創造出來的……。國際法必須永遠反映它所由產生的國際生活，否則它就會被唾棄而無價值」[9]。前面說過法律的內容是人所決定的，而人有其性格；且人的性格則受其所處社會的「社會現實」（Social Reality）與「環境覺醒」（Consciousness of the Environment）的因素所影響。因此，法律規範的內容，實際上即由社會的需要來決定，而社會的需要則是由其文化而形成。更進一步的說，社會成員的行為、社會的需要以及社會文化的形成……等，這些法律產生的基礎，則是強調了「公共政策」（Public Policy）的根本之所在。而公共政策則是法律制度進化的指導原則。

　　前國際法院法官諾瓦（J. Norvo）在國際法院「納米比亞（西南非）案」（Namibia [S. W. Africa], 1971, p.123）中論及「國際聯盟盟約」（League of Nations Covenant）時表示：「它原本所具有的崇高理想、原則和觀念……並非因為其生存與某一特定議事機構的殆亡命運聯繫在一起，或是和一個不能免於改變的國際組織聯繫在一起，就註定會是『替代的存在』（Precarious Existence）或短暫的存在。它們原來的意圖就是要使這些崇高理想、原則和觀念能夠留存下去，以指導政府的政治措施及人們的道德行為。不論這一直改變的世界，隨著時間的流程會發展出什麼樣司法形式的新社會結構，這些崇高理想、原則和觀念應該永存不衰、歷久彌新[10]。這些就是公共政策所具有的本質，以及它在社會發展的過程當中，所應具有的功能。

　　不論是從政治的角度或法律的角度，要對「公共政策」加以下定義，是一個非常困難的工作。因為基本上它是一個相當靈活的概念，完全要看它適用在什麼背景之下，才能夠加以釐清。因此，它並不是不能釐清，而是要能彈性運用。在適當的應用與運作之下，「公共政策」應該可以作為

---

[9]　Reservations to the Convention on the Prevention and Punishment of the Crime of Genocide I.C.J. Rep. 1951, 50.

[10]　Namibia Case I.C.J. Rep. 1971, 123.

產生法律規範（當然也可以否定法律規範），以及對現有規範加以解釋或發展的廣泛的依據。雷維教授更明白指出：「隨著國際法的分離性質在消退、合作性質的需要在增長，目下正出現了一些機構，能夠制定與表達真正的『國際公共政策』（International Public Policy），這樣的例子，相當的多；聯合國憲章的前言和原則，就代表『國際公共政策』；關於『公共』或『集體』物資之視為『公共遺產』，對於國際合作的承諾、對於殖民主義與種族滅絕的譴責、對於種族主義的否定，以及在各國際機構決議中一再表明的許多其他的政策，這些都是國際公共政策的例子。起初它們都只是一些政治主張，隨後影響到現行法律的解釋與適用，甚或導致新法律的制定」[11]。

　　英國的華道克爵士（Sir Humphrey Waldock）在作為「國際法委員會」（International Law Commission）1963年會議的報告人，在其所寫的報告書中指出：「國際法律秩序或許不夠完美，但分析到最後認為國際公共秩序不存在的這個觀點——即認為沒有一條是國家不能在它的自由意志之下免受契約約束的規則——是愈來愈難受到支持的。聯合國憲章關於武力使用的法律，以及國際刑法的發展——雖然是初步的——都先假設有一種國際公共秩序的存在。其中包括具有『絕對地強制性』（Jus Cogent）的法則」[12]。這說明了如果國際社會確實有維持社會安定以及社會生存與發展的需要，那麼國際社會的秩序就必須維持，也是國際社會存在的第二宗旨。也因此必然有一種國際公共秩序的存在。

　　那麼既然在國際社會中，存在有國際公共秩序，就自然有維持國際公共秩序的國際法律制度的存在。然而此國際法律制度又是如何建立的呢？毫無疑問的它首先要有國際公共政策的產生與存在，作為國際社會產生國際法律規範的指導原則，或者更可以說，最高指導原則。在另外一方面，國際爭端的當事國、國際法院的法官、國際仲裁法院的仲裁員⋯⋯在實務上都曾援引過國際公共政策的觀念，作為解決國際社會內糾紛之依據。雖

---

[11] 見前揭註7，Werner Levi書，頁33。

[12] 同前註，頁36。

然在目前國際公共政策的觀念在國際社會當中,僅能說明是國際法律制度形成的最高指導原則。但是在實務上,國際公共政策已經逐漸居於國際法產生的樞紐地位,影響國際法律制度至鉅。可以說,沒有國際公共政策,就不會有國際法的制定,那就更不可能有國際法律制度的建立。那就更談不上國際公共秩序的存在與維持。如此,就更不須奢談國際社會的生存與發展了。足見國際公共政策之相對於國際法律制度,就如同國際法規範之相對於國際社會的重要性。

肆、國際法產生之主體

無庸置疑的,國際法是國際社會的產物,規範國際社會成員的行為;用以維持國際社會的秩序,藉以完成改善人類生活的目的。現今國際社會的成員基本上仍以國家為主,具有特殊的性質。而就其特殊的性質而言,一般認為國際社會具有兩種特殊性質存在。其一是國際社會的成員——國家——享有「主權」(Sovereignty),與只享有個人權利之國內社會成員不同。其二是國際社會之上,沒有一個較高的權威機關,不似國內社會,在其上有一個中央政府存在。就現代國際法的理論來看,主權觀念再加上19世紀後半期興起的民族主義思潮,對國際社會的成長與發展,有負面的影響。在另外一方面又更阻礙了國際法的正常發展。雖然自聯合國成立後,國際社會的組織已見加強,但聯合國只是許多國際組織中的一個,不是超國家或世界政府,不能對任何國際法人發號施令,自行立法,或強制國際法人遵行其決定。所以當前的國際社會,組織是鬆散的,體制是地方分權的,和個人的關係多是間接的,它所定的行為規則,執行時通常須透過國際法人[13]。

前面論及所謂的國際法人,它是指具有「國際人格」(International Personality)的國家、國際組織和自然人;在國際關係上,能夠依據國際

---

[13] 見陳治世著,國際法,臺北,臺灣商務印書館,民國81年,頁85。

法享受權利同時又能負擔義務者。另外，國際社會的成員都是「國際法主體」（Subjects of International Law），而國際法主體即是國際法人，也就是包含國家、國際組織以及個人。要注意的是國際法人不全是國際社會成員，因為個人在某種情形下是國際法主體，卻非國際社會的成員。而在此我們研究國際法產生的主體，務必不要與國際法的主體混淆。國際社會裡面的國際法主體，無疑的是指國家、國際組織，以及個人，而國際法產生的主體是在研究：究竟「誰」有權來決定國際法的產生？也就是誰能為國際社會制定「國際法」的問題。針對這個問題，本章將從五種可能的候選者來探討究竟「誰」才是國際法產生的主體。

一、國家

　　國家是國際舞臺上最重要的演員。它們不但是國際法的主體，它們也是國際社會的法律締造者與法律執行者。通常來說國家必須具有國際人格，也就是說國家必須要有某些作為國家的特質，才能在國際社會裡成為享受權利與負擔義務的主體。如果被國際社會成員認可具有國際法人的資格而為國際法主體，那麼國家就應該可以享有一些「特權」（Privilege）。例如：國家主權及對外簽訂國際條約。而所謂主權，簡單的說即是代表國家的政府對於其內部事務有絕對控制而對於國外事務有獨立自主的權力。而所謂對外有簽訂國際條約的特權，這就使得國家能夠在國際社會裡為了與其他成員維持平等交往的國際關係而為國際社會制定了國際法律規範，以維持國際社會裡的國際法秩序。僅就此點而言，在傳統國際法的理論下，唯有國家才能為其本國締造法律，也唯有國家才能為其所處的國際社會締造國際法。

　　人類社會為了維護生存及促進發展，遂有法律的制定與執行；同樣的國際社會也必須建立國家與國家之間的行為準則；以供國際社會成員，共同遵守，各國方能共存共榮。國際社會成員的行為準則，乃是在規範彼此之間的國際法關係；而國際社會成員之間的關係，應包括國家與國家之間的關係、國家與國際組織之間的關係，以及國際組織相互間與個人間的關

係。此種相互間之關係，即是由國際條約之簽訂，規定簽約國相互遵守之國際法關係。這些國際條約的規定雖然不是由一個超國家的權力機構所制定，但是卻為世界各國所承認，具有國際法的拘束力，拘束國際社會成員，共同遵守。

　　國際社會裡的成員都是國際法主體，具有國際法人的地位，也就是說具有國際人格的國家、國際組織與個人，便成了國際法主體。但是這三類的國際法主體當中，唯有國家才享有決定國際法究竟應如何的權力。此一權力是17世紀主權觀念及18世紀民族主義思想留下來的產物。國際組織與個人至多只能促進國際法的產生。唯有國家才能為國際社會產生國際法。國際組織與個人可以建議、提示、促進、主張一些法律規範，使國家採取行動而制定法律，它們也可以藉著發現、解釋、澄清或確認已經被國際社會成員所接受的既有的法律規範。然而，這些情形並非真正的產生國際法。事實上，除了國家以外，國際組織與個人都不能為國際社會的成員制定法律。國家到目前為止，仍然是國際法律制度中唯一擁有最終法律的締造者地位，也唯有國家才是最終法律的行為者。唯獨國家的行為如締結國際條約的能力，才被承認在國際上具有法律拘束力。

二、國際組織

　　國際組織或者可定義成：國家間由條約所建立具有共同機關，追求一定目的並受國際法支配的組織[14]。或者也可定義成：國家間根據條約所組成的團體，以追求共同目標，並且該團體有特別機關來執行該團體的任務。（An association of States established by and based upon a treaty, which pursues common aims and which has its own special organs to fulfil particular functions within the organization.）[15]而廣義的國際組織則可視其為：不僅包含「政府間組織」（Intergovernmental Organizations），亦包含「非政府間

---

[14] Year Book of the United Nations, Vol.45 (1991), p.794.

[15] Rudiger Wolfrum, "International Organizations, General Aspects," Rudolf Bernhmdt, ed., Encyclopedia of Public International Law, Vol.5, p.118.

組織」（Nongovernmental Organizations），以及甚至工業及商業組織[16]。但是一般來說，只有國家間根據條約組成的團體之國際組織，才有國際法主體的資格。雖然非政府間組織在國際社會中也能有相當的作用，發揮相當的功能，受到部分國際法學者的重視，但是仍未取得作為國際法主體的資格。

　　各國為了一定目的而建立某種國際組織，並授予它某些權力；而國際組織的權力，來源於組成該組織的成員國，其權力最終是為成員國所規定的共同目的來服務的。各種國際組織，有其成立時所設定的特定任務，並享有不同範圍及不同程度的權利。例如：「聯合國」為了國際和平與安全的目的，可以採取「強制措施」（Mandatory Measures）；但是「世界氣象組織」（World Meteorological Organization）就沒有這樣的權力。而國際組織是以政府間的「協定」（Agreement）作為其存在的法律基礎。而這種協定的正式文件，一般就是有關國際組織據以設立組織機構及推展活動的基本文件。這類基本文件可以各種不同的名目出現。例如：「國際聯盟」（League of Nations）以「盟約」（Covenant of the League of Nations）的名稱出現、「國際民航組織」（International Civil Aviation Organization）以「公約」（Convention on International Civil Aviation）的名稱出現、「國際原子能機構」（International Atomic Energy Agency）以「規約」（Statute of International Atomic Energy Agency）的名稱出現……等，其他也有稱作「協定」（Agreement）、「條約」（Treaty）、「憲章」（Charter）或「組織法」（Constitution）的，不一而足。國際組織的基本文件，雖然名稱上，不盡相同；但是一般來說，其內容大致上包括各該組織的宗旨、原則、結構、職權、活動程序，以及成員國的權利和義務等基本規定。

　　綜觀國際實踐，國際組織在國際法上具有如下特性[17]：

---

[16] Clive Parry and John P. Grant, The Encyclopedic Dictionary of International Law (N.Y.: Oceana Publications, Inc., 1986), p.227.

[17] 見梁西著，國際組織法，臺北，志一出版社，民國85年，頁6-7。

　　第一，國際組織的主要參加者是國家。雖然有些國際組織，如世界衛生組織等，由於對經濟、社會、文教等部門負有廣泛的國際責任而允許某些非獨立國家的政治實體參加為準成員（Associate Member），但是這種組織的主要參加者，仍然是國家。而且，這種準成員的權利往往受到一定的限制。

　　第二，組成國際組織的國家，是國際組織的主體，是國際組織所有權力的授予者。國際組織不能凌駕於國家之上，不能違反國家主權原則，而干涉本質上屬於任何國家國內管轄的任何事項。國家為了使國際組織實現其宗旨，須在一定範圍內反映國家主權主要屬性的那些東西。參加國際組織與國家主權並不矛盾，國際組織所享有的權利，正是國家主權在國際範圍內作用的結果。成員國根據有效的國際協議，所作相互承擔的國際義務，不僅不損害國家主權的主要屬性，而且是國家主權得以維護的必要條件之一。在主權國家林立的國際社會裡，國家間的權利與義務不可能是相互割裂而孤立存在的。

　　第三，國際組織最基本的原則是所有成員國主權平等。國家是有主權的，因而是平等的。在國際組織內，各成員國不論大小與強弱，也不論其社會、政治與經濟制度如何，在國際法上的地位應一律平等，不得有任何歧視。

　　第四，國際組織是以國家間的正式協定為基礎而建立的。這種協定的基本文件所規定的宗旨與原則，均應符合國際法。國際組織的主要機構、職權、活動程序，以及成員國的權利與義務，都應以基本文件為根據，不能超越基本文件所規定的範圍。國際組織所據以進行活動的這種基本文件，其性質仍然是國家間的一種多邊條約，不是世界憲法。它的效力原則上只及於成員國，非經非成員國同意不能為其創設權利或者義務。

　　學者間認為國際組織與國家以三種方式表現出同為法律締造者[18]：第一，也是爭議最少的是國際組織自行安排其內部組織和內部事務的權利。它們可為自己的「內務」（Housekeeping）訂出具有法律拘束力的安排，

---

[18] 見前揭註7，Werner Li書，頁48。

有時安排得相當廣泛，甚至包括為保護它們的工作人員而設的「行政法庭」（Administrative Tribunal），例如聯合國和國際勞工組織）。第二，國際組織在其章程所授權的範圍內，可以彼此訂約，也可以和個別國家訂約。例如「聯合國憲章」（Charter of the United Nations）在論及成立國際武裝部隊（第43條）、託管協定（第75、79、83、85條）和各機關間的協定時，都提到這類條約。第三，也是國際組織成為法律最終締造者引起爭論最多的一種方式，就是在這些組織的總機關中（例如，全體大會）達成的協議被認為是「國際立法」（International Iegislation），會議最後所發表的陳述（決議、協定、宣言等），其內容包含具有普遍性的規範性規章者，有時被當作國際法。其他類型的規章條例，特別是那些聯合國專門機構所制定的，也被稱為具有法律性質，特別是當一個國家對之並無異議之時。但是各國之間，雖然動機各自不同，在實際上均一致認為國際組織的這些協定，在法律上並無拘束力。有時候當一個國家宣稱如果其他國家願意遵守某項決議，它也會照做；那通常也清楚的顯示：它之所以會那樣做，往往是出於自願的。

　　國際組織的法律締造者的地位到目前為止，仍然是一個懸而未決的問題。因為1969年的「維也納條約法公約」（Vienna Convention on the Law of Treaties, 1969）認為只有國家才擁有造法者的地位，將國際組織排除在外。另外，也有兩個原因使得國際組織無法順利取得造法者的地位。其一就是在任何二個國際會議上所達成的協定，除了極少數例外，一般都仍需要各國按照它本國憲法所規定的程序完成其批准的手續，正式同意；拘束其本國，方才產生法律上的效力。其二就是國際組織並非自治實體。它們只是主權國家在一個國際機構的組織架構下共同行動的結合；但是各自作主。這些國家以主權者的身分而有所作為。所以它們的行為是在國際組織之內或之外，並沒有多大區別。因為它們（指國家而言）對於什麼應成為拘束它們的法律規範，它們始終是自己的主人，而它們從未放棄過這一地位。然而，這個道理並不排除下面的可能，亦即國家以默示或其他方式同意接受某些國際組織的一些程序和協定的拘束；但是較此更為重要的是這

些國際組織在創造國際法方面可以擔任參與者的角色[19]。

　　此種參與者的角色可以表現在兩方面：首先是在國際組織的基本文件方面；其次是關於國際組織的決議方面。先就國際組織的基本文件來看：國際組織是以政府間的協定作為其存在的法律基礎。而這種協定的正式文件即是國際組織的基本文件。而此種協定往往規定有國際社會所必須共同遵守的一般性規則。加入這種組織的國家愈多，接受這種規則的國家就愈普遍；從而使某些重要規則，有可能產生一定國際法的效力。例如[20]：聯合國憲章第2條在規定「本組織及其成員國」應遵行的各項原則時，特別規定：聯合國在維持國際和平與安全的必要範圍內，應保證「非聯合國會員國」遵行上述原則。因此，「憲章」雖然形式上是基於一般國際法而制定的一個國際組織的組織章程，只對成員國有拘束力；但就其實質來說，卻是一項對全球一切國家產生普遍影響的最大公約。它是現代國際法最重要的淵源。「憲章」所載各項宗旨和原則及其相關規定，是世界各國公認的國際法基本原則。其中一些帶根本性的條款（如主權平等、和平解決國際爭端、禁止使用武力、不干涉內政及民族自決等），被認為具有「國際社會全體接受並公認為不許損抑」的強行法（Jus Cogent）的性質。

　　再就國際組織的決議來看，政府間國際組織，尤其一些全球性國際組織，多半設置有一個所有成員國代表均參加的全體大會作為其最高權力機關。以聯合國為例，聯合國大會可以討論並審議憲章範圍內的任何問題及事項，並可就此以決議形式向各會員國及安全理事會提出建議。因此，有學者將其比擬成「世界議會」；而實際上它並不是聯合國的立法機構，並不像國家內的國會之享有立法權。但是從另外一個角度來看，經過聯合國大會一致通過或絕大多數的有關法律問題的決議，必然會影響產生國際習慣的傳統方式。它們代表一種普遍的信念，可以作為國際習慣的形成之有力證據。而它們在不同程度上又具有某種闡明、確認或宣示國際法原則及規則的作用。更重要的是聯合國大會的決議，有些已由各國進一步締結為

---

[19] 見前揭註7，頁49。
[20] 見前揭註17，梁西書，頁11。

國際公約；因此，最低限度聯合國大會決議促進了國際公約的簽訂。從國際法產生的方法來看，國際組織的促進國際公約的簽訂，至少也產生了以國際條約為基礎的國際法。但是如要產生這樣的結果，國際組織的決議必須至少符合兩個要件：(1)該決議事項必須是可信的，至少要受到大國的支持；(2)該決議所涉及的原則或規範，是適合作普遍規定的。總之，國際組織可以對國際法的產生，做出有利的貢獻，但是基本上它們無法立法。

三、個人

翻閱一部國際法的歷史來看，不少國際法學家在國際法的發展及研究上有不朽的成就，在法學界的地位相當的崇高。例如：「國際法之父」的格羅秀斯（Hugo Grotius, 1583-1645）以及瓦特爾（Emerich de Vatlel, 1714-1767）乃至於奧本海……等著名國際法學家，都是一時之俊彥，曾被當時的各國所倚重。但是他們個人的法律見解，甚至於變成學說而成一家之言，卻也無法變成國際法律制度之規範。換句話說，個人不可能使國際法產生。至少在傳統國際法理論下，個人不能成為國際社會的成員。雖然在現代國際法的發展情況下，似乎無法否認個人應被認為是國際法的主體。但是傳統的意見是不承認個人為國際法主體的，而認為個人只是國際法的客體——國際法所規律的對象；傳統意見雖然也承認國際法有時也對個人賦予權利和課加義務，卻認為這些權利或義務不是由國際法直接授予或課加的，而只是國際法責成國內法授予或課加的[21]。因此既然個人在目前的情況之下不是國際法的主體，自然就更不會是國際法產生的主體。

另外，「國際法院規約」（Statute of the International Court of Justice）第38條授權法院得適用「各國權威最高之公法學家學說，作為確定法律原則之補助資料」（the teachings of the most highly qualified publicists of the various nations, as subsidiary means for the determination of the rules of law）。這樣的說法足見公法學家的「學說」，本身是沒有法律拘束力

---

[21] 見丘宏達著，現代國際法，臺北，三民書局，民國84年，頁202-204。

的。除此規定外，在實務上法院之所以利用學說，以輔助判案，主要是節省法院辦案佐證的困難。法院在運用公法學家已經發現或查出的法律原理或法學主張，就無須自己去探尋任何為證明某法律規範是否存在的證據。又可因此作為其決定的參考，協助其判決，可收事半功倍之效，何樂而不為。

　　在「哈巴那船案」（The Paquete Habana and Lola Case），美國聯邦最高法院稱：「法學家及評論家，在經過多年的工作、研究及經驗之後，對於他們面對的主題是相當的熟悉，他們的著作應該用來不是作為對其作者關於法律究竟應該如何之推測，而是應該作為對現有法律確實如何之可靠佐證」（...the works of jurists and commentators, who by years labor, research, and experience, have made themselves peculiarly well acquainted with the subjects of which they treat...should be used not for the speculations of their authors concerning what the law ought to be, but for trustworthy evidence of what the law really is.）[22]。而大法官柯克柏（Chief Justice Cockburn）在「英國國王法院保留案件」（English Court of Crown Cases Reserved）中更明確的指出：「著述家不能造法，只能闡明和確認法律。法官仍然必須尋求各國的同意，作為國際法存在的唯一具決定性的標準」（Writers cannot make the law, but only elucidate and ascertain it. The judge must still look for the assent as the only decisive criterion for the existence of international law）[23]。因此，可以獲得一個簡單的結論，除了個人不能成為國際法產生的主體外，公法學家的學說其重要性，也今非昔比了；到目前大概已經淪落到只有證據價值與協助作用而已了。

四、法律機構

　　國際法的編纂，在嚴格意義上，是指將國際關係中以習慣方式形成和發展起來的國際法規則，以正式條約加以規定，使之成為成文法。而目前

---

[22] The Paquete Habana, 175 US 677(1900) at 700。
[23] 見前揭註7，Werner Levi書，頁52。

國際間已有不少公營及民營的法律機構，正努力促進於國際法的研究與發展，特別是著重在國際法的編纂工作方面；尤其是聯合國所推展進行的國際法編纂工作，最具有代表性，而對國際法的發展具有相當重要的意義。然而，不論怎麼說，我們應該有一個基本的認識：這些從事國際法編纂工作的公、民營法律機構，乃至於隸屬於聯合國下的「國際法委員會」（International Law Commission），它們本身都不具有任何正式的立法權力。也就是說此等從事國際法編纂工作的所有機構，都無法締造法律，也不具立法權力；因此，都不可能成為國際法產生的主體。

聯合國憲章以提倡「國際法之逐漸發展與編纂」（the progressive development of internation law and its codification）為職志，在一定的程度上發展並確認了一些國際法的基本原則，例如：國家主權平等原則、人民平等及自決原則、和平解決國際爭端原則、不干涉內政原則，以及禁止侵略戰爭原則……等。更在憲章第13條第1項特別規定：「聯合國大會應發動研究，並作成決議以促成政治上之國際合作，並提倡國際法之逐漸發展與編纂……」。此外，聯合國大會本身的重要決議、國際法院的判決和諮詢意見，都在不同程度上，對國際法的發展產生了相當程度的作用與影響，是顯而易見的。

1947年11月21日，聯合國大會第174(2)號決議設立國際法委員會，並且通過了「國際法委員會規約」（Statute of the International Law Commission）。依據聯合國憲章第13條的精神，國際法委員會規約，把國際法委員會的職能區分為兩個方面[24]：

第一，「國際法的逐漸發展」（The Progressive Development of International Law）。這是指「對尚未為國際法所規定的，或在各國實踐中法律尚未得到充分發展的問題，制定公約草案。」這方面的職能可以理解為，是用規定新主題的方法或者用修改既存規則的方法，來創制新國際法規則。所以，這方面的工作任務，應採取國際公約的形式來完成。即由委員會起草公約草案，然後由聯合國大會決定是否進一步採取步驟，以締結

---

[24] 見前揭註17，梁西書，頁269-270。

一項國際公約。

第二，「國際法的編纂」（The Codification of International Law）。這是指「在已經有廣泛的各國實踐、先例和學說的領域內，對國際法規則進行更精確的制定和系統化。」這方面的職能可以理解為，是對既存的習慣國際法更精確地加以制定和更精確地加以系統化。所以，這方面的工作任務，可能以下述形式來完成：只發表委員會的報告（聯合國大會不採取其他行動），或者聯合國大會以決議對委員會的報告，加以注意或以決議通過委員會的報告。

不可否認的，聯合國的國際法委員會之設立，是國際法編纂史上的一個重要的里程碑。它是國際法編纂史上第一個常設的國際法編纂機構。五十年來國際法委員會按其規約的特定工作程序，完成了不少國際法上的重要議題的工作。例如：國家與政府的承認、國家及其財產的司法豁免、對於領土外犯罪的管轄、外僑待遇、庇護權……等，十四個編纂表上所列的問題。除此之外，國際法委員會還研究、起草或正在研究、起草聯合國大會以建議的方式所提交的其他重要項目，如：關於國家的權利與義務問題、國際刑事管轄、多邊公約之保留、侵略的定義、國家與國際組織間的關係，以及最惠國條款……等重大問題。在以上的基礎上，經由聯合國大會本身或者在其主持或贊助下，所召開的各種國際會議，也締結了不少國際公約。就國際法的「發展」與「編纂」而言，確實是成就非凡。

最後，我們應該對編纂有個基本的認識，概括起來，編纂的意義有三[25]：一是訂立統一法規，例如國際勞工組織公約所提的國際標準，乃是為了調和各國國內法而定的；二是有系統的重敘現行國際習慣法，例如，確定並且宣告現行國際法規則，姑且不論那規則是否令人滿意，是否過時，是否符合現代環境，公道或不公道；三是經由立法程序，發展修正並且改進已重敘的法則。所以，編纂不是彙編（Compilation），而是運用多種方法，使習慣規則法典化而變為成文法；或者將成文規則成為公約，使之普遍化……等，便於查考適用。如此看來，國際法委員會等法律機構所

---

[25] Herbert W. Briggs, The Law of Nations, 2n ed. (N.Y.: Appleton-Century-Crofts, 1952), p.51.

從事的編纂工作，僅能促進國際法的發展；法律機構的本身並無任何正式的立法權力，而不能成為國際法產生的主體。

五、法院

　　理論上來說，法院只解釋法律，並不制定法律；國際法院也是一樣，只解釋國際法，而不制定國際法。所以一般來說法院不具有國際法產生之主體的資格。而通常作為法官的人，往往在公、私場合均一再否認他們可以創造法律或制定法律。儘管如此，法律訴訟問題之產生，往往是法律規定的不周延或者是法律規定的不確切，糾紛才因此需要法官去作填補與釐清的工作。而這種填補與釐清的工作，就得經由法官對相關之法律作旁徵博引的解釋工作，如此的解釋說明之後，法律對社會成員的行為規範，才算完備。而從另一個層面來看法官的這種「解釋」工作，似乎至少也相當類似創制新法律。也就是這樣，往往有一些人認定至少法官是造法過程的一部分。法官的基本任務使他們避免不了被認為他們能夠產生新法律。

　　國際法院規約第59條明白指出：「法院之裁判除對於當事國及本案外，無拘束力」（The decision of the court has no binding force except between the parties and in respect of that particular case.）。因此，國際法院的判決，不具有判例的價值，也就是說「遵守先例原則」（Doctrine of Stare Decisis）不得適用。法院之判例，依國際法院規約第38條之規定，只能作為國際法存在之證明。但是事實上所有的法院及裁判庭都在判決中互相引用彼此的判詞，來作為判決的依據。判例，特別是一再重複的判例會因為累積而確定了某一種法律的意義，而會影響到對以後案件法律規範的形成。它們不僅是現有法律的證明，更會因此變成國際成例而創制法律。然而不論怎樣，國際造法仍是各國造法程序的集合；法院本身不會是國際法產生的主體。

伍、結論

　　對於國際法產生面問題，向來為人所忽略，不論是從事理論研究的學者，抑或是從事實務工作的法曹也好，對此問題一直未能嚴肅的正視，使得中外法學領域的浩瀚，更顯得高深莫測。為此之故，乃選此主題特為研究，冀盼任何人對此主題欲探其究竟者，均能有所認識與了解。此乃本文所意圖完成之目標。或許一般人認為國際法之產生，無甚重要。若此，則失之千里。欲了解為何國際法會呈現今天之面貌，則必須追溯其過去的歷史演進過程，而欲對此演進過程有正確之了解，就更必須探求其起源。易言之，國際法是如何產生的？又為何會產生的？產生之主體為何？產生之淵源為何？

　　以上這些問題，在經過本章之研析探討後，自可得到一些具體的答案，而有助於了解國際法的來龍去脈。簡單的及摘要的回答上述問題，即可知悉，國際法基於社會需要的基礎，由於本身具有存在性、制裁性，以及法律性及更重要的國際社會之需要性，在國際公共政策的指導原則之下，經過國際法產生的主體，如國家及國際組織等的努力不懈才有今天的國際法之產生。尤其經過本文之研析探討國際法規約第38條的規定，認識到國際法產生之法律淵源，最主要的就是在國際條約、國際習慣，及一般法律原則三大主要淵源之推動促進之下，所完成因應國際社會在彼此交往的關係時所需要的國際法律制度的建立與規範。因此，最重要的是經過本文之探討研析之後，當可洞悉未來國際法的演進走向，更可推知未來國際社會的活動與發展。

　　最後，經由本章之探討，我們對於國際法的產生可以歸納出下列幾點認識：第一、由於國際法的產生，乃是針對國際法的法源依據作深入的探討，而所謂「法源」，其本身又具有各種意義，因此對於國際法產生之探討，自有不同的觀點。因此，國際法的產生依照國際法的法源來分類可以分為兩部分，其一是「形式法源」，即是構成國際法的主要之兩種型態——國際條約與國際習慣；其二是「實質法源」，即是在適用國際法時，

可作為依據的有關部分。包括：一般法律原則、司法判例、公法學家之學說……等。第二、因為一般學者大都以國際法院規約第38條所規定者為基準，作為探討國際法法源的基礎。因此，國際法產生之法源依據，按其重要性，可以區分如下：最重要的主要法源為國際條約、國際習慣，以及一般法律原則。其次的輔助法源是司法判例、公法學家之學說，以及衡平原則。第三、傳統國際法以國際習慣為最重要法源，而現代國際法則傾向以國際條約為最重要法源。第四、由於國際法在性質上乃是為了因應國際社會的需要才產生，而國際社會不斷地在進步，促使國際法亦隨之而成長。因此，國際社會與國際法的相應相生，使得國際社會得以永續發展。

第二章　國際法之性質與歷史

第一部分：關鍵概念與名詞界定

1.國際法

在國際社會之中規範國家與國家之間相互關係的法制體系，而對於國際社會中的成員具有一定程度的拘束力。

2.萬國法

這套法律是那麼地基本或是具有那麼地基礎性，以致對於國際社會中的所有國家均具有拘束力，而不論此套法律是否被所有的國家予以同意而願意遵守，任何單一國家的同意與否在所不問。

3.一般法

源起於各國彼此之間的交往行為或一貫的作法的法律；也因此而透過明示的表達或默示的同意，願意受到這一套法律的拘束。

4.特定法

對於特定的國家，因為它的行為或作法而具有拘束力的法律。

5.比較法

對世界各國內國法法制體系的研究、分析與比較所形成之法制規範。

6.邦際法

蘇聯歷史上最著名之國際法學者維諾格多夫教授（Prof. Vinogradoff）將古希臘時期的「城市國家」在彼此相互之間交往關係中所發展出來的外交、戰爭……等從習慣規則，所發展出來的法律制度，稱之為「邦際法」（Inter-municipal Law）。邦際法與現代國際法最大的不同之處，乃是在於它的實質內涵中的道德與宗教的意味特別濃厚而遠遠地超過了法律規範。

第二部分：專題研究與論述

■ 專題一：國際法之性質

壹、前言

　　國際法是指的那些規範國際社會中各個成員或是國際活動的「參加者」或「行為者」處理那些跨越國界的一些問題，或它們彼此相互之間交往的一套行為準則，或規律之法制體系，而且有相當程度之拘束力。而且大約是在百餘年前，國際法仍然被稱之為「萬國法」（Law of Nations）的名稱。各個國家亦被認定為唯一的「國際行為者」（International Actors），也僅有這些「國家」才能行使所謂的「國際權利」（International Rights）以及履行所謂的「國際義務」（International Obligations）。一直要等到了20世紀，國家已經不再是國際法制體系下的國際法的唯一主體。這當然是國際法歷經上千年演進下的最重要的重大里程碑。因為如此一來使得國際社會中除了國家以外，國際組織、企業法人以及個人均有可能成為國際社會中國際法行為規範的適用者。

　　國際法之所以能夠有以上那些規範之功能，以及相當程度之拘束國際社會成員之能力，主要是國際法具有所謂的以下四種性質。

貳、國際社會之需要性

　　國際社會的成員，彼此之間的關係是頻繁的、多方面的，更是永續不斷的。更重要的是其成員之間彼此的關係，是相互依存的以及互相依賴的。因此，國際社會正如同國內社會一樣，會對其成員的行為有所規範，這是可以預期與了解的。一言以蔽之，即是國際社會為了其成員的和平共

存及自身的永續發展，必須要有某種拘束其成員的力量，以維持其社會秩序的安定及社會成長的穩定，此種拘束其成員之力量，在其形成之初始，即為人類社會規範其成員行為的具有「法」的意味的原則，或者稱之為法則。此等法則一旦被社會成員自然的接納或強制的採認之後，即為人類社會初始之法律。

國際社會的成員在組織國際社會同時，必然會注意到或預計到維持國際社會安定及國際社會發展，所可能面臨到的現實的危險或潛在的危險，而有必要加以控制，並且是有效的控制。在諸多來自各方的危險當中，有兩種危險特別重要，而是任何社會都具有的[1]：

其一是社會成員中沒有一個成員對其本身或其他成員之行為的社會後果，能夠充分地加以全面的了解；因此就需要有指導，使社會行為不致危害社會秩序。

另一種危險是：某些資源的供應，總是不夠滿足每一社會成員的需求，而競爭性的奪取，將會危及到社會根本的生存；因此，對於稀有資源的分配及其管理，必須要由社會來決定。

雖然對於社會成員的行為，其指導的工作及前述社會中資源的分配，基本上是由構成社會的成員，運用其本身的「政治制度」（Political System）來承當；因為前述工作，基本上是政治制度存在的首要任務。然而，政治制度雖然可以經由其本身所具有的「權力」（Power）──亦即影響社會成員行為的能力──來擔任指導行為與分配資源的主要工具。但是在實際運作上，法律才是鞏固和貫徹政治決策的最主要的力量，法律才能把政治決策及資源分配變成對社會成員具有拘束力的實現，指導社會成員如何行為。因此，國際社會對於法律有其需要性的存在。

---

[1] Werner Levi, Contemporary International Law: A Concise Introduction (Boulder, Colo.: Westview Press, 1979), p.15.

參、國際法之存在性

國際法在國際社會中在事實上有其存在的基礎；因為歷史演進的過程及目前實際的日常運作來看，國際法在國際社會中已成為不可或缺的基本社會秩序的規範。國際法存在的理由如下[2]：

一、國際法是國際社會相互依存的因素

在國際社會交往日益頻繁的情況下，必須有國際法才能有效地調整國家間的各種關係。一國也許可以否定國際法中的一小部分，卻無法完全否定國際法，否則國家將被排除在國際協力體系之外而無法存在。

二、國際法在本質上是基於各國之間的合意

國際社會成員的各國之所以能夠達成合意，多少都有對其有利的因素；因此，國際法可以說是充分反映各國主張與利益的法律規範。任何國家也許在某一狀況之下，可能會發生違反國際法的現象，但若由長期觀之，則遵守國際法仍是對各國最有利的選擇。

三、國家的存在仍然是無可避免的事實

構成國際社會主體之一的國家，其存在不僅是一個顯而易見的現象；更是一個無法否認的事實。而人類社會在經濟、文化、人的移動等方面的交流亦是一個不可抹煞的必然的現象；是故，維持國家間交流往來的秩序即是不可或缺的條件，而這種國際社會交流的秩序就是國際法。

---

[2]　許慶雄與李明峻合著，現代國際法入門，臺北，月旦出版公司，民國82年，頁16。

肆、國際法之制裁性

　　或有論者認為，因為國際法不能有效地制裁違反的國家，即認為國際法缺乏強制力。此論點乃是未能辨明國際法的概念而導致對國際法的誤解[3]：

　　首先，基本上，強制力與有效制裁雖有關聯性，但並非絕對的必要條件。事實上，國際法的絕大部分都能有效地對違反現象加以制裁。一般所認為無法強制的部分，只是有關國家主權的範疇，並非國際法的全體。更何況，法的強制本質是指違法這一事實「必須」受到制裁，而不是指制裁的事實上的存在或實際上的達成。即使是在有中央權力組存在的國內法體系中，有時對違法的制裁，亦常出現力有未逮之處。例如：違規停車、逃漏稅等就有很大的比例，無法加以檢舉；因而有相當部分的人並未受到有效地制裁，甚至連嚴重的強盜殺人事件，有時亦會成為懸案而無法使兇手受到制裁。由此可知，法的強制本質並非指「制裁必須隨著違法事實之發生而同時存在」，故縱然制裁的執行有時不能達成，不能據此而認定其缺乏強制力。

　　其次，在法的理論上，法的制裁並無固定形式。而論者之所以認為國際法缺乏制裁力，乃係由於將法的制裁方式，限定在恢復原狀、徒刑、罰款等傳統的國內法型態，此點亦為以偏蓋全的錯誤認知之所致。因為國家若被認定違反國際法，則其所可能受到的制裁是多樣性的。例如：國家對外關係的孤立、經貿惡化、國民活動受阻等均屬之。因此，我們應對國際法的制裁方式加以理解，而非以國內法的概念，驟然而武斷地認為國際法毫無制裁力。實際上，國際法亦有明確的制裁方式，其內容主要包括以下幾類：（一）自助（Self Help）：國家因他國違反國際法而受侵害時，則有權利以強制手段對抗加害國，例如：自衛戰爭、封鎖、經濟規制、扣押機船及國有財產等，都是國際法上常被使用的自助制裁方式。受害

---

[3]　同前註，頁14-16。

國可以在對手違反國際法時，伸張合法權利制裁對方。此在傳統國際法上稱之為「正義之戰」（Just War）或「報仇」（Reprisal）；（二）干涉（Intervention）：當出現違反國際法的狀態時，國際社會中維護正義的國家或國際組織即共同以各種強制手段，促使違反國際法的國家停止或改正其違法行為，保障國際社會的秩序。例如：以聯合國為中心所發動的制止侵略戰爭、經貿易封鎖、或是禁止某國參加國際奧會等，都是集體干涉有效制裁方式；（三）國際裁判之判決：國際裁判之判決雖不同於國內裁判，並未存在有效執行的中央權力機關，但由於國際裁判是基於合意才能進行，故其判決幾乎都能有效履行，相對地即對違反國際法國產生拘束力，故屬有效制裁約方式之一。

最後，國際法即使某些情況下不具「強制制裁」的性質，但其規範的強制效果則是毫無疑問的。目前國際法的存在已不再被懷疑。因此，當國家被認為違反國際法時，當事國絕對不會聲明否定國際法的存在，甚或主張國際社會沒有法規範可茲遵守，反而是各國都會以國際法之存在為前提，來主張其行為並沒有違反國際法，由此可知，國際法規範的強制性，在目前的國際社會中已被普遍認定。

伍、國際法之法律性

大約自從16世紀以來，即一直有部分學者，從「主權理論」（The Theory of Sovereignty）的角度及國內法特質的觀點來審視國際法的法律性的問題，而認為國際法並非真正的法律，而僅僅是具有道德力量的行為規則而已。主張此一看法的學者除了自然法學派始祖的德國法學家蒲芬多夫（Samuel von Pufendorf, 1623-1694）以外，大多為英國的學者，如：早期的霍布斯（Thomas Hobbes, 1588-1679）及後來的邊沁（Jeremy Bentham, 1748-1832）、奧斯丁（John Austin, 1790-1858）。而其中又以奧斯丁為支持這一理論的代表人物。奧斯丁對國際法的態度與看法，大體上來說乃是受到了他本身對於法律的理論所影響。根據奧斯丁的說法，他認為「嚴

格意義的法律乃是主權立法者的命令」（Law stricto sensu was the result of edicts issuing from a determinate sovereign legislative authority）。這樣，從邏輯推理來看，所考量的某些規則，如果分析到最後不是由「最高主權者」（Sovereign Authority）——政治上的領導者——所頒布，或者根本就不存在這樣的「最高主權者」，那麼這些規則就不會是「法律性規則」（Legal Rules），而僅是具有道德或倫理效力的規則。他將這樣的一般性理論應用到國際法上面去，由於因為在國家所組成的社會裡，並沒有可見到的具有「立法權力當局」（Authority with Legislative Power）或確實不存在有「決定權力當局」（Authority with Determinate Power）；同時也由於在他的那個時代，國際法規則幾乎全都是習慣規則。因此奧斯丁作結：國際法就有如拘束俱樂部或社團的規則；國際法不是真正的法律，而是「實證國際道德」（Positive Internationl Morality）而已。他更進一步的描述國際法是由「大體上通行於各國之間的意見或觀點」（Opinions or sentiments current among nations generally）所構成[4]。

對於奧斯丁的前述理論，當代著名國際法學者，英國的史塔克教授（Prof. J. G. Starke）有後面的三點回應[5]：

一、近代歷史法學派已對奧斯丁的「法律一般理論」（General Theory of Law）的力量大打折扣。事實已顯示，在許多社會中雖然欠缺正式的「立法當局」（Legislative Authority），但卻有一個有效且被遵守的法律制度存在，而那樣的法律與由國家的真正立法當局制定出來的法律在「拘束運作」（Biding Operation）方面，並沒有什麼不同。

二、但是奧斯丁的觀點，即使在他的那個時代是正確的，面對今天的國際法已不再真實了。在現今的這個世紀，由於立法條約及公約的結果，大量的「國際立法」（International Legislation）已經呈現出來，而且同時國際法內的習慣規則也等量比例的減少了。甚而可以認為下面的說法是真實的：那就是說，在國際領域內，雖然欠缺具有決定性的「主權立法當

---

[4] I. A. Shearer, Starke's International Law, 11th ed., (London: Butterworth & Co. Ltf., 1994), pp.16-17.
[5] Ibid., at 17

局」（Sovereign Legislative Authority），但是經由國際會議或藉著既存國際組織來制定「國際立法」規則的程序，在事實上是如同任何一個國家的立法程序一樣；就算沒有那麼的有效，但實際上是解決了「國際立法」的問題。

　　三、各個國家的外交部門或是既存的「國際行政機構」（International Administrative Body）在處理國際事務時，沒有不是把國際法問題當作法律問題來處理的。換句話說，各國負責維持「國際交往」（International Intercourse）的「權責機構」（Authoritative Agency）並不把國際法僅僅當作道德規範來看待。

　　前面是當代法學家英國的史塔克對於奧斯丁理論的不以為然的看法。事實上，早在西元1890年英國的波洛克爵士（Sir Frederick Pollock）就很明白地反駁奧斯丁的說法。波洛克指出：「如果國際法只是道德的一種，那麼國家的官方文書的製作者在考慮外交政策時，便會將他們所有的精力投入在道德的辯證上；但是事實上，他們並不是這樣的作法。他們並不去尋求道德上正確的一般感覺，而是去找尋先例、條約，以及專家的意見。在各國事務上，他們為了突顯與道德義務的不同，而肯定政治家與國際法學家所認定的國際法之存在」[6]。

　　以上是奧斯丁的見解，在理論上所遭致的不同論證。至於在各國的實務運作上，如同國內法一樣具有相同的拘束力。拿美國為例，根據美國聯邦憲法第6條第2項：國際法、憲法與聯邦法律，均是美國領土內最高的法律。而歷屆美國聯邦最高法院的大法官，也都一再地承認國際法在美國憲法上的有效性。在墨瑞案（Murray v. The Schooner Charming Betsy）的判決書中，美國聯邦最高法院的第一任首席大法官馬修（Chief Justice of the U.S. Superme Court John Marshall）就明白宣稱：「聯邦國會所通過的法案，如果有任何其他可能的解釋存在時，就絕不應該解釋成違反國際法。」（An Act of Congress ought never to be construed to violate the law of

---

[6] Ibid.

nations if any other possible construction remain）[7]而且在1900年的「哈巴那船案」（The Paqueta Habana）的判決書中，美國聯邦最高法院法官葛瑞（Justice Gray）更清楚的揭示：「國際法是我們法律的一部分，在每每遇到以國際法為依據的權利問題，而適當地提請有管轄權的法院作決定時，有管轄權法院的法官就必須對國際法加以確認與適用。」（International law is part of our law, and must be ascertained and asministered by the Courts of Justice of appropriate jurisdiction, as often as questions of right depending upon it are duly presented for their determination.）[8]

　　更進一步來說，世界各國在簽訂國際公約時，大都一再反覆的強調國際法對各國的法律拘束力。別的不說，1945年在舊金山會議所完成的「聯合國憲章」（The Charter of the United Nations），即是明示與默示的承認國際法的法律性。另外，附錄於「聯合國憲章」的「國際法院規約」（The Statute of the International Court of Justice）第38條說明了國際法院的功能是：「對於提呈於該法院的各個爭端，該院應該依照國際法決定之」（to decide in accordance with international law such dispute as are submitted to it.）[9]。而最近多邊國際會議宣誓國際法的具有法律性效力的是1975年8月1日所完成由美國、加拿大、羅馬教皇國及其他三十餘個歐洲國家簽訂的「赫爾辛宣言」（The Helsinki Declaration），各簽字國保證將以誠實信原則履行那些因為由於一般所承認國際法原理與規則，所發生的國際法義務……各國在行使它們的主權權力（包括決定各國法律與法規之權）時，將遵守各國在國際法下的法律義務[10]。

---

[7]　Murray v. The Schooner Charming Betsy, 6 US (2 Crunch) 64 (18040 at 118).

[8]　The Paquete Habana, 175 U.S. 677(1900), p.700.

[9]　See Art. 38 of the Statute of the International Court of Justice.

[10]　See Helsinki Declaration of 1 Augurs 1975.

陸、結論

　　近代國際法大師奧本海（Lassa Francis Lawrence Oppenheim,
1858-1919）認為法律的要件有三：1.必須有一個社會的存在；2.在此一社
會裡必須有一套規則來規範社會中各份子之間的關係；3.此種規範被該社
會公認為可藉外力來加以執行（制裁）。如果以此三個要件來審視國際
法，國際法應該是符合前述三要件的而具有「法律性」。只不過與國內法
相較，它缺少一個中央集權式的立法機構及執法機構，但也不是沒有制裁
力；僅僅是國際法的制裁力，並沒有國內法那麼有效而已。因而有部分國
際法學者將國際法稱作「弱法」（Weak Law）。

■專題二：國際法之歷史發展

　　國際法之根源，無可否認的是深植在它的歷史方面[11]。必定要由它的
歷史去找到它的「發生」。從遠古時期的宗教與神學方面的書籍或著作上
面，可以發掘到今天我們所知道的「國際法」的許多蛛絲馬跡的證據。舉
例而言，我們可以發現許多猶太人與羅馬人彼此之間所完成的和平條約與
同盟協定就是最好的例證[12]。更重要的是大約在2世紀的時候，羅馬人創造
了一個名詞——所謂的「普遍法」（Universal Law）。將它定義成「對於
所有的人均適用的法」（A Law-Common to all men）[13]。這樣的法律可以
被「羅馬法院」（Roman Court）適用在所有的外邦人民彼此之間的權利
義務關係上面，同時亦可適用於外邦人民與羅馬人民之間的「法律關係」
上。這就是那個時代的「國際法」。顯然是不同於今天我們所知道的「國

---

[11] Mark W. Janis, An Introduction to International Law, (St tall: Mim West Publisher, 2003). p.1.

[12] 遠古時期民族（部落）與民族（部落）之間爭戰頻仍，彼此之間的交往也很熱絡，自然地彼
　　此之間互利互惠之需求，使得契約或條約之簽訂屢見不鮮。

[13] 此為先民所認之原始之法律——全民一體適用之普遍法。

際法」。然而，卻也顯現出當今國際法在幾千年前的基本概念。

　　當然，國際法的產生絕對不是一朝一夕的產物。回顧關於國際法概念之形成以及國際法之效力，可以了解到國際法不是到了歐洲的民族國家興起之後才產生的，也不是在歐洲的基督教文明形成之後才發生的產物。換句話說，國際法的產生或是它的歷史，可以追溯到更早的時期。直截了當地說，國際法作為「權威」（Authority）單元之間的「法」，就是指作為「國家何以為國家」的準繩之法，以及不能由某個國家，單方面的加以廢除；而是以「平等對待」思想作為基礎的「法」[14]；這樣的話，其實很早即產生了，僅管那時人們對於國際法的認知是朦朧不清的，對於國際法的效力依據以及法律淵源的認識與今天有相當程度的差距或不同。在早期的人類古文明當中，在印度與西亞便存在著對於我們今天所稱為國際法的法律效力依據之表述：不論是人格化的眾神或單一之神，還是超凡之神，均代表了某種法律效力之依據[15]。

　　換句話說，國際法的產生，如果以時間作為標準來推算，應該可以回溯到上古時期。雖然在那久遠的時期，社會的演進狀態，並不存在著今天所稱之「國際社會」（International Community）。因為人類社會的發展，如果從演進的歷史進程來看，只有在所謂的「社會」從原始的「群眾」慢慢的形成「部落」，再經過很長的一段時期後，才有等同於「國家」地位的「王國」（Kingdom）的出現。到了這個時候各個「王國」（或國家）之間，它們彼此在平常時期必然會有「相互交往」（Intercourse）以及「溝通聯絡」（Communication）的需要，也因此會產生人類社會具體而微的所謂的「國際關係」（International Relations）。在這樣的原始意義的所謂的「國際關係體系」之下，各自獨立的「國家」（State）彼此之間基於事實上相互來往的需要，自然有需要訂定一些彼此之間，所共同而願意遵守的交往規則、典章或制度的「模式」（Norm）。這就逐漸形成

---

[14] 平等的相互對待，是國際法形成之前，各國與各國之間彼此所要求之最低標準。

[15] 世界上之四大古文明之下的任何要求，大致上均藉由神的力量或名義來達成；因此，宗教、法律與道德以區隔。

了一些不同程度的具有「相當拘束力」之「國際關係規範」（International Relations Norm）。而這樣的國際關係規範，可以稱得上是當今國際法之胚胎。而這一類型的國際關係，經過了一段時間的運作，就成了各國之間習以為常的「行為模式」（Conduct Model），漸漸的就成為各國主觀上的認定與事實上的不得不遵守的交往原則，如此一來就產生了人類社會最初始之國際法。雖然與今日之國際法在內容規範上不盡相同；但是，無可否認的，這是國際法從無到有之成長的開始。就意義而言，不可謂不大。舉例而言，在古代埃及與西亞各國的來往關係中，也已經能夠發現到某些國際關係的規則，與現代國際法中的某些規則，甚為類似，例如它們之間也訂有條約，使節也享有豁免權等等[16]。

　　國際法的歷史是相當地淵遠流長而且在內容上也是相當豐富的編織而成的。如果說美國歷史上相當有地位的聯邦最高法院大法官霍姆斯（Justice Olive Wendell Holmes Jr.）所說的「英美普通法是奠基於經驗，而不是邏輯」（Common Law is premised on experience, not logic）是真實無誤的話，那麼對國際法而言，就是兩倍的真實無誤[17]。它的理由乃是因為在國際事務上「法律」能夠完成一項非常務實的目的，那就是它能為國際社會達成「改變」（Change）的需要[18]，來完成測試「需要」是否達到，那就是「經驗」（Experience）。這也唯有時間才能告訴我們。簡單的說，國際法在國際社會所扮演的角色，必須要在歷史的洪流中才能發現。也就是說，國際社會的演進也好，改變也好，都必須從時間的流程裡去找尋找，這就要仰賴從歷史的經驗中去發現國際法演進與發展的軌跡。

　　西元前3世紀在亞歷山大帝國解體之後，希臘半島上的諸多有今日國家雛形的「城市國家」之間，彼此之間的交往與爭鬥之習慣，漸漸演變成具有「慣例」性質的一些常規，並進而形成具有拘束力的一些規範[19]。這些規範對於後羅馬帝國擴張時候的大部分歐洲所形成的「國際法秩序」

---

[16] 見前揭註1。
[17] 同前註。
[18] Barry E. Carter, P.R Trimble and C.A. Bradley 4th ed., (N.Y: Aspen Publishes, 2003), p.9.
[19] 見拙著，國際法學原理——本質與功能之研究，臺北，五南圖書公司，民國89年，頁39。

（International Legal Order）有深切的影響。在古希臘那個時代，城邦國家彼此之間，在事實上不僅互派使節、從事貿易、訂立條約，而且還建立聯盟，實行仲裁來解決糾紛。甚至在戰爭時也有一定的必須予以遵守的規則，例如：宣戰的過程與戰俘的處理……等。當然，難以否認的是：在古希臘時代，那些原則、規則、規章與制度乃是以「宗教」作為其效力之根據[20]。在這方面是與近代國際法的原則、規則與規章或因此建立起來的法律制度是迥然不同的。

　　西元前2世紀，羅馬從一個與其鄰國有著多重法律關係的城市國家演變為羅馬世界帝國。調整與非羅馬人關係的規範為萬民法（ius gentium），它包括我們今天的國際法與國際民事訴訟法。早在羅馬共和國時期，就已經形成羅馬國際法，其規定了條約的締結、使節法與戰爭法（保護來使、宣戰形式）等。不過，羅馬的私法中以及今天國際法中的條約必須遵守（pacta sunt servanda）原則在外交法中並沒有得到貫徹，所以當羅馬後來強盛時便開始毀約[21]。關於羅馬與其條約夥伴、附屬國以及交戰國的關係之規範性則沒有喪失。而處於法律圈子外之「野蠻人」則不被認為是法律上的人[22]。儘管羅馬式的萬民法只對羅馬人與非羅馬人或者說一切民族有效，但仍然有學者懷疑羅馬國際法的存在。在羅馬法中也有更早的法律秩序成分。

　　在西方中世紀後期，帝國的權利日益削弱。中世紀時期的皇帝與主教浩瀚無邊的權力消失了。這導致了自主且世俗的國家權力思想誕生，為國家間的關係法開闢了空間；國家自主行使其政治的學說得以流行。教皇削弱了皇帝的權力，但是其自身權利同樣沒有保住，這導致民族國家的誕生，其標誌就是國家主權、領土內排他統治權與單獨法律秩序。不過，國家的內部結構還沒有完善，而國家間關係也處於發展階段，但基督教國家之間的平等地位得以確立。此外，為防禦而締結的城市聯盟，尤其是13世

[20] 同前註，頁62。
[21] 吳越與毛曉飛合譯，當代西方國際法——德國的觀點，臺北，韋伯文化公司，民國95年，頁49。
[22] 同前註。

紀至17世紀出現的漢莎聯盟也發揮了重要作用[23]。這種法律上的聯盟具有主權性質。在聯盟的統治下，海商法也得以發展。

　　現在我們所認識的具有獨立體系的國際法是近代歐洲的產物。西元476年，西羅馬帝國被北蠻所滅，歐洲的歷史正式地進入所謂的「中世紀」。在此中世紀時期，歐洲在表面上或至少在形式上形成了一個帝國。特別是在西元800年查理曼大帝（Charlemagne, De Great），再次由羅馬教皇加冕為羅馬皇帝，整個歐洲大陸似乎又歸於大一統的局面；在政治上以羅馬皇帝為最高統治者，在宗教上則以教皇為最高領導者；也就是說，以皇帝為世俗的統治者，以教皇為精神的統治者。在帝國之外的人民均被視為「野蠻人」。在這種情形之下，自然沒有國際法存在與發展的空間[24]。所幸，上述的情形，僅僅是表徵而已。歐洲大陸實際上並未達成真正的統一局面。相反的，在很短的時間之內，許多新興國家陸續獨立，彼此並不相互隸屬，因而逐漸形成了一個新的「國際社會」。

　　在這樣的情形之下，新的國際社會成員，彼此交往頻繁、關係密切；對於國際法的需要，自然就應運而生。因為國際法的產生與發展，從客觀上來檢視，至少必須具備有兩個條件。其一是若干主權獨立的國家同時並存，而且彼此相互認定具有平等的法律地位。其二是此等並存的國家之間，必須具備有足夠的交往關係，並進而使得它們彼此共同同意這些交往關係，必須要受到一套法律的拘束或規範[25]。可是，在中世紀的初期，有兩大因素明顯的阻礙了國際法的發展，那就是[26]：第一，政教合一的神聖羅馬帝國，統治著歐洲大部分的地區。這種名義上的統一，掩蓋了許多內在的衝突與不和諧；第二，建立在特權階級之上的歐洲封建制度，不但特別不利於「民族國家」（Nation-State）的興起，而且還進一步地阻止了當時的國家，獲得現代主權國家，所具有的特性與權力。一直要等到15及16兩個世紀，國際社會發生了重大的變遷。新大陸的發現，歐洲的文藝復興

---

[23] 同前註，頁54。
[24] 見前揭註9，頁62。
[25] 同前註。
[26] 同前註。

及宗教改革運動，才瓦解了歐洲政教合一的大一統局面，也因此而動搖了中世紀基督教帝國的統治基礎。

　　被後世普遍承認為最偉大的早期國際法學者，是荷蘭的法學家兼外交家格羅秀斯（拉丁文Hugo Grotivs; 1586-1645）除了以匿名方式於1609年出版《海洋自由論》（*The Free Seas*）用以駁斥當時盛行的海洋分割理論外，他更於1625年出版了一部有系統的國際法著作《戰爭與和平法》（*On the Law of War and Peace*）。由於這部著作的問世，為格羅秀斯在國際法學史上奠定了超然的地位；也由於這部著作是國際社會的第一部綜合性的國際法基礎論著，對於後世國際法的發展具有啟發性的影響。就是這部著作的問世，為格羅秀斯贏得了「國際法之父」的稱號[27]。

　　由於他是具有實踐經驗的外交家兼法學家，因此他適當地說明了當時被國際間遵循的實際慣例，也提出了若干國際法理論。他的中心理論之一是：除了習慣和條約外，「自然法」（Law of Nature）是國際法的一種獨立淵源。他認為國際法是由淵源於神意的自然法和淵源於人意的萬民法所構成。他那再版四十餘次的《戰爭與和平法》一書，曾一再被法庭的判決和學者的教科書當作權威性的著作加以引述。他的其他主張：例如（一）一切國際關係必須受法律規範；（二）正當的義戰；（三）和平觀念；及（四）個人的基本權利與自由等，至今仍為現代國際法所認同。

　　在格羅秀斯以後的17、18世紀，影響國際法發展的大事是：國際間隨著有名的「三十年戰爭」之結束而簽訂1648年的維斯法尼亞條約（Treaty of Westphalia）後，歐洲的現代國家體系得以作最後階段的演進；歐洲國家與亞洲國家間的交往也日益增加。影響所致，國際交往的習尚和實踐（usages and practice）逐漸發展成習慣國際法規則[28]。同時，17、18世紀的學者們也積極從事國際法的研究和著述，一方面為當時已有的或成長中的習慣規則提供有力的證據和支持，另方面為當時國際實踐中尚無規範的部門，建議新的規範或原則。19、20世紀的法庭，仍有引述這些學者之理

---

[27] 同前註，頁70。

[28] 同前註，頁71。

論以為論證者。

在19世紀，由於若干本質上屬於歷史研究範圍的因素，使國際法獲得進一步的擴張和發展。這些因素包括（1）歐洲內部和歐洲以外都有新興的強大國家興起；（2）歐洲文明向海外擴展；（3）世界交通運輸之現代化；（4）現代戰爭之殺傷力增加；以及（5）新的科學發明之影響等。它們促使國際社會急須得到一種能以適當規範國際關係的法律體系[29]。

在此期間，國際法最突出的發展有四[30]：一是由於戰爭的毀滅性增強，以致戰爭法與中立法獲得較大發展；二是由於英、美兩國「阿拉巴瑪賠償案」（The Alabama Claims Case, 1872）經由仲裁程序獲得圓滿解決，以致國際仲裁法庭的判決日益增多和成為國際法規則的一種新的重要泉源；三是各國開始養成談判普遍條約的習慣，以便規範共同關切的事項；四是各國法學家就國際法進行科學化的研究，對國際法的發展著有重要貢獻。他們研究的普遍傾向是專重當時的國際實踐（existing practice），放棄自然法概念。不過在沒有習慣和條約規則可求的場合，而他們不能不思索和推敲出應有的法律規則時，他們也「訴之於理性和正義」。

國際法在20世紀的重要發展，可從四方面加以分析[31]：

第一、實證法思想的轉變。19世紀末及20世紀初期，在國際法的哲學思想上，實證法學思想居於支配地位，大多數國際法學家認為只有國家的意志才是國際法的淵源；政治家和法學家對「國家絕對主權說」也具有堅強的信念。但到第一次世界大戰以後，這種剛性的傳統實證哲學又有漸漸被打破的趨勢。一種類似前述格羅秀斯派（Grotian School）的哲學思想開始取代「純實證主義」（pure positivism）。當今國際法學家大多認為：在國家實踐中找不到規則的場合，便可以和應該訴之於「正義原理」和「法律的一般原則」。這就是此一發展的結果和證明。

第二、自然法學思想的式微。實證法思想的成長與自然法主義的衰退

---

[29] See J.G.Stacke, An Introduction to International Law, 10th ed.,(London: Butter worths, 1989), p.13.
[30] Ibid.
[31] 俞寬賜，國際法新編，臺北，啟英文化公司，民國91年，頁15。

是同時發生的。尤其「自然法」原係基督教文明的一部分：到20世紀——尤其到1960年代以後，歐洲以外的新興國家相繼誕生；它們因為沒有繼承基督文明，所以也就可能不重視自然法原理。影響所致，自然法學者便不再像以前那樣具有影響力了。亞、非國家甚至向傳統國際法的基本原則挑戰。不過近年來各種國際法會議的召開，由全世界的國家普遍參與制定各種多邊公約，其結果對這種挑戰現象大有緩和作用。

第三、常設國際仲裁和司法機構的創立。20世紀另一重要的發展是常設仲裁及司法機關之創立，分別適用國際法以審斷國際爭端。其中最早的是1899及1907年海牙和平會議創立的「常設仲裁法院」（Permanent Court of Arbitration）；其次是1921年設立、作為國際聯盟司法機構的「常設國際法院」（Permanent Court of International Justice），及其繼承者——當今聯合國的「國際法院」（International Court of Justice）。它們的判決，對國際法的發展與適用，影響至為深遠。現代國際法學界非常重視法庭的判決及國家實踐，而學者的影響則相對地漸趨減弱，就是這種發展的結果。

第四、現代國際法領域的極度擴張。現代科學技術的發展、經濟的緊急需要，及社會學觀念的創新，使國際法的許多具有歷史性的規範受到嚴厲的挑戰。國際政治上的現狀——包括區域集團的林立、新興國家經濟和技術的落後，以及核能與熱核能的利用和管制，國家在大氣層、太空、和宇宙間的活動，人類生態環境的維護、世界人口的控制、海洋資源的探測與開發，以及其他一切影響國家的經濟社會利益、和人權問題等，都是傳統國際法所未曾適切規範、或完全未加規範的對象。因此，20世紀國際法的使命和發展的特色之一，就是擴大領域，發展新的法律原則，對此等新的事物和現象一一加以規範，以維持國際社會的良好秩序。

■專題三：國際法現狀之研析

壹、20世紀國際法演進之特質

　　到20世紀之初，國際法的基本體系可以說已經幾乎建立完成，創制新的國際法原則與規範的方法和機構，大體上也已相當確立；如此的國際法架構，反映出20世紀初期以來的國際政治情況與國際社會之性質。足以證明國際法從15世紀的具體而微的開端，到了20世紀，已經逐步有了很大的進展，而且業已顯現出許多後來20世紀中的發展趨勢。而國際法在20世紀的重要發展，約略地可以從後列五方面了解它的現狀，而檢驗出它在此時期的演變特質。

一、特定目的國際性會議之召開

　　1899年及1907年的兩次「海牙和平會議」（Hague Peace Conference）均由俄皇所發起，而在荷蘭的海牙所召開；歐洲及歐洲以外的許多國家都曾派代表參加。1899年的第一次「海牙和平會議」，參加之國家有26個。由於彼時歐洲各國彼此關係緊張，各國之間外弛內張，紛紛展開軍備競賽。為了消弭彼此之間的猜疑與緊張關係，乃有此次和平會議之召開，期使各國能夠達成裁軍及限制軍備的目的。此次會議雖然未能如願的實現其目的，亦無任何具體的成果；但是在尋求「和平解決國際爭端」（Peaceful settlement of International Disputes）的途徑上，則締結了一項條約；而此則為國際法編纂之發韌。

　　1907年之第二次「海牙和平會議」，其參加之國家則增加為44國。此次和平會議之目的，除了繼續研討「和平解決國際爭端」之方法外，偏重於陸戰國際公法之編纂。該次會議的具體成就乃是制定了十二項公約、一項聲明及一項藏事文件，同時對戰爭及中立法規亦有詳盡之規範。該二次和平會議，雖然對有關裁軍的議題上，未能達成具體之共識而無結論外，

但是因為「限制武力索債公約」及「國際捕獲法院公約」的簽訂及「戰時法規」之編纂，則對國際法的貢獻，亦非同小可。

二、國際性司法機構之創立

自19世紀以來，各國逐漸開始利用簽訂「仲裁裁判條約」而將彼此之間的糾紛，提交「仲裁」（Arbitration）以解決；至20世紀，此種趨勢在各國似已蔚為風尚。於是各國乃在「海牙和平會議」裡，決議設立「常設仲裁法院」（Permanent Court of Arbitration），而於1900年在海牙正式成立「常設仲裁法院」，以各國同意之國際法作為審斷國際糾紛之標準。而在第一次世界大戰之後，各國更有志一同地將「仲裁條約」（Arbitration Treaty）之適用範圍予以擴張，試圖解決更多類型之國際紛爭。另一方面，各國更同意簽訂「調停條約」（Mediation Treaty），使其成為「和平解決國際爭端」之重要工具之一。繼1911年成立「國際聯盟」（League of Nations）之後，在1922年，國際間各國更一致同意成立「常設國際法院」（Permanent Court of International Justice）作為「國際聯盟」之下的司法機構。

此「常設國際法院」更在「聯合國」（United Nations）於1945年成立之後，而於1946年為「國際法院」（International Court of Justice）所代替（或稱之為繼承）而正式成為「聯合國」的組成部分。規定此「國際法院」結構與職掌之「國際法院規約」（Statute of the International Court）與其前身之「常設國際法院規約」（Statute of the Permanent Court of Arbitration）幾乎完全相同。各國將訴訟案件提交「國際法院」審理，基本上是自願的，然而其判決的「強制執行」（Mandatory Enforcement）在實際上幾乎是不可能之事[32]。而依據「聯合國憲章」（Charter of the United Nations）第1條之規定：「為了維持國際和平與安全，國際法院應依正義

---

[32] Werner Levi, Contemporary International Law: A Concise Introduction, (Boulder, Colo.: Westview Press, 1979), p.14.

及國際法之原則調整或解決足以破壞和平之國際爭端或情勢」[33]。在此方面「國際法院」卻也擔負起了無法推卸的責任，而在20世紀的「國際社會」裡扮演著相當重要的角色，例如：「國際法院」的判決對國際法的發展與適用，影響至為深遠。現代國際法學界之所以非常重視法庭的判決及「國際實踐」（International Practices），而學者的影響之所以相對地式微[34]，即是上述發展的結果。

三、全球性國際組織之成立

國際組織的產生，必然有其歷史的軌跡可找尋，因為它們的產生勢必有其時代背景及其歷史過程。尤其重要的是它們的成長乃是以「國際關係」的演變為基礎；並且是國際政治與經濟發展到相當程度後的產物。人類社會在進入19世紀之後，民間團體的活動首先延伸到人類活動的各個領域；舉凡政治、經濟、科技、文化、工商與勞工……各方面無所不包。它們的活動，一方面受到各國政府的影響和制約，而另一方面也對各國外交政策及「國際關係」產生一定的影響。進入20世紀以後，各國的各種民間國際團體常常要求和爭取各國政府的支持，以此表明其願意成為國家體制和國際體制的組成部分；不少民間國際團體和合作機構，最後終於被國家間的協定或條約所承認而成為正式的國際體系之單位；這就反過來加速了整個「國際關係」的發展進程，並因而促進了政府之間的聯繫[35]。

同時跟隨著20世紀之到來，西方「民族國家」（Nation-State）的紛紛建立之後，「民族主義」（Nationalism）的充分發展，促成了以「國家主義」（Nationalism）為中心思想的「帝國主義」（Imperialism），各國之間的關係變得比以往更為複雜與緊張。為了適應此種「國際關係」，一般政治性的國際組織如雨後春筍地相繼成立。此一時期不僅一般政治性國家組織發展較快，而且許多專門性的「國際行政組織」（International

---

[33] See Article 1 of the United Nations Charter.

[34] J.G. Starke, p.14.

[35] 見梁西，國際組織法，志一出版社，85年，頁22。

Administrative Organizations）亦紛紛設立，並進而發展成更健全的機構。兩次世界大戰對「國際關係」乃至於對國際法的發展，均產生了極其深刻的影響。在相隔約二十年的時間內，兩次世界大戰的結果，在國際間成立了兩個最重要的國際組織。隨著第一次世界大戰的結束，建立了「國際聯盟」（League of Nations），它是人類歷史上第一個具有廣泛職能的「世界性」（World-Wide）國際組織。而經過第二次世界大戰的洗禮，國際間再次成立了一個世界性的國際組織──「聯合國」（United Nations），以取代「國際聯盟」的功能及其地位。截至1995年1月1日為止，聯合國的會員國總數已達185個會員國。不論「國際聯盟」抑或「聯合國」，它們彼此所要達成的目標均屬相同，即是在維持國際和平、安全與正義、發展國際間的友好關係、促進人類經濟、社會、文化、教育、科學及衛生等各方面之合作，以謀求全體人類之福祉。

四、專門性國際機構之大量增加

　　從19世紀後半期開始的一項無可爭辯的事實──「國際行政組織」的逐漸設立，即已顯示此一專門性國際機構大量增加的趨勢將陸續發展下去。尤其到了20世紀，由於科技的更加進步。國際間運輸的更加發達，以及國際通訊的更為方便，在國際間縮短了彼此之間的時空距離，於是在「國際社會」（International Community）中各種專門性的機構相繼成立，以加強彼此之間的經濟、社會、文化、教育、衛生及其他相關事項之合作與交流事宜，以期盼改善人類生活環境、提升人類生活品質，進而達成謀求人類全體之福祉。

　　首先在1960年代之前，各個專門性機構先後成立以後，紛紛依照「聯合國憲章」第63條之規定與「聯合國」之「經濟暨社會理事會」（Economic and Social Council）訂立「協定」（Agreement），使其本身與「聯合國」之間依「協定」之條件，發生「法律關係」（Legal Relationships）。可見這些專門性之國際機構其本身已具備有獨立之「國際法人資格」（International Legal Personality Status）；因而，如此之行

為，更能夠確立了各國際組織在國際法上之地位，也使國際法之發展在涵蓋範圍上更加擴大。尤其是在「聯合國」成立之前即已成立之「萬國郵政聯盟」（Universal Postal Union，簡稱UPU）（成立於1875年7月）及「國際電信聯盟」（International Telecommunication Union，簡稱ITU）（成立於1934年）也都仿效其他「聯合國」成立後才設立之機構，按照聯合國憲章第63條之規定，與聯合國「經濟暨社會理事會」簽訂協定，更足以顯示，此類國際組織與「聯合國」之間的法律關係及其在國際法上之地位。

在1960年代以前成立之重要專門性國際組織，依照其成立時間之先後順序：約略有下面幾個，1919年成立前於1946年4月修改憲章之「國際勞工組織」（International Labor Organization，簡稱ILO）；1945年10月成立之「聯合國糧食暨農業組織」（Food and Organization of the United Nations，簡稱EAO）；1945年12月成立之「國際復興開發銀行」（International Bank of Reconstruction and Development，簡稱IBRD）又稱為「世界銀行」（World Bank）；1945年12月成立之「國際貨幣基金組織」（International Monetary Fund，簡稱IMF）；1946年11月成立之「聯合國教育、科學暨文化組織」（United Nations Educational, Scientific and Cultural Organization，簡稱UNESCO）；1947年4月成立之「國際民用航空組織」（International Civil Aviation Organization，簡稱ICAO）；1948年4月成立之「世界衛生組織」（World Health Organization，簡稱WHO）；1950年3月成立之「世界氣象組織」（World Meteorological Organization，簡稱WMO）；1956年7月成立之「國際金融公司」（International Finance Corporation，簡稱IFC）；1957年7月成立之「國際原子能總署」（International Atomic Energy Agency，簡稱IAEA）；1958年3月成立之「政府間海事諮詢組織」（Inter-Governmental Maritime Consultative Organization，簡稱IMCO）；以及1960年9月成立之「國際開發協會」（International Development Association，簡稱IDA）。

由於各國經濟生活的不斷國際化，以及國際經濟與科技聯繫的日益加強，使得國家間的經濟組織也在不斷增加；在1960年代以後，隨著各國在經濟上「相互依存」（Interdependence）關係的日益加深，「國際經濟組

織」（International Economic Organization）的發展更為迅速。各種區域性與全球性的經濟組織，其數量已遠遠超過了一般政治性的組織；它們對現代「國際關係」與國際法的發展，產生了相當深刻的影響[36]。「國際經濟組織」已經發展成為現代專門性國際組織中的一種特殊類型，它們是現代國家間經濟交流與合作的一種經常形式[37]。自1960年代以來，「發展中國家」（Developing Nations）也相繼成立了各種區域經濟一體化機構及各種原料生產國和輸出國組織，如：「西非國家經濟共同體」（Economic Community of the West African States，簡稱ECOWAS）、「石油輸出國組織」（Organization of Petroleum Exporting Countries，簡稱OPEC）、「可可生產者聯盟」（Cocoa Producers Alliance，簡稱CPA）、「天然橡膠生產國協會」（Association of Natural Rubber Producing Countries，簡稱ANRPC）……等，它們對於協調成員國間的經濟政策、維護民族經濟利益、保護國家資源，以及對國際經濟法的發展，都具有重要的意義[38]。

另外值得一提的是「關稅暨貿易總協定」（General Agreement on Tariffs and Trade，簡稱GATT）的成立與其逐漸演變成目前唯一的「世界性」的掌管國際貿易事務組織的歷程；1944年美國開始研擬成立「國際貿易組織」（International Trade Organization，簡稱ITO）以推展二次世界大戰後「自由貿易」（Free Trade）精神為宗旨；1946年2月「聯合國經濟暨社會理事會」（United Nations Economic and Social Council）召開第一次會議，接受美國之提議，決定舉行「聯合國貿易暨就業會議」（United Nations Conference on Trade and Employment），以便研擬「國際貿易組織」的憲章並進行「多邊貿易談判」（Multilateral Trade Negotiations）以降低關稅。於是該理事會在1946年10月至11月於倫敦召開第一次籌備委員會議，除了研擬「國際貿易組織憲章」（Charter of the International Trade Organization）草案外，並建議簽訂「關稅暨貿易總協定」，此為該名詞的

---

[36] 同前註，頁28。
[37] 同前註。
[38] 同前註。

首次見諸於世[39]。

　　緊接著於1947年8月完成「國際貿易組織憲章」草案及所附之「關貿總協定」（GATT），當年10月30日美國、英國、法國，及我國等23個國家簽署「關稅暨貿易總協定」及暫時適用議定書；因此，「關稅暨貿易總協定」在1948年的1月1日便正式生效[40]。後來國際間雖然完成了「國際貿易組織憲章草案」（Draft of International Trade Organization Charter）的討論，但是由於美國國會的反對，美國行政部門在1950年12月6日正式宣布不再提請美國國會審查「國際貿易組織憲章」；因此，「國際貿易組織」從未成立。但是「關稅暨貿易總協定」卻逐漸發展成一個規模僅次於「聯合國」的經貿性國際組織，是目前唯一的也是最重要的國際性貿易組織。而「關稅暨貿易總協定」在擔負起國際間「自由貿易」的守護神的四十餘年後，於1994年年底正式功成身退，而「世界貿易組織」（World Trade Organization，簡稱WTO）於1995年1月1日正式成立，以繼續推動全球性的「自由貿易」為其宗旨。

　　國際組織的發展雖然經歷了一段漫長且緩慢的過程，但是在進入20世紀之後，尤其是在經歷過兩次世界大戰之後，其發展之迅速，頗令人咋舌；僅僅是在數量上的成長，即呈現爆炸性的增加。現代國際組織，名目繁多；然而各種「全球性」（Global）的與「區域性」（Regional）的，抑或「政府間」（Inter-Governmental）與「非政府間」（Non-Governmental）的國際性組織，根據統計，其總數已超過八千個。影響較大的國際組織已達四千多個，其中政府間的重要國際組織已超過五百個；它們之中的90%以上是在20世紀約50年代發展起來的[41]。根據中國大陸國際法學者梁西的說法：「如果說，19世紀由於國際會議頻繁而被人們稱為『國際會議世紀』（Century of International Conference）的話，那麼20世紀，由於國際組織的急劇增加，可以稱之為『國際組織的世紀』（Century

---

[39] 有關GATT歷史，參閱John H. Jackson, The World Trading System (Cambridge, MA: The MIT Press, 1992), pp.31-39.

[40] 同前註。

[41] 見前揭註35，梁西書，頁29。

of International Organization）」[42]。

　　國際組織的大量出現，雖然比國際法的發展在時間上落後了數百年。但是就國際法對於國際組織的形成、發展和鞏固而言，若從法律制度的形成面來加以考量，自然可說是發生了正面的影響。國際組織的建立，不可能沒有成員國之間的「協議」（Consulation），國際組織的活動，也不可能不受國際法的「調整」（Adjustment）；建立國際組織的基本文件，即是基於一般國際法而締結的一種「多邊條約」（Multilateral Treaty），它是在一般國際法的範疇內起作用的[43]，也就是說，那些建立普遍性國際組織的基本文件之本身，往往包含著重要的國際法規範，此等國際法規範可以使得國際組織的運作，更合乎國際法的要求，也才能使國際組織的活動，發生更大的作用。再者，那些建立普遍性國際組織的「多邊條約」，往往包含有「國際社會」成員所必須遵守的「一般性法則條款」（Provisions of General Principles）。參加此類條約的成員越多，接受此等法則的成員就越普遍，從而使得這些「法則」，在一定的情況與條件之下，產生國際法的效力。

　　另外一方面，國際組織對國際法，尤其是對現代國際法的產生與發展，也造成了巨大的影響力。國際組織是現代國際社會中促成「國際合作」（International Cooperation）的一個有效的法律形式與因素。因此，可以說，國際組織的成長與發展，即是國際法本身的成長與發展。尤有甚者，在現代之「國際社會」中，國際組織已經取得某一種程序的「國際法人人格」（International Legal Personality），在一定的情況與條件之下，可以成為「國際法之主體」（Subject of International Law）。而在「現代國際社會」（Modern International Community）之中，除了國家間之關係外，國家與國際組織之間，以及國際組織彼此之間的關係，也能形成國際法的新規則；因此，由於國際組織的大量成長與發展，國際法之主體與國際法之淵源與範圍，到了20世紀的今天，就更進一步的擴大了。

---

[42] 同前註，頁29-30。

[43] 同前註，頁9。

　　從上所述，可知國際組織與國際法之間，彼此存有「互動」（Internation）的關係，也因而能夠形成相輔相成的作用，彼此互相影響。首先，國際法的發展為國際組織的產生奠定了「法的基礎」（Legal Foundation）建立了國際組織在國際社會中國際法的「法律架構」（Legal Framework），從而能夠在一定的情況與條件之下發生國際法的效力。因此，可以預見與肯定的是：國際組織在數量上的與日劇增及在活動範圍的日益擴大，將使得它對國際法的未來有著愈來愈深遠的影響。

五、戰爭或武力使用之法律限制

　　「傳統國際法」（Traditional International Law）或者把戰爭看作是實現基於國際法的（或自稱基於國際法的）權利主張的一種自助手段，或者認為戰爭是一種法律所許可，而用以攻擊和改變國家現有權利的工具，而不問所要造成政變的客觀是非如何；這兩種觀點雖然是互相矛盾的，但有一個共同點，即：以戰爭作為「解決國際爭端」，推行「國家政策」（National Policy）的手段是合法的，國家有訴諸戰爭的不容置疑的「絕對權利」（Absolute Right）[44]。這樣的對戰爭的看法，主要是由於受到在19世紀末至20世紀初的「絕對實證法學派」（Absolute Positivism）〔或稱「嚴格實證法學派」（Pure Positivism）〕思想的影響，再加上新興「民族國家」的興起，以「民族主義」為中心的狹隘的「極端國家主義」（Radical Nationalism）思潮的盛行，使得戰爭被用來作為推行國家政策的工具，而作戰之權，不論其目的為何？其理由是否合法？均在所不問；因為作戰之權是國家主權的一種特權，因此，每一戰爭都被認定是合法的[45]。而此「傳統國際法」是建立在假定各國和平相處，彼此同意建立一個「法律秩序」（Legal Order）的前提之下；如果不幸發生戰爭，則除

---

[44] 王鐵崖等著，國際法，臺北，五南，民國81年，頁610。

[45] Lauterpacht-Oppenhiem, Vol.Ⅱ, L. Oppenheim, International Law, Vol.Ⅱ,7th ed., by H. Lauterpacht, (London: Longmans, Green, 1952), p.223.

了少數關於戰爭行為的規則外，一切的國際法都只好暫且拋開[46]。如此的論調，不僅承認國家有戰爭權，甚而可以用脅迫的手段壓迫別的國家簽訂條約。以上「傳統國際法」對戰爭的認定，正如同國際法學家范威克（Charles G. Fenwick）所言：「直至1920年，國際法一向承認一國有權作戰，作為對於其所提出的侵害，在使用其他手段都無法補救之後的一個最後的自救方法」[47]。但是「傳統國際法」對戰爭的上述看法，自第一次世界大戰以來，已被多數國際法學家所否定。尤其是自從「國際聯盟」成立以後，戰爭在國際法上的地位發生重大的變化。對於以往訴諸戰爭或從事「準戰爭」（Semi-War）之敵對行為不加限制的權利，國際間已開始努力予以法律的限制，此可謂是國際法在20世紀的一項最有意義的演變，而反映出震古鑠今的效應。

　　至此，雖然「國際法」之演變，尚未達到根本上否認戰爭的地位，但是至少已開始限制國家以主權行使為藉口，而成為各國推行「國家政策」的工具。由此現象觀之，17世紀格羅秀斯所倡導之所謂的「義戰」（Just War），似乎又再度受到肯定與重視。

貳、20世紀國際法演進主軸之分析

　　有關對於訴諸戰事或武力使用之國際法限制，為20世紀國際法演進之主軸，其基本上約略可以分為下列四大階段來檢驗分析：

一、「海牙和平會議」階段

　　自19世紀末葉至20世紀初期以來，由於各國軍備競賽的結果，軍隊規模日益擴大。同時因為新型武器的發明，使得國際間的戰爭氣氛相當濃

---

[46] 杜蘅之，國際法大綱（上），臺北，臺灣商務印書館，民國80年，頁512。

[47] 同前註，頁511；並可參閱Charles G. Fenwick, International Law 4th ed. (N.Y.: Appleton-Century-Grofts, 1965), p.647.

厚，為了消弭戰爭的可能性，國際間開始認真考慮：如何規範戰爭的行為及限制戰爭的發生，同時也開始要求建立「集體安全制度」（Collective Security System）。隨著維持國際和平與安全的呼聲日益高漲，國際間開始研擬如何以和平方式解決國際爭端及如何建立相應的「集體安全制度」，期使「國際社會」能夠獲得相當的和平與安全的保障。於是，以1899年的第一次「海牙和平會議」（Hague Peace Conference）為契機，逐步形成了「和平解決國際爭端」的國際法制度；其最終目的是要「使私人關係間應遵循的那種簡單的道德和正義的準則，成為國際關係中的至高無上的準則」[48]。

　　1899年的「海牙和平會議」和隨之所締結的「國際紛爭和平解決公約」（Hague Convention for the Pacific Settlement of International Disputes of 1899）第一次對以戰爭解決國際爭端的「權利」（Rights）加以限制。此公約第1條規定：「為國際關係上儘量免除訴諸武力起見，締約各國均願盡力於國際紛爭之和平解決」。其次，該公約之第2條更具體的提出：「當有重大之意見衝突或紛爭事件，締約各國應當於未用兵之前，審酌情形，請友邦一國或數國斡旋或調停」。甚至於該公約第3條明文表示：「第三國可以主動進行斡旋或調停」。上述「國際紛爭和平解決公約」對於戰爭的開啟或「武力的使用」（Use of Force）所作的限制，雖然是具體而微；但是經由各國的簽約及批准，至少對以戰爭或「武力之使用」作為「解決國際爭端」之手段或方式之「傳統國際法」所認定之國家的「絕對權利」（Absolute Right），施加了些許的限制；並因而產生了「國際法」的效力，使締約各國負有履行公約各條款的義務。除此之外，該公約最重要的意義是：此公約的簽訂開啟了「國際社會」廢棄戰爭思想的洪流。

　　1907年的第二次「海牙和平會議」通過了「限制用武力索回契約債務公約」（Convention on the Limitation of Employment of Force Recovery of Contract Debts of 1907），進一步在具體的問題上，對於所謂的「戰爭權」做了直截地限制，這更是一次重大的嘗試。此公約第1條即開宗明義

---

[48] 見馬克斯恩格思全集，中文版，第一六卷，頁14。

的規定：「凡一國政府，因他國政府，欠其人民訂有契約債務，不可以武力向其索取」，然而其先決條件是：欠債國不得「拒絕仲裁（或稱公斷）之請求，或置之不理，或雖然准許仲裁後，卻仍使仲裁契約書無法簽訂，抑或在准許仲裁之後，仍不遵照仲裁契約規定辦理」。上述公約，所使用的詞句是：「儘量免除訴諸武力」、「用兵之前」、「不得以兵力」，雖未使用「戰爭」之字樣，但是限制使用兵力和武力，顯然是對所謂訴諸戰爭權的限制[49]。

　　綜合而言，1899年和1909年兩次「海牙和平會議」及其所締結之「國際紛爭和平解決公約」及「限制武力索回契約債務公約」開始對以戰爭解決國際爭端的「權利」加以限制，並倡導以「談判」（Negotiation）、「斡旋」（Good Offices）、「調停」（Mediation）、「調查」（Enquiry）、「和解」（Conciliation：或稱「調解」）、「仲裁」（Arbitration）等和平方法解決國際爭端[50]。其後，國際間為了解決彼此之間的紛爭，多半於紛爭發生前預先簽訂或至遲於發生後簽訂「雙邊仲裁條約」（Bi-lateral Arbitration Agreement），以了結彼此之間的糾紛。尤其重要的是，自1914年起，美國在「國務卿」（Secretary of State）布萊恩（William Jennings Bryan）的主持之下，與許多國家簽訂所謂的「布萊恩條約」（The Bryan Treaties）[51]。這些條約規定均設立「常設調查委員會」（Permanent Commission of Inquiry）作為解決國際爭端的機關。並且規定在「和解委員會」（Conciliation Commission）就爭端提出報告之前，爭端當事國不得從事敵對行為（即不得訴諸戰爭）。而這些「布萊恩條約」的共同內容，約略有下面六點[52]：（一）各締約國同意凡是外交方法未能解決的爭端，都提交一個「常設國際委員會」（Permanent International Commission）由其進行調查，並提出報告書；各締約國又同意在報告書

---

[49] 見前揭註44，王鐵崖書，頁611。

[50] 「國際紛爭和平解決公約」（Hague Convention for the Pacific Settlement of International Dispute）第1條至第3條。

[51] 見黃炳坤編，當代國際法，風雲論壇出版社，78年，頁207。

[52] 丘宏達，現代國際法，臺北，三民，民國84年，頁973。

未提出以前，不得逕行開戰；（二）「常設國際委員會」包括五人組成，計由爭端當事國各任命本國國民一人及第三國人士一人，其第五位委員也是第三國人士由雙方同意共同選派；（三）除非雙方同意加以限制或延長外，委員會的報告書必須在一年內完成；（四）爭端當事國在收到此項報告書後，可以自由採取其認為適當的措施，但是在報告書提出前，任何一方不得展開敵對行動；（五）委員會得以全體一致同意，在外交談判失敗而在各當事國訴諸委員會處理之前，亦可表示願為一項爭端謀求解決；（六）此項條約定期五年，但期滿時，在締約國一方發出退約通知後滿十二個月以前，仍然繼續有效。

二、「國際聯盟盟約」階段

由於第一次世界大戰造成了人類歷史上空前的大浩劫，因此，在戰後「國際和平運動」（International Peace Movement）的聲勢巨大、氣氛高漲，促進了「和平解決國際爭端」（Peaceful Settlement of International Disputes）的國際法制度的建立。1919年「國際聯盟盟約」（Covenant of the League of Nations）成立後，國際法對戰事的觀念，有明顯的認知上的改變；因為「國際聯盟盟約」進一步的限制了「戰爭權」。大體而言「國際聯盟盟約」對於盟約簽訂國列有裁軍、阻止戰爭之辦法，以及各盟約簽訂國遇有紛爭時，提交仲裁或依循法律方式解決，不得任意從事戰爭行為之規定。其具體的規定如下列各條款。首先，「國際聯盟盟約」在其序文中明白指出：「為增進國際間合作，並保持其和平與安全之考量，特別允諾承受不從事戰事之義務」。「國際聯盟盟約」更於第10條明白規定：「『聯盟盟約國』擔任尊重並保持所有『聯盟盟約國』之領土完整與現有之政治上的獨立，以防衛外來之侵犯；如遇此類之侵犯或有此種侵犯之任何威嚇或危險之虞時，國際聯盟理事會應籌謀履行此項義務之方法」。

「國際聯盟盟約」第11條並規定：「茲特聲明：舉凡任何戰爭之危險，不論其為涉及聯盟中任何一盟約國與否，皆為有關聯盟全體之事；聯盟應用任何視為明智而有效之辦法，以保持各國間之和平。……又聲

明……凡是牽動國際關係之任何情勢，足以擾亂國際和平或危及國際和平所恃之良好諒解者，聯盟之任何盟約國均有權以友誼之名義，提請大會或理事會注意」。「國際聯盟盟約」以此二條之規定確立了限制各盟約國作戰權利的基本原則後，又於第12條規定：「『聯盟盟約國』約定：若『聯盟盟約國』間發生爭議，而將決裂者，應當將所爭議之事提交仲裁或依法律手續解決，或交理事會審查，並約定無論如何非俟仲裁員仲裁或法庭判決或理事會報告後三個月屆滿以前，不得從事戰爭」。此規定之用意，乃是在延緩戰爭之爆發，為爭議國提供「冷卻時期」（Cooling-off Period）。

　　「國際聯盟盟約」接著於第13條第4項明定：「『聯盟盟約國』約定：彼此以完全真意履行所公布之裁決或判決，並對於遵行裁決或判決之『聯盟盟約國』，不得對之進行戰爭……」。更於第15條第6項規定：「當理事會報告書除相爭議之一方或一方以上之代表外，該會會員一致贊成，則『聯盟盟約國』約定：彼此不得向遵從報告書建議之任何一方進行戰爭」。由此可見，「國際聯盟盟約」並未取消盟約國之作戰權，僅是限制了此作戰權之行使。至於非盟約國，則因盟約並不對它們發生效力，它們若是未遵守前述各項條款之規定而進行戰爭之行為，仍然是容許的而不至於遭受任何制裁或處罰，因其無遵守之義務。

　　但是，「國際聯盟盟約」對已簽字並批准之盟約國之任何違約行為，則規定有制裁辦法。「國際聯盟盟約」之第16條明文規定：「『聯盟盟約國』如有不顧本盟約第12、13條或第15條所規定之各項條款而進行戰爭者，則根據此事實，應即視為對於聯盟所有其他盟約國有戰爭行為。其他各盟約國有義務立即與之斷絕各種商業上或財政上之關係，禁止其人民與破壞盟約國人民之各種往來，並阻止其他任何一國之人民，不論是『聯盟盟約國』人民或非『聯盟盟約國』人民與該國之人民，財政上、商業上或個人之往來。……遇此情形，理事會應負有向相關各政府建議之責，以便『聯盟盟約國』得以各出陸、海、空之實力，組成軍隊，以維護聯盟盟約之確實實行」。

　　雖然「國際聯盟盟約」的前述各項規定，確實有許多缺點，或疏漏不

足之處。例如：它並未規定全面禁止以戰爭作為解決爭端之手段，僅規定在一定的條件之下或一定的時間之內不得進行戰爭。如此，以反面解釋之「邏輯推理」（Legal Inference），則似乎允許在某些其他的條件或情況之下，可以進行戰爭。然而，儘管如此，「國際聯盟」作為國際上第一個具有普遍性的政治性組織，盟約規定盟約國在一定條件之下和一定期間之內，不得從事戰爭，使盟約國在國際法上承擔一定之「國際義務」（International Obligation），僅此一點即為劃時代之里程碑。因為如此一來「國際聯盟盟約」對於禁止以戰爭作為國際爭端之手段以及以戰爭作為推行「國家政策」之工具，在國際法上對於戰爭的規範上，自有其相當程度之意義存在。

三、「廢戰公約」階段

　　國際間對於廢棄以戰爭作為推行本國「國家政策」之工具及禁止以戰爭作為解決國際爭端之手段，其努力從未間斷過。終於在美國國務卿凱洛格（U.S. Secretary of State Frank Kellogg）及法國外交部長白里安（French Foreign Minister Aristide Briand）多年的奔波努力之下，由美、法、英、義、日、德、波、比、捷、加、澳、紐、愛爾蘭、印度、南非等15國於1928年8月27日在巴黎簽訂所謂的「廢戰公約」（General Treaty for the Renunciation of War）或稱之為「非戰公約」（Anti-War Pact），有學者稱之為「巴黎公約」（Pact of Paris），或「凱格格—白里安公約」（Kellogg-Briand Pact）。至1939年8月，全世界加入者達65國，占當時世界上的絕大多數國家，足以證明其普遍性。該公約進一步地在國際法上明確宣布：廢棄戰爭作為推行「國家政策」的工具。並且規定：締約國只能用和平的方法，解決它們彼此之間的一切爭端。締約各國亦同意對各國關係之改變，只可用和平的方法使其實現。依此規定，戰爭已為「非法」（Illegal）違反此公約之規定而發動戰爭，將被視為「國際犯罪」（International Crime）。

　　雖然該公約僅包含序言及三條條文，但是言簡意賅，其所規範之事項

意義重大。該公約之序言中即開宗明義的指出：相信斷然地廢棄戰爭作為推行「國家政策」的時機已經到來。其第1條規定：「締約各方以它們各國人民的名義鄭重宣告：在各國的『國際關係』中，譴責以戰爭來解決國際糾紛，並在彼此的相互關係上，廢棄戰爭作為執行『國家政策』的工具」。其第2條更進一步指明：「締約各方同意：對於彼此之間所可能發生的一切爭端或衝突，不論其性質或起因為何，不得尋求和平以外之方法加以處理或解決」。

　　「巴黎廢戰公約」簽訂後，各締約國不得從事維持或變更權利的戰爭，從事戰爭不能再說是國家主權的行使；因為違反公約時，就必然侵害其他締約國的權利和主體，但這並不表示一切戰爭都禁止了，只是說各締約國不得再以戰爭來解決爭端，或推行其「國家政策」，在下列情形之下，戰爭仍未被禁止[53]：（一）合法自衛時：因為無論締約國有無保留自衛權，都享有國際法所保障的這一基本權利，任何公約都不能剝奪；（二）各締約國採取「集體制裁」（Collective Sanctions）行動時：如「國際聯盟盟約」所定的集體制裁行動；（三）非締約國間的戰爭：因為它們不受上述公約的拘束；（四）締約國與非締約國的戰爭：因為締約國與非締約國衝突時，沒有義務要履行公約的規定，例如1933年巴拉圭在差可（Chaco）戰爭時，對玻利維亞宣戰；（五）締約國為了對抗違反公約國的戰爭：因為公約序言已載明：「任何簽字國如從事戰爭以增進其國家利益，則應剝奪本公約為其提供之益處」。所以任何締約國違反公約時，其他締約國對它便沒有義務要廢棄戰爭；1939年，德國進攻波蘭，違反了該公約，英、法、美等國便沒有廢戰的義務，而可以合法的對德國宣戰。

　　「巴黎廢戰公約」的約文中未明確譴責侵略戰爭是「國際罪行」（International Crime）。此為其美中不足之處，因為在此之前，有些國際文件中已經宣告侵略戰爭為非法，例如1925年10月16日的「羅迦諾互相保障條約」（Locarno Treaty of Mutual Guarantee）第2條即規定：「彼此不得攻擊和侵犯，並且在任何情況之下，彼此不得訴諸戰爭」；1925年國際

---

[53] 見陳治世著，國際法，臺灣商務印書館，81年，頁576。

聯盟第六屆大會9月25日的決議中亦規定：「侵略戰爭構成國際罪行」；
1927年9月24日的決議中復規定：「一切侵略戰爭應被禁止，並永遠被禁
止」。然而，「巴黎廢戰公約」之締結或許為了吸引多數國家的簽訂，因
此在用語上並不明確的「定義」（Define）侵略戰爭為國際罪行。所幸，
1946年之紐倫堡（Nuremberg）和東京國際軍事法庭憲章以及兩個法庭對
甲級戰犯（反和平罪）的審判和判決，確認對侵略戰爭及違反條約的戰爭
為非法而構成國際罪行。例如：紐倫堡法庭在其判決書中，即明白指出：
「本法庭認為，鄭重廢棄以戰爭為『國家政策』的工具，必然包含戰爭在
國際法上為非法的主張；凡策劃並進行這樣的戰爭，因而產生不可避免的
和可怕的後果者，在這樣做的時候就是犯了罪」[54]。

　　「巴黎廢戰公約」還有一個缺陷，即是它只對締約國有拘束力，因
而只在締約國之間適用，而不包含非締約國在內；但是，由於公約的締
約國和參加國的普遍性，從而縮小了這一缺陷[55]。儘管「巴黎廢戰公約」
有這樣和那樣的缺陷和不足之處，但它在法律上明白地禁止了以戰爭作為
解決國際爭端的方法和推行「國家政策」的工具，對於確定侵略戰爭的
非法是有其重要意義的[56]。更重要的是對於「巴黎廢戰公約」的性質，由
於該約中未規定期限，亦無廢止之條款，有些學者視之為一種「宣言」
（Declaration），而欠缺法律上的拘束力；但另一方面也有人認為這一條
約，已成為永久性的國際法規則，而至今有效[57]。

四、「聯合國憲章」階段

　　「巴黎廢戰公約」所推動的基本原則——締約各國相約不以戰爭作為
解決國際爭端之手段及各國推行其「國家政策」之工具；在「聯合國憲
章」（United Nations Charter）中仍然繼續加以闡明。而且更毫不含糊地

---

[54] 見前揭註44，王鐵崖書，頁614。
[55] 同前註。
[56] 同前註。
[57] 見前揭註46，杜蘅之書，頁514。

清楚的表明：禁止以戰爭和非法的訴諸武力，以解決國際爭端。美國之著名國際法學家傑賽普（Philip C. Jessup）即明白指出：「『聯合國憲章』是對於戰爭及國際關係中之武力的使用，加以法律管制途中的最近的一個里程碑」[58]。一言以蔽之，「巴黎廢戰公約」中所大力推薦之「廢戰思想」（Idea of Abolish War）在1945年之「聯合國憲章」中表露無遺。首先，憲章在其序言中即開宗明義指出「聯合國」成立之目的是「欲免後世再遭本時代人類兩度深歷慘不堪言之戰禍，重伸基本人權、人格尊嚴與價值，以及男女與大小各國平等權之信念，創造適當環境……促成大自由中之社會進步及較善之民生，並為達此目的，力行容恕，彼此以善鄰之道和睦相處……以維持國際和平及安全……以保證非為公共利益，不得使用武力」。

更在第1條第1款，指出聯合國設立之主要宗旨為：「維持國際和平及安全，並為此目的，採取有效集體辦法，以防止且消除對於和平之威脅……並以和平之方法……調整或解決足以破壞和平之國際事端或情勢」。又於第2條第3款規定：「各會員國應以和平方法解決其國際爭端，俾免危及國際和平、安全及正義」。及在第2條第4款規定：「各會員國在其國際關係上不得使用威脅或武力，或以與聯合國宗旨不符之任何其他方法，侵害任何會員國或國家之領土完整或政治獨立」。同條第6款又要求：「本組織在維持國際和平及安全之必要範圍內，應保證非聯合國會員國遵行上述原則（即本條第4款所示之原則）」。因此，就本條各款所示之原則而言，禁止使用武力以解決國際爭端之原則，已成為普遍性的國際法原則，是聯合國全體會員國及非會員國所應遵守的一般國際法原則；因為是基於「國際社會」中各國主權平等之原則而建立的和平解決國際爭端的一般性規範。所以該原則不僅適用於聯合國之會員國，而對於非聯合國之會員國亦一體適用之。

再者，憲章中所使用之文字是「禁止使用武力」、「威脅使用武力」、「威脅和平」、「破壞和平」和「侵略行為」……等，而非「戰

---

[58] 同前註。

爭」之字樣，其目的乃是在使侵略者或從事戰爭之發動者無法利用不宣而戰之有侵略行為之實，而否認其所從事者為戰爭而能規避其所應負之「國際犯罪」責任。而且所謂的禁止使用武力和武力威脅，解釋上當然包括一切戰爭和武裝衝突，而不問其是否存在有戰爭之事實狀態；所以戰爭和武裝衝突自在禁止之列。

　　但是，與「巴黎廢戰公約」一樣，「聯合國憲章」也並未完全廢棄戰爭。憲章第2條第4款之規定僅是禁止以武力用於「侵害任何國家之領土完整」或用於「與聯合國宗旨不符之任何其他方法」。因此，大致而言，在下列四種情形之下，「聯合國憲章」仍然允許武力之使用和宣告戰爭：

*1.*聯合國在「安全理事會」（Security Council）授權或採取的行動。憲章第42條規定：「安全理事會如認為第41條所規定之辦法不足或證明為不足時，得採取必要之空海陸軍行為，以維持或恢復國際和平及安全」。而聯合國各會員國為求對於維持國際和平及安全有所貢獻起見，於「安全理事會」採取行動時，憲章第43條則要求各會員國「依特別協定，供給為維持國際和平及安全所必須之軍隊、協助及便利，包括過境權」。

*2.*合法自衛。憲章第51條明白指出：「聯合國任何會員國受武力攻擊時，在安全理事會採取必要辦法，以維持國際和平及安全以前，本憲章不得認為禁止行使單獨或集體自衛之自然權利」。

*3.*憲章第53條所述：區域辦法或區域機關，根據安全理事會之授權，所採取之執行行動。此類授權行動乃在防止第二次世界大戰時的敵國再度侵略，而從事戰爭。

*4.*依照憲章第106條之規定：「中、美、英、蘇、與法國互相洽商，並於必要時，與聯合國其他會員國洽商，以代表聯合國所採取之為維持國際和平及安全宗旨所為之必要聯合行動」。

　　總之，「聯合國憲章」的制定，無疑的，是解決國際爭端史上一椿劃時代的事件。該憲章為「和平解決國際爭端」確立了一些新的原則；總結了以往「國際條約」（International Treaty）和「國際實踐」（International Practice）中已經形成的各種和平解決方法，使其更加明確和完善；與此

同時，還建立了聯合國解決爭端的體系[59]。而更重要的是，如果從另一個層面來看，若從1920年以後國際法在規範戰爭方面的發展趨勢來加以審度，不難察覺：戰爭已有實質上及使用上的變化，由原本是國家主權的行使，漸漸成為國際組織如聯合國的制裁手段。由此可以自然地推論，由於「聯合國憲章」的普遍禁止使用武力以解決國際紛爭；侵略或戰爭之廢棄，已成為國際法的一項基本原則，是無庸置疑的。因為事實上，禁止在國際關係中非法使用武力之原則，已經表現在一系列的國際公約和眾多的區域性協定及雙邊協定之中，而成為國際間公認的國際法基本原則；因而對「國際社會」的各個成員國均有其國際法上的適用而具有拘束力。

參、國際法發展之動向評估

　　國際法長久以來即被視為國家與國家之間的交往準則，因而成為國際關係的法律基礎。自第二次世界大戰以來，過去西方列強的殖民地，先後獨立，「國際社會」的成員頓時增加，其因此所造成的結果即是國家的增多與其在「國際社會」中的影響力之增大，因而有其明顯的重要性。而新興國家注重主權的平等及人權的保障，對於過去列強所抱持之國際法觀念，不盡相同；因而對國際法之研究與發展，注入了新的方向，並且增加了新的動力。

　　另外一方面，往昔共產國家對於國際法的若干原則，明顯的與西方歐美傳統的認知，有相當大的差距；但是由於國際法在19世紀，尤其是20世紀的飛躍式的演進，其中以「條約法」的發展最為突出。在此情況之下國家與國家之間的交往乃成為以「雙邊條約」或「國際公約」之簽訂為基礎，使國際法的內涵與範疇與傳統之國際法大相逕庭。影響之所及，儘管馬列共產主義以世界革命為其終極目標，至少在目前彼等所認定之「過渡時期」（Transition Period），仍願與世界各國「和平共存」（Peaceful Co-

---

[59] 見前揭51，黃炳坤書，頁208-209。

existence），根據中共於1954年與印度及緬甸所共同倡導之和平共處五原則：（一）互相尊重主權和領土完整；（二）互不侵犯；（三）互不干涉內政；（四）平等互利；（五）和平共處[60]；亦可以得到明顯的證明，共產主義國家所標榜之立場與現行之國際法原則，並無太大的差異存在。

　　本世紀以來，過去之「習慣國際法」（Customary International Law）逐漸的成熟而被各國逐步的接受，一方面經由「法典化」（Codification）的步驟，融入各國之「國內法」（Domestic Law），另一方面藉由條約或公約之簽訂，被各國所遵守，這使得「習慣國際法」之內涵與範疇能夠具體的擴大與實現。同時20世紀以來國際性組織與地區性組織的暴增，以及彼等在「國際社會」中所扮演的角色，使得國際法獲得劃時代的功能。尤其，可更進一步的指出，今日之國際法不僅成為維持世界安定與國際和平的動力，更是在為全體人類社會謀求福祉的工具。國際法在面臨20世紀的結束及21世紀的開始之際，更有其重要性，因此之故，不得不對其未來之動向加以分析與研判如後：

一、國際組織之影響國際法

　　自第二次世界大戰以後，國際組織的數量急速的增加，這可以說是當前國際關係的新趨勢。目前，有一個最具普遍性的國際組織——聯合國，也有許多區域性的國際組織。有與聯合國有正式關聯的17個專門機構，也有許多全球性或區域性的如經濟、社會、文化……等專門性組織。有常設性國際組織，也有臨時性國際組織。有政府間國際組織，也有非政府間國際組織。

　　國際組織的暴增及各種類型國際組織的存在與成長的情況，給國際法提出了一系列的新問題，使「傳統國際法」產生了變化。最明顯的是國家已不再是國際法的唯一主體，而國際組織在一定的規範下也是國際法的主體。此外，有關國際組織的繼承、國際組織的責任、國際組織與領土的關

---

[60] 見前揭註44，王鐵崖書，頁76。

係、國際組織在國際武裝衝突中的作用……等等，都需要國際法加以規定，這些都是當前國際法中有實際意義的問題[61]。

　　國際組織數量上的擴增，對於國際法的長遠的影響是在於它使得國際法的領域更加擴大了。首先是「聯合國憲章」在「國際社會」的法律地位，被認為與國家之憲法有相似之處，而可被一般稱之為「國際憲法」，對聯合國本身的組織架構、法律效力……有原則性的規範，而為其他國際組織的「基本模式」（Fundamental Model），自有其研究分析之重要性。其他如因國際組織的擴增而產生的國際法原則、規則、規章及制度，在在都形成了國際法中的一支新領域──國際組織法。同時區域性的組織，雖是呈多樣性的面目而存在於「國際社會」之中，基本上也有一些共同的屬性及特徵，因而亦衍生出所謂的「區域組織法」（Regional Organization Law）。此外，關於國際組織內部之結構或規範行政權力的一些基本法律規則，卻也形成了所謂的「國際行政法」（International Administrative Law）。這些「國際組織法」、「區域組織法」及「國際行政法」，豐富了國際法的內容，也加速了國際法的「現代化」（Modernization），將成為國家在「國際社會」中所賴以生存及發展的不可或缺的「法律規範體系」（Legal Framework System）的基本環節，切不可忽視。

二、個人在國際社會中法律地位之提升

　　過去數十年來國際法的一個明顯的變化是個人（或公司）有可能作為「國際法人」而享有國際法的權利與義務的趨勢。20世紀初期的學說及大多數國際法學者均認為「國際人格」僅限於國家、交戰團體及起義團體，後來才承認國際組織可以成為「國際法人」，僅在最近五十年中才確認個人具有國際法的權利與義務。個人在國際法上的義務可由第二次世界大戰後，對於戰犯的審判及懲處加以驗證；不再一如往昔地對戰犯之行為認為是國家行為，而至今已演進成由個人（當事人）直接負責。

---

61 同前註，頁26。

僅此一點，便可得知個人在事實上已成為國際法的主體。另外「世界人權公約」（Universal Declaration of Human Rights）、「歐洲保護人權及基本自由公約」（European Convention for the Protection of Human Rights and Fundamental Freedom）、「經濟、社會及文化權利盟約」（Covenant on Economic, Social and Cultural Rights）及「公民及政治權利盟約」（Covenant on Civil and Political Rights）更加強了個人在「國際社會」中的地位與尊嚴。與此同時，公司企業、法人團體與外國政府間的關係也已經如同個人一樣朝著相同的方向邁進。

三、國際爭端和平解決模式之導向

　　一般而言，各國之間如何解決彼此之「爭議」（Controversy），當視其性質及環境而定；各國可尋求「友善」或「非友善」的途徑來解決糾紛。友善的方式包括：1.談判；2.友好和解；3.居間調停；4.調解；5.仲裁；6.法律訴訟。在友善的方式之下無法解決彼此之間的紛爭時，則唯有採取「非友善」的或「強迫性」的方式來解決；非友善的方式，大概可分：1.等量報復；2.暴力報復（即過分而非等量的）；3.斷絕交往及抵貨；4.封港；5.和平封鎖；6.外交壓力；7.干涉；8.武力示威及戰爭行為[62]。

　　國際社會中各國之間的交往難免發生「爭執」（Difference），要如何解決，在舊日因為缺乏溝通的管道，容易流於「武力之使用」（Use of Force）而走向戰爭；近數十年來，由於第一次世界大戰、第二次世界大戰、韓戰與越戰之慘烈犧牲，使人類社會得到了痛苦的教訓，紛紛訂立「雙邊條約」或「多邊公約」，企圖以「和平的」方式，解決彼此之間的紛爭。

　　1945年的「聯合國憲章」明確規定禁止違反憲章，使用武力或武力威脅等一切非和平方法來解決彼此之間的爭執，這就不僅使「傳統國際

---

[62] 見董霖，國際公法與國際組織，臺灣商務印書館，82年，頁185-186。

法」所認可的「戰爭」方法成為非法，而且否定了一切不合法的非和平方法的法律地位，從而為「和平解決國際爭端」的國際法制度確立了新的原則[63]。而此種以和平之方法解決國際間的糾紛，作為國際法制度的新原則，實乃對「傳統國際法」的一種新的重大突破；在可預見的將來，必然將成為「國際社會」的一股洪流，使人類社會得以免於戰禍。

四、國際法新領域之開拓

　　基本上有幾項主要因素的出現，使得國際法的現狀及在可預見的未來，無可避免的，將在內容上更豐富、範圍上更廣大。首先是因為國際法的發展為永續不斷的、仍然在發展中的；潮流之所趨，沛然莫之能禦。其次，「國際現實」（International Reality）的考量，20世紀國際法之演變較過去的任何時期，均有重大且迅速的成長；「國際關係」之日趨密切，在21世紀迫近之時，可以預料的是無法抵擋的現象。再其次是因為科技發展的突飛猛進，使得國與國之間的關係更為複雜與密切；同時也會造成國際間經貿關係的發展更為頻繁與「相互依存」。以上種種均為造成國際法新領域之開拓與發展的新的國際環境因素的影響。

　　但是如果從國際社會本身或內在因素的角度去考量，則有後列三項因素促成國際法新領域的開拓：

　　（一）國際組織的增加，勢必有新的國際法問題的產生。在研究解決此類相關問題的同時，自然產生新的國際法領域，如：國際組織法、區域組織法及國際行政法……等，必須來加以研究。

　　（二）國際經濟秩序的變動，造成國際經濟關係的新形式。由於國際新經濟關係的形成，反映在國際法上的現象是國際法越來越深入的涉進國際經濟關係，也因而使得國際法的涵蓋層面更為廣泛。國際法內因而相繼出現了所謂的國際經濟法、國際發展法、國際稅法、國際融資法、國際企業法及國際金融法……等。

---

[63] 見前揭註44，王鐵崖書，頁551-552。

　　（三）科學技術的突飛猛進，反映出國際法的新發展：科學技術的進展影響到國際法的基本情況，「傳統國際法」的一些法律原則、規則、規章與制度也隨之改變，以因應因為新科技的發展所產生的新國際問題；從而在「傳統國際法」的體系內產生新的部門，例如：國際海洋法、國際環境法、國際航空與太空法及電腦與高科技法……等。

五、國際合作與協力之推展

　　「傳統國際法」的主要任務只是在保障國家的主權地位，以及調和國家的主權地位和國家之間共存的必要性；因此，「傳統國際法」所著重的主要是國家行為的消極面，也就是國家相互之間所不可做的事，即令「合作」（Cooperation）在某種程度上形成了制度，例如對維持「均勢」（Balances of Power）所作的保證，然而其主要目的仍是為了保證各國的各自為政，而不是為了促進共同的福祉[64]，而國際法之意圖對「國際合作」（International Cooperation）與「國際協力」（International Assistance）加以規範與制度化的趨勢，不過是到了20世紀初期之事。但是國際間對於「國際合作與協力」（International Cooperation and Assistance）的需求，在今日的「國際社會」日益迫切。如果說在今日的「國際社會」因為各國在「主權利益」（Sovereign Interest）的考量之下，「政治上的合作」（Political Cooperation）不易達成，至少在「經濟上的合作」（Economical Cooperation）應該會繼續不斷的推展擴大，而有具體實現的可能。

　　即令「政治上的合作」不易實現，但事實上透過「國際組織」的「政治合作」已有了進展，此類進展的事例有：「國際爭端」（International Disputes）偶爾會由全球性或區域性組織中的「合作行動」（Cooperative Action）獲得解決、維持和平和監督停戰的工作獲得推動；成立了「國際和平部隊」（International Peace Force）、在管制核子武器和國際太空方面

---

[64] 見前揭註32，Werner Levi書，頁259。

作出了貢獻……等等，均為國際間在「政治上的合作」之具體成就。

　　至於國際間在「經濟上的合作」與「司法上的協力」就更具成效。例如：在國際經貿方面有：「國際貨幣基金會」（International Monetary Fund）及「國際復興開發銀行」（International Bank for Reconstruction and Development）即「世界銀行」（World Bank）之設置、「關稅暨貿易總協定」（General Agreement on Tariffs and Trade，簡稱G.A.T.T.）、即今日之「世界貿易組織」（World Trade Organization）之簽訂及「聯合國開發計畫」（United Nations Development Programme）的成立……都相當的具有代表性。至於其他方面則如有關「國際犯罪」（International Crime）方面的「司法協力」及「國際環境保護運動」（International Environmental Protection Movement）的推動；凡此均可以證明「國際合作與協力」在今日「國際社會」的成就與未來21世紀的前景是光明的，而可以預料的將會大放異彩。

六、國際法編纂之努力

　　國際法原則、規則、規章及制度，在以往大都屬於「國際習慣法」的性質及領域，其最明顯的缺失即為欠缺精確性，容易造成適用上的困難；而為了彌補此缺點，學者間早有倡議將習慣編纂成法條。例如18世紀的英國學者邊沁（Jeremy Bentham, 1748-1832）即倡導及建議編訂國際法。國際法的編纂即是國際法的「法典化」（Codification），也就是說經由國際法原則、規則和規章及制度的條文化，使之有系統的並且明確的展現「習慣」的法律精神與內容。具體的說，所謂國際法的法典化，實際上即是指將國際法的原則、規則、規章及制度，不論其來源是否由習慣產生，均在一般國際公約中加以規定。編纂依其嚴格的意義而論，是指將現有的國際法原則、規則、規章、制度的明確化和系統化；但是，從廣義上來說，這種明確化和系統化還包括對正在形成中的國際法原則、規則、規章和制度

的發展的明確化和系統化[65]。正式的國際法的編纂工作，可以追溯到從第一次世界大戰以後才開始的；然而一直到第二次世界大戰結束後，「聯合國」成立之前，國際法的編纂並沒有太大的發展。「聯合國憲章」制定之後，才對國際法編纂作出明文的規定，憲章第13條規定：「（一）大會應發動研究，並做成建議：(子)……以促成政治上之國際合作，並提倡國際法之逐漸發展與編纂……」。1947年11月21日第二屆聯合國大會第174號決議通過了「國際法委員會規約」（Statute of the International Law Commission），成立了聯合國「國際法委員會（International Law Commission）[66]。

「國際法委員會」於1949年召開它的第一屆會議，開始了它的一系列的編纂工作，四十多年來，該委員會曾研擬了相當多的法規。它的工作是相當的具有成效，許多的「國際公約」都是基於「國際法委員會」所擬定的草案基礎上所簽訂的。而此等「國際公約」的簽訂，可以說是直接的受到國際法編纂之影響而簽訂成立的。因此，由於「國際法委員會」對於國際法之編纂工作，才有一些「國際公約」之簽訂成立，也因而促進了國際法之成長與發展；而在可預見的將來，國際法的編纂工作仍將會繼續下去，也將會因此而推動了國際法的繼續成長與發展；這是無庸置疑的。

肆、結論

一般而言，現今之習慣法與條約法，基本上仍和一百年前之習慣法與條約法屬於相同的法律體系；然而在內容上以及在適用上都已經大有不同。此乃因國際大環境的改變，使得規範國際間交往模式的國際法制度，不得不適應時代的潮流而演進成為今日之面目。身為國際法實質內容或成

---

[65] 見前揭註44，王鐵崖書，頁44。

[66] Louis B. Sohn, ed., Basic Documents of the United Nations, 2nd Rev. ed. (Brooklyn, N.Y.: The Foundation Press, Inc., 1968), pp. 35-41.

分之習慣法及條約法，更是國際法演進之主要動力。因此，可以如此的說，今天的國際法與過去的傳統國際法，已有顯著的不同。而作為一個現代國際社會基礎份子的個人，如果不能指望每一位均嫻熟國際法，至少應該要有足夠的社會中堅分子要能夠對規範國際社會結構及行為之國際法，能夠有基本的認識及重新體認國際法在國際社會中的地位。以下幾點應該是作為國際社會之現代人對國際法所應有的認識：

一、西諺有云：「有社會就有法律」（ubi soci as ibi ius），因此，可以這麼說：「有國際社會，必有國際法」（Where there is an international community, there is international law.）。因此，國際法並不只是學說、不只是理論，它是真實的存在於國際社會之中。雖然，比之於國內法，國際法在適用上或執行上，來的萎弱或在執行上欠缺強制力。但是我們不能就因此而否定它的存在、或它的存在價值。而且我們更可以從下面三點事實，證明國際法的存在及其存在的價值：（一）在當今的國際社會之中，各國的彼此交往，不但依循國際法的規定，而且更確實的依循國際法的規定；（二）有關國際法的執行也因各國將國際法的許多規則融入各國本身之國內法，而使得國際法如同國內法一般地被各國所執行；（三）許多國際間的紛爭，都是經由「國際機構」如「國際法院」（International Court of Justice）確實的運用國際法的原則或規定來求得解決。就因為前述三點事實，足以證明國際法不但存在，而且還存在得很有價值。

二、國際法是仍然在「發展中」的法律，也就是學者所稱的「軟法」（Soft Law）。一切法律都是隨著人類社會之進步而成長的，國際法自然也不例外；國際法的成長即是隨著人類社會之演進發展成「國際社會」而來的。近幾十年來，國際法的發展，超過歷史上的任何時期。這固然是由於科學的發明與科技的進步，使得國與國之間的「相互交往」（Intercourse），較之以往更為頻繁；而同時，國與國之間的「相互依賴」（Interdependence），較之以往更為加深。使得各國法律學者（尤其是國際法學者），必須因應「國際社會」大環境的需要而制定各種法律（以國際法為主）規則，以求配合新的國際大環境。而「傳統國際法」所依循之習慣規則，已不足以適應時代的需要，因而需要加速制定國際法規

則，以彌補「習慣法」演進之不足。近數十年來，各國更以締約各種「多邊條約」的方式，制定成各項法律新規則，以「規範」國際社會中各國交往之行為。此類「立法條約」（Law-Making Treaties）或可稱之為「國際立法」（International Legislation），再加上「國際法院」所作的各種判決，促成了「國際條約法」（Law of International Treaty）的加速成長，在國際社會裡扮演了不可或缺的重要角色；同時也對國際法的發展，提供了不可抹滅的重大貢獻。

　　三、不容否認的，國際法有其缺憾之存在。其犖犖大者，有下列各項：

　　（一）國際社會中欠缺中央權力機構，無法對違反國際法之國家作有效與及時之制裁。

　　（二）各國在國際社會的交往中，「國家主權」的意識，在許多方面衝擊著國際法，使國際法的施行範圍與效力，大打折扣。

　　（三）國際法的許多原則與規定，仍然侷限在法律層面，國際爭端癥結最多之處的政治問題，仍然逍遙在「國際法領域」（International Law Territory）之外，使得「國際秩序」（International Order）仍然不能獲致相當的維護與保持。

　　雖然如此，我們仍可以發現國際法是一門相當具有前瞻性及成長性之法律領域。更重要的是因為「地球村時代」的提早來臨，在錯綜複雜的國際關係下，國際法已經擔負起維持「國際秩序」的主要角色，這是無庸置疑的。因此對於國際法的繼續鑽研，切不可輕忽。尤其是因為它仍然在加速的飛躍成長；缺憾之克服與新領域之開拓，正在國際社會中顯現出來，此亦為作者希望本文能夠發揮出拋磚引玉之效。最後，對於國際法的體認，可以引用著名國際法學家布萊雷（James Leslie Brierly）的話作總結：「國際法既不是神話，也不是靈丹妙藥，而是我們用來建立較穩健的國際秩序所依賴的一種制度」[67]。

---

[67] 參見James Leslie Brierly, "The Outlook for International Law", 1944.

第三章　國際法之功能與基礎

第一部分：關鍵概念與名詞界定

*1.*國際法之目標

因為國際法是國際社會的產物；它是用來規範國際社會成員的行為，來完成國際社會的和平、秩序、進步、繁榮與發展的目標。

*2.*國際社會

費其德（J. H. Fichter）指出：「一個社會是有組織的人們，所形成的一個集體，在一個共同區域內共同生活，在各種團體中彼此合作，用以滿足彼此基本的需要，有共同的文化，並且在功能上是一個特殊的複雜單位」。因此，一批具有「國際人格」（International Personality）的「國際法人」（國家、國家組織和自然人）在地球上的活動，彼此之間發生了各種關係，自然形成了一個特殊的複雜單位時，便產生了「國際社會」（International Society）。

*3.*國際社會之基本單位

係指國際社會的參與者。它可以被指為國際社會分子或國際社會成員。各個成員均是傳統國際法所認知的「國際法主體」（Subject of International Law）。國際法主體就是「國際法人」（International Person），但是國際法人卻不全是國際社會成員。

*4.*國際法之內容

國際法不是自然法而是實證法。何以如此，因為自然法學者認為自然法並非法律理想，而係現實的法律，是人類社會最基本的行動法則；自然法絕非因人類相互約定而成立，它是深植在人類的共同人性而直接用來拘束人類。然而，這並非事實，因為自然法學派的觀點脫離了現實，國際法

大部分的規則係來自於國家在其相互關係上的實踐；但是自然法學派對此卻未予重視，脫離了國際社會中的現實面。實證法學者認為國際法乃是國家意志所接受的規則，而為主權國家所同意遵守者；國際社會中的習慣規則與條約一樣是基於國家的同意。

5.國際法之功能

　　國家與國家之間彼此的關係是恆久的、長遠的，而且是繼續不斷的、多方面的及頻繁的。所以人類建立了國際社會。國際社會就如同所有的社會一樣，為了和平共存及永續發展的目的，要求它的成員在日常的活動及行為是正常的與可以預測的。這樣的要求是可以理解的。簡言之，國際社會在一般的情形下，有事實上的需要一種和諧的、中規中矩的社會秩序。

　　在組成國際社會時，必須考慮及預計到對於國際社會秩序在當下，以及在未來所可能發生的動亂或危機；同時，要能夠加以適度的控制。這些危機有可能來自於不同的方面或是發生在社會中各個不同的階層。其中有兩大類型的危機最為重要，而且是任何社會均自然會具有的。其中之一是社會成員中，沒有任何一個成員對其本身或其他成員的行為，所產生的社會後果，能夠充分且全面的了解。因此，就需要有「指導」，來使得社會行為不致於危害社會秩序，或者是社會秩序因而受到的危害，降低至最低限度。而另一類型的危機是人類社會中某些資源的供應總是不足以滿足每一個社會成員的需求；也就是資源的供給在一般的情形下，總是不能夠滿足社會中每一成員的需求。其結果是有可能發生競爭性或侵略性的掠奪；如此一來，就會危及到社會根本的「生存」，更遑論繁榮與發展了。因此，對於社會中稀有的資源，它的分配與管理，就必須回歸到社會的本身，由社會所建立的機制或制度去作決定。

　　而每一個社會所建立的制度或機制，在一個國家之內乃是由代表那個國家的政府所扮演。對於上述的社會成員行為的指導及資源的分配，就是由政府來承當。要由政府來決定資源分配的政策以及資源分配的原則或作法。因此，對於社會秩序的維持，就成了政府的首要任務。為了要達成這樣的任務，政府可以使用許多種方式。但是，在這樣的政府的作法下，有

兩點是它所依賴的基礎。其一是權力——也就是影響社會成員行為的能力——那是政府藉以指導社會成員行為與資源分配的主要工具。另一就是法律，永遠是鞏固與貫徹政府決策的一種方式。法律把政府決策變成對社會成員的「指示」，指導社會成員如何行為。

　　由此看來法律與政府彼此之間的關係，可謂是相輔相成而且是相互依存的關係。二者均是社會發展不可或缺的兩個重要因素。如果把法律與政府以及所適用的範圍，從「國內」的層面，擴張到「國際」的層面，那麼，很顯然的可以發現「國際社會」的「永續發展」（Sustainable Development）就必須仰賴國際法與國際政治（各國政府彼此之間「權力」的運作）相互影響之下的後果。

第二部分：專題研究與論述

■專題：國際法之基礎

　　國際法之基礎為何？這個問題直覺上來看似乎相當抽象，一時之間不知道問題是什麼？那就更遑論如何去作答了。其實這個問題是在問國際法效力的根據何在？也就是在問：國際法依靠什麼而對國際社會的成員（依傳統國際法之見解乃是指國家）——國家有拘束的效力，換句話說，這個問題實質上是在問：各國為什麼要遵守國際法？而在回答這個問題之前，卻必須先解決一個前題——國際法是否是法律？所以如果在此來探討國際法之基礎為何的問題，就必須依序先來研究：國際法是不是「真正的」法律？其後，再來研析各國基於什麼樣的理由而必須遵守國際法？唯有在此二個問題得到了確切的答案之後，來探討國際的基礎何在？才有實際上的意義。接下來就依序來研析這幾個問題。

壹、國際法是否是「真正的」法律？

當下各國政府堅持本身是國際社會中主權平等的獨立國家，在這樣的最高指導原則之下，所形成的國際政治制度，難以可靠及順利的維持國際社會最基本的要求——國際社會的和平與秩序。這樣的情形必然是會反映在國際法中。各國堅持自己是主權獨立的國家，也就是各國堅持本身享有決定自己行為及命運的最終與最高的權力；如此一來使得國際法無法最有效地行使其維持國際社會的和平與秩序的功能[1]。探究此一缺點的直接原因，乃是因為國際社會的「權力」（Authority）沒有一個最高的「超國家」（Super-nation）存在，這樣的最終權力主導者不存在的結果，使得國際社會的各種權力，平均分散在每一個國家之間。在這樣的國際社會之中，缺少像在國內政治體系下，能保有一個有效地國內法律制度的那些機關，像是沒有中央政府、沒有立法機關、沒有行政機關，也沒有建構完備的司法機關[2]。因為各個主權國家，都意圖要自己來行使這些權力；甚至於如果可能的話，還要為其他國家或整個國際社會來行使這些權力。

國際法正如所有的法律一樣，大部分代表當前國際社會之下的各國權力分配的情形。法律作為各國政府政治決策的表現，在國際社會之中反映了國際政治現實的一面，代表了政治實力強大國家的勝利及國家「權力均衡」（Balance of Power）的結果；或者在比較稀少的情形下，也反映了各個國家建立在共同地「國家利益」（National Interests）的協議[3]。從國際現實的角度來切入，不難看出國際法並不是一套一成不變的、永恆的、理性的、和理想的規範的觀念或想法的結合。也未必就是將公平正義的抽象概念，轉化為各個國家在國際社會的行為準則，而不一定要將各國的道德、宗教或禮俗考慮在內。相反的，國際法乃是一套規範，意圖將各個

---

[1] Mark W. Janis and John E Noyes, International Law, 3rd ed., (St.Paul, Mmn. : West Publisher, 2001), P.1

[2] Ibid.

[3] Ibid.

國家在它們彼此的關係中，所採取的行為模式，得以在國際社會之中有相當程序的持久與相當時期的穩定。支配各國「共同的利益」（Common Interests）如果發生了變化、各國之間的國力對比如果有了變動，以及彼此交往中所採用的方式如果有所更改，這一切都會使得國際法受到某種程度的影響。

　　國際法是各國政府要達成它的國家政策或國家利益的一項主要的工具。在國際社會中，各國既選定主權為其權力來源的最高依據，那麼保證各個國家主權的「法律原則」自然就會被各國所承認而予以接受[4]。只是對於這些原則的如何運用，卻是一直存在著爭議而已。各國的政府在建立它本身的政治制度以及它政策的決定，對於國際法的性質以及國際法制的建立，均有相當程度的影響。就是因為如此，乃引起了國際法究竟是不是「真正的」法律的問題。作出「否定」答案的學者提出了一些論據：例如：在國際社會之中，沒有一個最高權力的中央政府或其他法律機關如立法機關，可以正式制定各種法律；國際社會中的「行為準則」，要依賴各國自己去制定、解釋與執行，而它們本身又受制於這些行為準則；在國際社會中，對於違反這些行為準則的事件，卻不太可能會有無私的與客觀的定義；更不可能對於違反的國家能夠無私與公正的制裁[5]。在國際社會之中，國家之間基於國家利益的追求，任意地使用武力或發動戰爭，長久以來一直不斷地發生，因此，就有學者認為這些均足以證明作為規範國際社會成員的法律，其實並不存在，或者即使存在，也不是「真正的」法律。因為規範國際社會成員的所謂的「國際法」並不能充分的發揮一般所認知的「法律的效果」。

　　對於這些爭議觀點，一個總結式的回答就是：否定國際法是真正法律的根據均是法律的一種「可能」的定義。然而，卻不是唯一「可能」的定義：對所有的這些論點，都可以具體的給予回答如下[6]：例如，如果把制

---

[4]　Ibid.

[5]　Ibid., p.2.

[6]　David J. Bederman, International Law Frameworks, 2nd ed., (N. Y. Foundation Press, 2006), p.1.

裁的定義不要侷限於強力壓制，而更廣泛地指種種不愉快的「後果」，那麼所有那些違法行為，或是不合行為規範之行為，所引起的混亂，而導致的輿論的指責以及自尊的喪失，都算是制裁。「北大西洋沿海捕魚案」（North Atlantic Coast Fisheries Case）仲裁法庭就指出：舉例而言，制裁可以是「訴之於輿論、發表來往信件、議會通過譴責案、要求仲裁加上拒絕仲裁所引起的公憤、斷絕邦交以及報復……等等。顯然，國際法上所使用的制裁不可能是國內法上通常所施加於個人的那種制裁。但是不能因此而認為國際法不具有制裁的能力。進一步而論，以上的那些認為國際法不是「真正的」法律，所舉出來的其他論據是一種並未適用於國內法的標準[7]。例如，所指出的「缺陷」或「缺點」，在各國的國內法制中，也都能夠找到。國內習慣法同樣的也沒有正式的立法者；國內立法者也受到他們本身所制定的法律之約束。如果把國際上的國家拿來與國內的社會團體（例如一個政府或官方的機關／機構）相比，那麼這兩種法律，就更為相似了。一個行為不當的立法機關、行政機關或司法機關，如果以它們的官方的集體地位行為時，對它們也很少有制裁。

　　許多認為國際法不是「真正的」法律的那些議論，基本上都是將國際法的功用，看得太過狹窄。一般而言，法律可以作為一種路標與傳訊的工具，教導它的主體，什麼是合法的利益？應該如何「行為」？社會的善惡是非標準是什麼？這樣一來國際法與國內法就沒有什麼不同，自然就是法律了。其次，在有關國際法的法律性質的爭論中，有些學者往往不是忽視了法律的人為功利性質，就是把一般所公認的法律缺陷與缺乏法律性質混為一談[8]。所幸，類似這樣的爭論，隨著國際法的成長與演進，否定國際法是法律的聲音，已經幾乎銷聲匿跡了。到如今幾乎已經沒有人當真地否認國際法是法律。更重要的是，各國在國際社會的所作所為，大概都沒有例外地都相信，它們的行為是受到國際法的拘束的。早在1927年，常設國際法院（國際法院的前身）在「蓮花號案」（The Lotus Case）中宣稱「國

---

[7]　Ibid.

[8]　Ibid.

際法乃是管理獨立國家之間的關係」，表達了國際社會中各國之間的廣泛性的一致意見。該院並進一步的提到因為國際社會中各國實際的需要起見，各國同意受到國際法的拘束[9]：「所以，拘束各國的法律規則，係源起於各國本身的自由意志；此一自由意志或表達於公約中，或表達於慣例中，這些慣例一般承認是表達了某些法律原則，並且是為規定此等共存的獨立社會間的關係，或為達到一項共同目的而建立的」。

貳、各國為什麼要遵守國際法？

　　在國際社會形成之初，各國為什麼要受到彼此所簽定的條約之拘束？或者是因為習慣或慣例之使然，而不得不受到條約的拘束。在我們考量國際法形成或建立國際法規範的各種因素之後，我們很自然的會質疑，各國在尋求建立與維持彼此之間的關係，在沒有國際法約束之下，不是更好也更容易嗎？回答這個問題，又遇到一個瓶頸必須突破，那就是國際社會的成員，不知曾幾何時，就認定了一個牢不可破的類似聖經的指示原則而不容去挑戰它，那就是「條約必須遵守」（Pacta Sunt Servanda）原則，這個原則或許說明了一旦因為條約簽訂而有義務的產生，此時因為簽訂了條約，就自然而然的必須遵守附帶而來的條約義務[10]。這樣的認知，似乎是理所當然，無須去問為什麼。然而，即使如此，也仍然不能說明為什麼要去因為「條約必須遵守」的緣故，而有這樣的「義務」去遵守條約呢？簡單的說，就是「條約必須遵守」的理由在哪裡？它必須去遵守的原始根據在哪裡？

　　要回答各國為什麼要遵守它們所簽定的條約的問題，可能就要去檢視在任何一個社會裡，「法律」的實用利益在哪裡？國際社會就如同任何一

---

[9]　Sam Blay, R. Protrowicg and B.M. Tsamenyi eds., Public International Law, (Oxford, Britain: Oxford University Press, 1997), p.10.

[10]　Ibid., p.12.

個所賦予的群聚社會，存在有各種不同的利益，也存在有許許多多潛在的衝突[11]；這樣一來，在尋求建立一個有秩序及永續發展的社會，就需要它的成員之行為能夠是規律性的以及可預測的[12]。因為唯有如此，對彼此均有利益，對彼此均有幫助。所謂的「互利互惠」促使各國承認它們需要法律；它們贊成有秩序，反對沒有秩序；服從法律比不服從法律，所付的代價較小；因為人人都有法律意識，國家對此不敢忽視；國際社會的各國為了「自保」，所以要求承認它們的法律（即國際社會所形成的國際法機制）；國際社會的共同意志同意遵守這樣的法律；國際正義也使得各國遵守國際社會的法律；習慣與慣例亦均使得各國遵守國際社會的法律。

　　總而言之，各國的實踐也證明了因為遵守國際社會的法律，對彼此均能「互利互惠」使得各國自願地願意遵守法律。因為各國遵守國際法是因為它們了解這樣做，會對它們有「利」[13]。當然，也有一些時候有些國家或許不會遵守國際社會的法律，因為這些國家會主觀的認為如果去「遵守」，就對它（們）不「利」。所以各國為什麼會去「遵守」（國際）法律，應該是各國本身主觀的考量，對各國是否「有利可圖」的緣故。而這就是各國考量它的「國家利益」（National Interest）存在與否？或是能否擴大？而不是什麼表面上的道德因素或國際正義之使然。

　　在回答了國際法是不是真正的法律及各國為什麼要遵守國際法的問題之後，自然就要開始來探討國際法之基礎何在？如此才有意義。然而，國際法經過上千年的演進，學者們來檢視國際法的基礎，自然是從「理論上」的角度來探討與解釋；這與「事實」自然有所出入。而學者之間亦多有歧見。自然法學派與實證法學派也各自提出了他們的主張[14]。

---

[11] Ibid.

[12] Ibid.

[13] Ibid.

[14] 俞寬賜，國際法新論，臺北，啟英文化公司，民國91年，頁21。

參、自然法學派的學說

自然法學派的學者認為國際法的拘束力來自「自然法」。因為在他們看來，自然法是先於條約和習慣而存在的規範。國際間的一切關係都受自然法的規範，而國際法是自然法的一部分；所以國家必須服從國際法。但是自然法何以有拘束力，他們並沒有提出清楚的解釋。在國際法的發展史上，自然法曾發揮很大的影響作用，尤其為國際法提供了不可忽視的道德和倫理基礎，使國際法受到普遍尊重。不過，它缺乏精確性和傾向於主觀，並且忽視國際交往的事實。儘管國際法的大多數規則都是從國際關係的實踐中發展出來的，自然法學者卻不重視這種實踐。

肆、實證法學派的學說

實證主義學者認為國際法規則分析到最後和國內法具有同樣的性質。因為兩者都是淵源於國家的意志（Will of State）；國際法的拘束力也就是來自這種意志；表現這意志的方法就是「同意」。易言之，實證法學派認為國際法對國家的法律拘束力，是以國家的同意為基礎。這就是所謂的「同意說」（consensual theory）。

實證法學派所主張的「國家意志」（State-will）係源自德國哲學家黑格爾（G.N.F. Hegel, 1770-1831），並將完全的主權和權威歸屬於國家意志。根據這種假設，實證法學者們認為「國際法是各國意志經由自我拘束的過程而接受了的一套規則」（The Positivists regard international law as consisting of those rules which the various state-wills have accepted by a process of voluntary self-restriction）。沒有這種明白的同意，國際法不能拘束國家。他們相信條約規則可以經過國家的明示同意（express consent）而拘束國家。不過，他們也承認將他們的「同意說」適用於國際習慣規則，的確有困難。為了維持同意說的一貫性，他們辯稱：國家意志對習慣國際法規則所給予的是「默示同意」（implied or tacit consent）。

現代國際法學者，對整個實證主義的理論提出了許多批評。其中主要包括下列四點[15]：

一、「國家意志」這個觀念，乃是一種純粹的隱喻性質，並不足以清楚解釋國際法拘束力的來源，例如當英國批准某一條約時，我們如果說：這一批准行為是英國意志的表現，表明該國願意受該條約之拘束。然而，這一批准行為，並非英國意志的表現，而是英國統治者的意志表示。

二、國際法的同意說很難與事實相符合。尤其就習慣規則言，其效力是如何經由國家同意的，不可能找到證據。譬如某殖民地之獲得獨立和建立新國家，隨之加入國際社會。從獨立之時起，它就受國際法之拘束，這不是因為它同意此等國際法規範的結果，而是因為其他國家都指望它服從全部國際法規範。舉例言之，美國政府一再宣示：國家遵守國際法是它們獲允充分和平等地加入國際社會的一項基本條件。英國在這方面也明白強調兩項原則：一是整個國際法對一切國家具有拘束力，不論它們是否個別對國際法表示同意；二是任何國家不得以自己的行為解脫它所承擔的國際法義務。

三、在實踐上，當某甲國指控某乙國違反某項國際法規則時，絕對無須證明該乙國是否已經在外交上同意該項國際法規則。換言之，此時所須適用的考驗標準不是乙國曾否同意該項國際法規則；而是該項規則是否已獲國際社會的普遍承認。

四、條約雖以拘束締約國為基本原則，但在今日之條約規則中——尤其是在立法條約所制定的規範中，吾人不難找到明白拘束非締約國的例外規定。譬如聯合國憲章規定該組織「保證非會員國在維持國際和平與安全所必需的範圍內應遵守憲章所定之原則」。

以上四端足可表明實證主義「同意說」的主要缺點。不過，儘管如此，我們不能忽視實證主義學者對國際法的重大貢獻和影響。因為他們著重國際交往的實例，強調唯有那些事實上被各國遵守的規則才是國際法規則。

---

[15] 同前註，頁23。

第四章　國際法之淵源

第一部分：關鍵概念與名詞界定

1.國際法之淵源

　　國際法之淵源（或稱之國際法之法源所在）係指國際法中某項規範或規則係經由何種途徑取得其法律上之效力而言。因此之故，國際法之淵源，乃是指法官在裁決國際案件之法律上的重要依據。

　　大致上，國際的主要淵源可以分為下列五種：（1）慣例；（2）條約；（3）法院判例；（4）公法學家之學說；以及（5）國際組織之決議。

2.適用國際法淵源之次序

（1）國際條約；
（2）國際習慣，作為通例之證明而經接受為法律者；
（3）一般法律原則而為「文明各國」所接受者；
（4）司法判例；以及
（5）各國權威最高之公法學家之學說。

3.立法性條約

　　「立法性條約」係指制定普通適用之規則，對於國際社會中的大多數國家發生法律上的拘束力。

4.契約性條約

　　舉例而言，兩個或某些國家為特定事項而締結之條約，僅在續約國之間發生效力。契約條約並非國際法之直接淵源。但有可能經由習慣規則的相同發展途徑而逐漸形成國際法。

第二部分：專題研究與論述

■ 專題：國際法淵源之研究

壹、前言

　　法律的「淵源」（Sources）是一個相當模糊的觀念而容易引起爭議。大致上來說，學者間通常都會將其分成兩種：其一是指法律規則獲得效力的淵源（the source from which a rule of law derives its force and validity）。例如：創造法律的程序與方法；另一則是指法律規則實際存在的處所或證據（the location or evidence of the existence of the rule of law）。例如：國際慣例形成之習慣要件或外交書函。前者可以稱之為「效力淵源」（Validity Source）或「形式淵源」（Formal Source）；而後者則可以稱之為「資料淵源」（Material Source）或「實質淵源」（Substance Source）。前者例如英國國會通過之法律，而後者則如「國家實踐」（State Practices）[1]。而根據勞特派特爵士（Sir Hersch Lauterpacht, 1897-1960）所修訂的「奧本海國際法」（Oppenheim's International Law）中所提出的看法。法律的淵源是指：「行為規則所產生和取得法律效力的歷史事實（A historical fact out of which rules of conduct come into existence and legal force）[2]。從這樣的分析看來，此處我們所研究的國際法產生之淵源，應該是指國際法規則的效力所來自的淵源——亦即所謂的「效力淵源」。

　　一般學者均引用「國際法院規約」（Statute of the International Court of Justice）第38條的規定來說明「效力淵源」，而此條文也正是本文要探

---

[1]　I an Brownlie, Principles of Public International Law, 4th ed (Oxford: Oxford University Press,1990), pp.l-2.

[2]　Lauterpacht-Oppenheim, Vol. 1, pp. 24-25；奧本海國際法，上卷，第一分冊，頁17-18。

討的國際法產生之淵源的主要依據。該條文規定[3]：

一、法院對於陳訴各項爭端，應依國際法裁判之，裁判時應適用：

（一）不論普通或特別國際協約，確立訴訟當事國明白承認之規則者。

（二）國際習慣，作為通用之證明而經接受為法律者。

（三）一般法律原則為文明各國所承認者。

（四）在第59條規定（指：法院之裁判除對於當事國及本案外，無拘束力。）之下司法判例及各國權威最高之公法學家學說，作為確定法律原則補助資料者。

二、前項規定不妨礙法院經當事國同意，本「公允及善良」原則裁判案件之權。

依據此一條文之規定，國際法產生之淵源可以把它分為五種，即：（一）國際條約；（二）國際習慣；（三）一般法律原則；（四）司法判例：及（五）公法學家的學說。前三者為「主要淵源」（Principal Sources），而後二者為「輔助淵源」（Subsidiary Sources）。晚近又有多數學者將「國際組織的決議」（The Resolutions of International Organization），列為國際法的淵源之一。此外，國際法院規約第38條第2項又授權法院可以經當事國同意授權，適用「公允及善良」原則；所以如果獲得當事國之同意，此「公允及善良」原則，也可以成為國際法的淵源之一，是不成問題的。總而言之，國際法院規約第38條所列舉的各項國際法產生的淵源，將是本文所討論的重點，現按其條文所列之順序一一加以分析鑽研。因此，本章將先討論「國際條約」，然後再依序討論「國際習慣」等其他淵源，盼能使一般有心人士對國際法產生的淵源，有正確的認識與了解。

---

[3] Article 38 of the Statute of the International Court of Justice.

貳、國際條約

一、概說

　　等同於國內社會的立法，在國際社會裡的國際法範疇者應該是指「條約」（Treaty）與，「公約」（Convention）。「條約」是指國際法人間所締結而受國際法所規範的具有「書面形式」（Written Form）的「國際協定」（International Agreement）。而「公約」則是指國際組織如聯合國所「主持」（Sponsor）而完成的「國際協定」。二者均對同意而簽訂的國際法人（如：國家）具有法律上的拘來力，這是由於簽訂者均具有分享共同承諾的信念；而且每一個簽約的國際法人會擔憂如果它不遵守自己所作的承諾，則其他的國際法人也會不遵守它們所作的承諾。雖然或許不是完全的百分之百的正確，但是大致上來說，在幾種各自有特色的國際法產生的淵源當中，國際條約或許是在今天國際社會中，最重要的淵源。

　　條約是用來完成所有不同的國際協定。其中由兩個國際法人所締結者，稱為「雙邊條約」（Bilateral Treaty）；由三個以上的國際法人所締結者，稱之為「多邊條約」（Multilateral Treaty）。條約之締結、保留、遵守、適用、解釋、修改及效力等主題，已經形成一套複雜而又相當完善的法律規範；國際間於1969年5月23日在維也納外交會議中，簽訂了「條約法公約」（Convention on the Law of Treaties），將條約本身的國際法規範，由條約來規定。國際間對於國家與國際組織之間，或國際組織相互之間的條約規範，更於1986年3月11日簽訂了「關於國家和國際組織間或國際組織相互間之條約法公約」（Convention on the Law of Treaties between State and International Organizations or between International Organizations）。因為在國際社會裡還沒有真正類似國內社會的立法機關的存在，以致於舉凡立法規範國際社會成員行為準則的工作，均不得不由「條約」來完成。

二、條約之分類

條約的分類方法很多，不一而足，單就其與國際法產生之淵源有關的來分類，可以分成「立法條約」（Law-making Treaties）和「契約條約」（Contractual Treaties或Treaty-Contracts）。前者是國際法產生之真正的重要淵源之一，而後者則僅是締約國之間的特別的權力與義務之規範；是否成為國際法產先之淵源。學者之間的看法並不一致。有些學者認為「契約條約」僅是締約國之間為了處理彼此的特殊利益或事項所簽訂的條約。例如劃界條約、通商條約、友好同盟條約等，僅是為在條約當事國創造權利義務，不具有普遍的國際法規範性；因此，「契約條約」並非國際法產生之淵源。而另有一派學者則認為立法條約與契約條約之區別，重心在於條約之內容，有許多條約兼具兩種內容。換句話說，在同一條約內，有些條款固然有契約性質，然而另外一些條款則具有立法性質，因此，應將一切條約均視為國際法產生之淵源[4]。

立法條約必然是多邊條約，而並非所有的多邊條約均是立法條約。一個多邊條約如果要成為立法條約，必須是其內容為規範一般性的、普遍性的或區域性的國際法規則，或設立國際組織的方可。所以有學者認為這類條約也可稱之為「規範條約」（Normative Treaties）。而美國學者哈德森（Manly O. Hudson）則更直接的稱此種立法條約為「國際立法」（International Legislation）[5]。另外，立法條約幾乎全是「開放性的條約」（Open Treaty），開放給國際社會的成員自由加入。但是立法條約並非一定全是創造或變更國際社會的國際法規則，有甚多的立法條約是將既存習慣國際法規則，加以法典化或成文化。而這一類的立法條約均以「公約」的名稱稱之。例如：1961年「維也納外交關係公約」（Vienna Convention

---

[4]　Michael Akehurst, A Modern Introduction to International Law, 6th ed. (London: George alien & Unwin Ltd., 1987) p.25. Also see I an Brownlie, Principles of Public International Law 4th ed., (Oxford: Oxford University Press, 1990), pp. 20-21.

[5]　Manly O. Hudso (ed.) International Legislation (Washington D.C.: Carnegie Endowninent for International Peace, 1931-1950), 9 vols, covering period from 1919, is an unofficial compilation of the more important treaties and conventions concluded in that time.

on Diplomatic Relations）以及1963年「維也納領事關係公約」（Vienna Convention on Consular Relations）均是。

三、立法條約與國際法之產生

　　每一立法條約都是若干國際法人為了共同的利益而締結，或者藉以制定它們所需要的新規則，事後容許其他國家正式加入或逕加默認和遵行；或者藉以宣示它們所了解的特定國際法規則；或者藉以廢除或修改既存的國際習慣或條約規則；或者藉以創立新的國際組織[6]。因此，根據他們的內容和意向，立法條約又可歸納為下列五類[7]：

　　（一）法典化的立法條約：這種條約僅在將現有的習慣法或某些司法機構所裁示的判例法轉變成「成文立法」。1815年「維也納會議最後（或蕆事）議定書」（Final Act of the Congress of Vienna）將當時規範國際河流航行自由，及有關外交代表等級的規則加以法典化，便屬較早的此類立法條約。

　　（二）解釋性的立法條約：這種條約旨在就現行習慣或條約規則中加以解釋，不一定增加新的法律規則。

　　（三）創法性的立法條約：這種條約旨在藉國際協議，創造新的法律原則或規則。例如1944年的「國際民用航空公約」（Convention on International Civil Aviation）便是。

　　（四）綜合性的立法條約：這種條約則兼具上述兩種或更多種功能。例如1949年的四種日內瓦公約（Geneva Conventions），1969年的「條約法公約」（Vienna Convention on the Law of Treaties），1982年的「聯合國海洋法公約」（United Nations Convention on the Law of The Sea）等。

　　（五）國際組織基本法：即以創設新的國際組織為宗旨而締結的條約，例如：聯合國憲章、創立歐洲共同市場的1957年羅馬條約，及歐市各國求貨幣、國防安全及外交政策之整合而於1992年簽訂的「馬斯垂克條

---

[6] 俞寬賜著，新世紀國際法，臺北，三民書局，民國83年，頁56、57。
[7] 同前文。

約」（the Maastricht Treaty）等，也都是立法條約。

　　基本上，條約只能拘束締約國。因此，立法條約通常也只能對締約國產生國際法的效力。如果簽字批准的國家不夠多，那該條約所創造出來的國際法則當然不具有普遍性，而僅只是特別或區域性的規則；其後若有相當多的國家相繼批准或默示遵行，則該條約中的新規則或對於某種國際法規則的新解釋，就可能因為普遍性的增加而成為國際法的一部分，或者可以直接的說，新的國際法因而產生了。國際法大師奧本海（Lassa Froncis Lawrence Oppenheim, 1858-1919）曾將前面所述只有少數締約國的立法條約中之國際法規，稱之為「特別國際法」（Particular International Law）；將包括主要國家在內的多數國家間的立法條約所決定的國際法規則，稱之為「普遍國際法」（General International Law）；將國際社會全體或幾乎全體國家所締結或加入及接受的立法條約所規定之國際法規則，稱之為「世界國際法」（Universal International Law）[8]。另外，立法條約對於習慣國際法的形成，有相當密切的關係。在現今的國際社會之中，除了聯合國憲章以外，真正為全體國際社會成員或幾乎全體國際社會成員所批准或加入的國際公約，其實也不多，而原則上國際條約又對非締約國不生國際法的效力；但是一旦一個國際公約達到大多數國家都批准了或加入了，則該公約（立法條約）就可以逐漸轉變成國際習慣規則。也就是說新的「國際習慣法」（或稱之為國際慣例法）（Customary International Law）就因而產生了。

四、契約條約與國際法之產生

　　一般來說，契約條約有三種重要的功能：第一，如前所論，契約條約在締約國之間可以構成國際法規約第38條所稱之「特別國際法」；第二，契約條約可以從多方面導致「國際習慣法」之形成；第三，對於業已形成之國際習慣規則之存在，契約條約具有重大的「證據價值」（Evidentiary

---

[8]　同前文，頁58。

Value）。

　　契約條約並非國際法產生的直接淵源，它僅是當事國之間的「特別國際法」；國際法院規約第38條所稱法院適用的「特別國際協約」，即是此類條約。雖然契約條約並不是國際法產生的直接淵源，但是在下列三種情形下，卻可以促進國際法的形成[9]：

　　（一）如果許多雙邊條約中都採納了某一種規則，這個規則可能產生一個新的國際習慣法規則。1955年4月6日國際法院在諾特朋（Nottebohm）案中，就曾引用美國與許多國家在1868年訂立的所謂邦克勞夫特條約（Bancraft Treaties）中的規則，來證明國際法上國籍必須與事實情況一致的原則。另外一個例子是聯合國國際法委員會在1960年至1961年，起草領事關係公約時曾用了許多雙邊領事條約中所共同的條款。在這一方面，這類條約成為習慣國際法規則形成過程中的一個步驟，與國內法、國內司法判例、與國際組織實踐在這方面的功能相同。

　　（二）原來為少數國家締結的條約，其中所規定的一個規則，如果後來為許多國家所接受或仿效而普遍化。在這方面，條約顯示習尚形成習慣國際法規過程中的初步階段。

　　（三）一個條約對於證明一個逐漸形成的國際法規之存在，有相當的證據價值，這種效果是由於條約這類文件具有特別的權威與尊嚴而來。

參、國際習慣

一、概說

　　國際法上所謂的「習慣」是指：「從事某些行為的明顯而繼續的習性，而這種習性乃源起於行為者堅信：依照國際法，這些行為是基於義務或權利而從事的。」（A clear and continuous habit of doing certain

---

[9] 丘宏達著，現代國際法，臺北，三民書局，民國84年，頁75、76。

actions has grown up under the aegis of the conviction that these actions are, according to international law, obligatory or right.）[10]此與通常所稱之「習尚」（Usage）有所不同。「習尚」也是從事某些行為的習性，但其從事此等行為時並無堅信：依照國際法，這些行為是基於義務或權利而從事的[11]；或者可以如此說：「習尚是國際交往的一種例常行為，尚未完全具有法律性質；習慣則是具有法律效力的習尚」[12]。習尚自何時開始可以成為習慣？此為事實認定的問題，難以作概括的說明。習尚一旦經過普遍的承認或接受後，便具有其特性存在，亦即此後它便在國際社會中「實踐」而發生法律的效力，而且繼續發展。

　　國際習慣所形成的法理基礎，依大多數學者的見解，主要學說有二[13]：

（一）默示同意說

　　傳統國際法學者將習慣（慣例）建立在國際默示同意的基礎上。英美國內法院判決亦採納此種理論。1871年美國聯邦最高法院對史科西亞（The Scotia）號船案和1900年對哈巴那船案（The Paquete Habana）的判決揭示某些規則因為國家默認而具有普遍拘束力。此外，「常設國際法院」（Permanent Court of International Justice）在1927年蓮花號案（Lotus case）為查明在公海上船隻碰撞案件，船旗國是否有專屬刑事管轄權時，表示：「拘束國家法律規則源自於國家意志之表示。此等意志表示於公約或為國家所普遍接受為法律原則之習尚」。

（二）共同法律信念說

　　習慣乃國家對於既存法律確信的表示，而非國家意志行為的結果。「法律信念」（Opinion Juris）是國家在法律上堅持其行為應符合既存法

---

[10] Lauterpacht-Oppenheim, Vol. 1,8the ed. (London: Longmans, Green, 1955), p.27.
[11] 同前註，頁26。
[12] 蘇義雄著，平時國際法，臺北，三民書局，民國82年，頁31。
[13] 同前註，頁31-32。

則。國家之遵守習慣規則乃因確信這些規則符合正義觀念、客觀法則、社會經濟的依存性或人類法律感。因此，國家並不能任意拒絕國際習慣。

國際習慣之成為國際法產生之淵源，比國際條約要早得多，在國際條約未成為國家行為的規範之前，國際習慣幾乎是國際法規則的全部。國際習慣至少要經過三個階段，方可形成：第一，要先有國際社會成員（國家）彼此的交往，在特定地區於特定的情況下，採取特定的行為模式，按照特定的規則，為其交往的行為。第二，再有相同的情況時，仍按相同的規則，進行相同的行為，並且反覆為相同之行為。而國際社會內的其他成員，也繼起效尤，使那些行為規則，演進成習尚。第三，習尚在國際社會內經過一段時間的持續，而各國際社會成員均願意遵守而普遍化後，各成員在心態上認為遵守習尚才符合國際社會成員的行為準則──法律，否則即違反作為國際社會成員對國際社會所應盡之義務。

另外，「國際法院規約」指示法院在國際條約法之後適用國際習慣法。規約之規定：法律應適用國際習慣，作為通例之證明而經接受為法律者。此項指明至少顯示習慣本身不是在法律上有拘束力的成例，只有當各國所做的是通例「經接受為法律者」，習慣始成為一項在法律上有拘束力的規範的證明。雷維（Warner Levi）教授認為：從時間上來說，就是須各國慣常從事於某一種行為，這種行為才成為習慣；如果它們繼續這種習慣行為，是因為它們承認這是法律效力的「認定」（Opinion juris sive necessitates），這一習慣就代表了一項法律規範，如果它們繼續這一習慣行為，但並不認為它們在法律上有義務這樣做；那麼，按照多數國際法學家的看法，這樣做只不過是道德問題，或是方便、禮貌或彼此遷就的問題。在後一種作法就成為「國際禮讓」（International Comity）[14]。

二、國際習慣法之要件

「國際習慣」（International Custom）亦被學者稱作國際慣例。其

---

[14] Werner Levi, Contemporary International Law: A Concise Introduction (Boulder, Colo.: West view Press, 1979), p.38.

產生須經複雜的程序。大致上來說「國際習慣的形成」（Evolution of Custom），不僅須具有一致的「國家實踐」（State Practices）的客觀行為，更須具有「法的信念」（Legal Conviction）的主觀意識。也就是說必須同時具有「事實的」要件與「心理的」要件，如此方能產生「國際習慣」。而事實的要件，則包含兩個要素：（一）時間上的永續性：即在同一情形下的同一行為（或實踐）被國際社會成員不斷地接受而一再予以適用；（二）空間上的普遍性：即上述的行為或實踐被大多數的國際社會成員，或具代表性國際社會成員的普遍「一致」的採行。至於心理的要件，則是指國際社會成員的從事前述行為或實踐時具有「法的信念」或「法的確信」（Opinion juris sive necessitates）。也就是認為就國際社會成員而言，在心理上深信此種行為或實踐的必要性，而在採行和遵守之同時，認為唯有採行和遵守，才符合國際法的要求，是身為國際社會成員所應盡的法律義務。國際法院在1969年「北海大陸礁層案」（North Sea Continental Shelf Cases）判決中揭示：「不僅行為必須表示一致的通例；更須證明此種通例是一種法律規則，而必須遵守的信念；當事國必須有履行一種法律義務的感覺，而非僅單純地出於禮讓或傳統的考慮」[15]。國際法學者之所以區別「習尚」和「習慣」，以及國際法院的判決之所以強調「國家實踐」的「一慣性」及「連續性」，都在在說明了國際習慣之產生，各國在心理上必須認定該「習慣」之採行和遵守是一項國際法義務之履行，必須如此方能符合國際社會的要求。而國際法院規約第38條之規定「國際習慣」須經「接受為法律者」（as accepted as law），即是在強調心理上的「法的確性」。

三、國際習慣產生之證據

　　國際習慣是屬於所謂的「不成文法」，其產生之證據至少可從四方面來加以說明。首先，從最重要的第一類證據——國家實踐來看，一國之實

---

[15] C.I.J. Rep., 1969, p.44.

踐可以從該國發布的各種資料和文獻等表現出來，其中包括[16]：（一）新聞報導；（二）政府發言人對議會、新聞界，以及在國際會議或國際組織所作之聲明；（三）國家立法；（四）國內法院之判例；（五）外交部發表的檔案摘要；（六）法律顧問的建議；以及（七）與外國交往的照會和通訊。而對「國家實踐」的範圍，必須要了解：不但要包括國家所對外揭示的，以及對外所為的行為，而且還包括其所不作為的。國際習慣產生的第二類證據，可以從國際公法學者的學說、著作，乃至於國內及國際法庭的判例中發現。國際法院規約第38條之所以規定此等學說、著作和判例可以「作為確定法律規則的輔助資料」，其主要原因就是因為法院可以從這些資料中找尋到國際習慣產生及存在的證據。國際法產生的第三類證據是國際條約。但是從國際條約當中來推斷國際習慣規則時，就必須待別慎重。舉例來說，國際條約針對某特別的主題，也許習慣上會包含某相同的條款；因此，國際間的引渡條約幾乎經常會規定「政治犯不予引渡」（Political offenders shall not be extradited）。但是這三類近乎「標準式」的條款究竟是否可以作為國際習慣存在或產生的證據，在學者間一直存有爭議。有些學者認為：這類標準式條款已經在事實上經常規定在引渡條約當中而成為一種習慣；因此，當一個條約針對這一點並沒有明白規定時，應該視為該習慣，已經變成國際社會公認的國際習慣，不必特別加以列成明文而規定於引渡條約當中。但是也有一些學者反問：如果這樣的「政治犯不予引渡」規則，已成為國際習慣法規則的一部分而存在時，那麼為何某些國家在締結這類引渡條約時，仍要將此一條款列入條約當中呢？這個問題，確實相當棘手。因此，任何人在引述各條約中的某種標準式條款，作為國際習慣規則之證據以前，必須要了解締約國的真正意圖。雖然如此，有另外一種方式，也可以使得一項國際條約確定可以構成國際習慣法的存在證據。也就是說，如果條約聲稱是國際習慣法的宣示或是意圖將國際習慣法法制化，那麼該條約足以構成國際習慣已產生而存在的證據；它不僅可以被引述來對抗締約國，更可以被引述來對抗非締約國。因為非締

---

[16] 見前揭註4，Michael Akehurst書，頁26。

約國之所以被拘束，不是因為條約的緣故，而是因為國際習慣法的存在之故。當然如果非締約國能夠提出其他證據顯示條約表示了不正確的國際習慣，非締約國當然可以不理會條約中所陳述的規則。這種可能性當然不適用於締約國，因為締約國之所以受到拘束，是由於它們彼此之間的關係基礎建立在條約上，而不論它們彼此所簽訂的條約是否正確地將習慣規則法制化[17]。

　　最後，國際習慣的第四類證據是國際組織的「決議」（Resolution）也可作為國際習慣產生之證據。例如：國際會議像聯合國大會開會所通過的決議。但是值得注意的是，此種決議之中，有的根本與國際法無關；有的雖然有關，但它們僅是單純地建議改變某些既存的國際法規則。因此，該項決議中的建議文很明顯的不被解釋成代表既存的國際法。一個決議宣稱應該是可以被用來作為國際習慣存在的證據。但是它的價值仍然須視投票贊成該決議案的國家之多寡而定；如果有很多國家投票反對，則該決議之作為證據自然就相對地減少了。因此，國際組織召開會議作成的決議決非國際習慣法的「決定性證據」（Conclusive Evidence）。國際組織的決議之是否構成國際習慣產生之證據，必須連同其他可以獲得的證據一併檢視。因此，國際組織的決議並非正確的國際習慣法的陳述，足有可能被證明的[18]。

肆、一般法律原則

一、概說

　　一般法律原則，是國際條約與國際習慣所定規則以外的原則，為國際法院規約第38條所明訂的國際法第三種淵源。規約中指出：國際法院在

---

[17] 同前註。

[18] 同前註，頁27。

判決時……應該適用「一般法律原則為文明各國所承認者」（the general principle of law recognized by civilized nations），然而此一條款規定的實在具有相當的爭議。學者間的爭論基本上在尋問：所謂「一般」究竟何指？所謂「文明國家」又以何種標準來決定？更重要的是所適用的原則又是何指？是原則本身呢？抑或是從原則中演繹出的具體規範？不論怎麼說，主要的爭論是圍繞著從什麼法律制度中去找法律原則。當然，條款中既明白指出必須是「文明國家」，也就是至少是任何具有一相當完備的法律制度的國家。換句話說，基本上這些原則可以取自國內法律制度，但是必須要能適用於國際社會中的交往關係上。正如麥克奈余爾勛爵（Lord McNair）在「西南非國際地位案」（International Status of South West Africa Case）中所稱：「在此事上國際法庭的責任是：應該將任何可令人想到的私法規則和制度之處或其定義名稱看作為政策和原則的指點，而不是直接把這些規則和制度硬生生地遷運進來」（The duty of international tribunals in this matter is to regard any features or terminology which are reminiscent of the rules and institutions of private law as an indication of policy and principles rather than as dire fly importing these rules and institutions.）[19]。

　　另外，一種法律制度比照另一種法律制度現有的規範去制定規範，一向存在於國際社會之中。例如：現在國際間所公認的國際法中有很多就是源自於「羅馬法」（Roman Law）。而且長久以來，「仲裁法庭」（Arbitration Tribunal）就經常沿用這樣的方法。法官只有在國際條約及國際習慣均不能提供適當的規範時，才必須去求助於「一般法律原則」。國際法院規約之所以如此規定，主要的即是要讓法官運用他們的創造性想像力來填補法律的「空隙」（Gap），以免因為沒有可以適用的「法律規範」（Legal Norm）而無法作出判決。需要激發各國對國際法的尊重，所以對於國際法院規約第38條所授予法官的可斟酌情形創造或產生法律的權力，並不濫用行使。在實際審判上，國際法庭均特別的慎重其所選取及適用的國際法所依據的原則，往往是在國際社會裡早已確立的原則；而且多

---

[19] I.C.J. Rep 1950. p.128.

半與管轄、程序及證據……等有關，而與案件的實質問題牽涉甚少。

二、一般法律原則之性質

　　何謂「一般法律原則之性質」？學者之間的意見，相當紛歧，比較具有代表性的例子，有卜力格（Herbert W. Briggs）教授的認為，一般法律原則包含類推適用、自然法、一般正義原則和國際法一般原則；而不同於國際法之具體規律、習慣規則，各國實證法與比較法的一般原則[20]。但索倫森（Max Srense）教授則認為，一般法律原則的實質就是自然法，而國際法院規約第30條已把它限制於「為文明國家所承認者」。它既經「承認」，就不再是自然法，而成為實證法。因為國際社會的任何規則，只要經過社會中政治組織的承認，便取得了實證法的性質和地位[21]。勞特派特（Hersch Lauterpacht）則又認為，國際法院規約第38條授權該院適用國內法系的一般原則，特別是在私法方面，只要它們可以適用於國際關係上[22]。他並且說，實證法學派只承認條約和習慣是國際法的淵源，顯然已被該條款所否定。自然法學派只容許自然法為國際法的主要淵源，當然也被該條款所摒棄[23]。該條款的規定，頗與格羅秀斯學派的理論相近，因為它一方面相當重視國家意志為國際法的淵源；他方面又不背離國家意志和法律的與一般人類的經驗[24]。因此，根據勞特派特的見解，目前國際法的情況可能和格羅秀斯派的法學思想最為接近。

　　從上分析可見，究竟一般法律原則的涵義為何？確實是人言人殊，眾說紛紜。大體而言，針對一般法律原則，在學說上可以歸納如後[25]。

[20] Herbert W. Briggs, The Law of Nations, 2nd ed. (N.Y.: Appleton-Century-Crofts, 1952), p.48.

[21] Max Sorensen (ed.), Manual of Public International Law (N.Y.: St. Martin's Press, 1968), p.147.

[22] 見前揭註10，Lauterpacht-Oppenheim, Vol., 1, p.29.

[23] 同前註，頁38。

[24] 同前註，頁39。

[25] 見前揭註12，蘇義雄書，頁35-36。

（一）類比適用說

指習慣或條約不足以解決問題時，可以訴諸國內法則來處理案件。但這種類比適用必須取自所有國內法體制下的共同原則，此說以凡拉里為代表。故此說所強調的不過是技術性原則的運用。換言之，採用類比方法以期達到某種理論。同時，此種方法乃是以兩種不同觀念中已存在之相似觀念為基礎。此類比適用的法律一般原則並不能稱為法律淵源之一。

（二）自然法說

將一般法律原則與自然法原則混為一談，早於1920年常設國際法院規約臨時草案擬訂時，法律學家委員會主席戴思幹（Baron Descamps）就認為法律一般原則是「客觀正義」（La Justice Objective）就得適用。但，「真實」乃是一般法律原則的主要特質。此種單純的理想或客觀法的觀念，未具實在價值，並不足以表示其法律性質。規約第38條所稱「為文明各國所承認」，已表明一般法律原則是各國國內現行法的一部分，且為各國所承認，並具實證法之特質者。

（三）獨立法源說

近代部分實證法學者亦否認一般法律原則是國際法形式上的獨立法源，並進而否認國際判例曾以獨立法源適用之。彼等認為法律一般原則只不過為促進國際法發展而引進的國內法，並具高度技術性。

一般法律原則的涵義確實是一個見仁見智的問題，即使是在1920年草擬「常設國際法院規約」（Statute of Permanent Court of Justice）時，對於應否列入「一般法律原則」供法院作為判決時依據之問題，就曾在當時引起激烈的爭論。而根據當代國際法權威英國學者史塔克（J.G. Starke）所作的歸納，法學家分別指出的是：（一）一般正義原則；（二）自然法；（三）從私法演繹的類推；（四）比較法的一般原則；（五）國際法的一般原則（這是一些蘇聯學者的看法）；（六）法律的一般理論；（七）

一般法律概念[26]。比較起來，史塔克教授的歸納較為具體，而較少受到爭論。事實上，一般法律原則應是一種自主的、獨立的國際法產生的淵源。國際法院規約第38條所明文列舉於第3項者即為證明。但是在實務上，雖然一般法律原則，已在規約中明文規定，法院可以適用，法官也曾引用，以支持其個別意見或反對意見。但是國際法院卻未曾在任何訴訟案件中作正面的、明白的援用。

三、一般法律原則之適用

1927年「常設國際法院」（Permanent Court of International Justice）在著名的「蓮花號案」（Lotus Case）判決中明白揭示：「國際法一般原則乃是所有獨立國家間所適用之原則」[27]。而國際判例對於某些規則也曾以國際法一般原則加以適用，例如有關的「國家獨立」、「國家責任」、「國家繼承」，以及「用盡當地救濟辦法」……等。但是在一般法律原則適用的問題上，應該要有一個基本的認識，即是一般法律原則在國際法產生的淵源上應居於輔助地位。而且法官只有在缺乏條約法與習慣法作為判決的依據時，方能適用一般法律原則。更重要的是雖然一般法律原則在實踐上甚少採用，但是卻在必要時，有所助益[28]。總而言之，國際法得以適用的「一般法律原則」可以歸納為三類：（一）國內法所普遍承認的原則，此包括：1.傷害個人人權的國家應負賠償責任；2.「不當致富」（unjust Enrichment）者應回復原狀或負補償他人損失之責：3.「拒絕正義」（Denial of Justice）構成國際違法行為；4.時效原則；5.一事不再理原則。（二）導源於國際關係的一般法律原則，此包括：1.主權豁免；2.國際法優先於國內法；3.不干涉他國國內事務之義務；4.公海自由；5.用盡當地救濟原則。（三）可適用於一切關係的一般法律原則，此包括：1.「誠信原則」（Good Faith Principle）；2.「條約必須遵守」（Pacta Sun

---

[26] J.G. Starke, An Introduction to International Law, 10th ed. (London: Butterworths, 1989), p.31.

[27] J.G. Starke, An Introduction to International Law, 10th ed. (London: Butterworths, 1989), p.31.

[28] Gerhard von Glahn, Law mong Nations (N.Y.: McMillan Publishing Co., Lnc., 1981), p.24.

Servada）；3.「禁止反言」（Estoppel）；4.遵重基本人權；5.和平解決國
際爭端。

伍、司法判例

一、概說

　　根據國際法院規約第38條之規定，「司法判例……可以作為確定法律
原則之補助資料」，但在適用上須受規約第59條的限制；也就是說：國際
法院之判決除了對「當事國及本案外無拘束力」。易言之，國際法院並未
採納英美法系的「遵照先例原則」（Doctrine of Stare Decisis）。但是在事
實上，以前的「常設國際法院」以及現在的國際法院雖然均不曾視其過去
的歷次判決具有拘束力；但是卻可以發現它們均曾在它們的判決及諮詢意
見中利用其以往的判例或諮詢意見，作為法律的指引，以便解說區別國際
法的規則或原則及其適用之準據。為此，兩個新舊國際法院均十分重視它
們的判例及判例中所裁示或所根據的國際法原則和推理。另外，在國際仲
裁的案例中，也不時引述其他仲裁法庭的裁決意見。因此，運用司法判例
或仲裁裁決來確定國際法規範，已經成為國際社會中的國際實踐趨勢。

二、國際法院判例

　　不論是「常設國際法院」、抑或是「國際法院」，雖然在它們的規約
當中明文指出不採用英美法系的「遵照先例原則」，但是在實踐上，它們
卻均不時引述以往的判決或諮詢意見，來說明國際社會既存的國際法規
範。其中的原因，最主要的是因為它們均認為國際法院規約（包含常設國
際法院規約）第59條所稱之「判決」（Decisions），乃是指判決中的「主
文部分」（the operative portion of the judgment），而不是指判決的推理部
分。因此，在實踐上，這兩個國際法院雖不曾有意要使自己受判例所闡釋
的任何原則之拘束，但它們通常都遵循一連串的判決和諮詢意見——尤其

當這些判決和諮詢意見明顯反映出一般法律趨向時，更是如此[29]。

　　更進一步研究，可以發現國際司法機構的判決或意見，對於國際習慣法之產生、新國際習慣規則之發展、舊國際習慣規則之修改。均有重大之影響。首先就國際法的產生而言，如果國際法院在某一訴訟案中判決顯示出某項新的國際法規則；判決確定後，便可經由國際間的普遍接受，而演進或產生出新的國際法規則。這樣情形的演進而產生出新國際法規則的過程，即是一般所稱之「司法立法」（Judicial Legislation）或「法官造法」（Judge-Made Law）的最佳說明。例如：1951年12月18日國際法院對「英國挪威漁權案」（Anglo-Norwegian Fisheries Case）中認為：「在劃定領海基線時，除了得考慮到地理上的因素外，還可以考慮到某個地區的特殊經濟利益」[30]。此裁定領海的「直線基線法」（The Method of Straight Baselines）之合法性的規則，似乎是國際法院所首創。後來被1958年「領海及鄰接區公約」（Convention on Territorial Sea and Contiguous Zone）及1982年「海洋法公約」（Convention on the Law of the Sea）相繼採納而寫入正式條文。法院雖不參與立法，但其判決卻可以直接引導立法，就是指國際司法判例的此種「司法立法」的功能而言。

　　而另外一例即是1951年5月28日國際法院在「防止及懲治種族滅絕罪公約之保留案」（Reservation to the Convention on the Prevention and Punishment of the Crime of Genocide）的諮詢意見中，認為：「『一國對條約某部分提出之保留須得其他締約國同意』之傳統規則，不適用於某些條約……種族滅絕罪公約便是其一……某甲國如對種族滅絕罪公約提出其某項保留，只要此一保留不牴觸公約之目的和宗旨，則雖有若干締約國反對此項保留，甲國仍可成為該公約之締約國」[31]。此一新規則的提出，後來被國際社會的成員所普遍接受而遵循。並已被1969年5月23日所訂立的「維也納條約法公約」（Vienna Convention on the Law of Treaties）所採

---

[29] 見前揭註26，J.G. Starke書，頁47。

[30] I.C.J Rep. 1951, p.116.

[31] I.C.J Rep. 1951, p.15.

納，而成為國際條約的一部分，也就是產生了新的國際法。

其次，就國際習慣法之形成而言，國際司法機關之判決可以一方面確認國家實踐之趨勢，而在另一方面又能找出必要的「法的信念」，以加速國際習慣規則之形成。1982年「突尼西亞與利比亞大陸礁層劃界判決案」（Case Concerning the Continental Shelf）中，國際法院認為「『專屬經濟海域』（Exclusive Economic Zone）已經是國際習慣法」[32]。另外，不論是以前的「常設國際法院」抑或現在的國際法院的判決，若要對國際法的產生與發展有影響，不論是修訂既存國際法規則或是產生新國際法規則，必須在判決時有多數法官的支持，而且在判決後受到各國際社會成員的接受。因為如果不為各國際社會成員所接受，則各國際社會成員可以訂立條約，推翻國際法院判決所修正或創新的國際法規則[33]。最後，應該認識到：由於國際法院乃是最具權威的常設司法機構，其判決及諮詢意見雖然不是國際法產生的直接淵源，但是至少可以成為法院決定國際法規則的相當重要的資料，可以參考佐證。

三、國際仲裁法庭判例

有些國際法學者認為國際仲裁與國際訴訟之間存在著基本性質的差異，在他們看來仲裁著重於「妥協」（Compromise）而非如法院之判決。因此他們不認為仲裁判例可對國際法之產生與發展有相當貢獻。國際性的仲裁判例可對國際法之產生與發展有相當貢獻。國際性的仲裁裁決雖然對該案有效，但是對說明與確認國際法的規則卻有相當大的影響。有些國際仲裁案對國際法的發展，確實有相當大的貢獻。例如[34]：1872年9月14日英美賠償仲裁法庭之圓滿解決「阿拉巴馬索賠仲裁案」（The Alabama

---

[32] I.C.J Rep. 1982, p.74.

[33] Louis Henkin, Richard C. Pugh, Oscar Schachter and Hans Smit, International Law 3rd ed. (St. Paul; Minn.: West Publishing Co., 1993), p.l21.

[34] Malcolm N. Shaw, International Law, 3rd ed. (Cambridge, England: Grotius Publication Ltd., 1991), pp.90-91.

Claims Arbitration Case）的裁決[35]，開啟了國際間以和平的方式解決國際爭端的大門，各國開始使用「仲裁」來解決國際間的重大糾紛。其次，1928年4月4日「帕爾馬斯島仲裁案」（The Island of Palmas Case）的裁決[36]，亦對國際法上用「時效」（Prescription）作為取得領土的方式，有所貢獻。最後，我們應認識到國際仲裁與國際司法判決，所適用的國際法原則並無不同。因此，它們在國際法淵源方面的功能也應該無所區別。

四、國內司法判例

國內司法判例並非國際法產生之淵源。但是基本上，國內司法判例有兩個功能：其一是導致國際習慣規則之產生；其二是作為國際習慣規則存在之證據。就前者而言，美國聯邦最高法院在「哈巴那號船案」及「史柯希亞號案」（The Scotia Case）等所作之判決，對於國際習慣法的性質加以澄清；對國際法往後的發展，有重大的貢獻。如果許多不同國家的國內法院就同樣類型的訴訟案件，先後作出一致的判決，則此種判決所宣示的規則，就可以形成國際習慣規則。就後者而言，如果各國國內法院對於國際規則的某相關論點，相繼作成的司法判決，若具有「一致性」（Conformity）「連續性」（Continuous），則可以證明某項國際習慣規則的存在，至少有其作為證據的價值。

陸、公法學家之學說

國際法院規約第38條規定：各國權威最高之公法學家的學說可以作為確定法律原則之補助資料。但是截至目前為止，不論以往之「常設國際法院」抑或現在「國際法院」，均未曾引用過任何學者之學說。但是在當事

---

[35] William W. Bishop, Jr., International Law, 3rd ed. (Boston: Little, Brown and Co., 1971) pp.1023-1027.

[36] R.I.A.A., Vol.2, o.829.

國的訴狀中或是在法院的個別與反對意見中，都會一再的引述學者的學說，用來支持其主張或見解。公法學家的學說具有三方面的功能：其一是能夠闡明國際法規則；其二是能夠導致國際法規則之產生，以促進國際法之發展；最後，能夠作為國際習慣存在之證據。但是，基本上學說不具有法律性質，必須將它演進至習慣規則方能產生法律的拘束力。

　　同時並存的習尚或實例，在經過學者加以研究之後，可以從中發現規則，寫成著作；因之其著作可以用來作為國際法規則之可靠證明。而國際法院規約所述：各國權威最高公法學家之學說，和司法判例一樣，僅能作為確定法律原則之補助資料。此條款之真正意義，亦僅是在強調學說之證據價值。正如美國聯邦最高法院法官葛雷（U.S. Supreme Court, Justice Horace Gray）所述：「遇到缺乏條約、也缺乏行政或立法規則之場合，法院必須訴之於文明國家間的習慣或習尚；同時也必須訴之於法學家的學說，作為習慣的證據。這些法學家們經年累月的經驗，對他們所處理的國際法知之熟稔。司法機構之所以引用這些著作，不是藉以探悉著作者推斷的法律為何，而是藉以探悉實際法律為何的可靠證據」[37]。

　　早期由於國際法多半由習慣法所構成，法學家之精心研究，對於確定國際法的規則及國際法的發展，頗有貢獻。其中不乏佼佼者，例如：17世紀被喻為「國際法之父」的格羅秀斯，以及19世紀的瓦特爾……等對於後世影響至大。但是，晚近由於國際條約法的日益受到重視而有長足的發展，影響之所及，使得學說作為國際習慣規則之證據，在國際淵源方面的地位，已大不如前。然而，無論如何，學說對於現代國際法仍有闡明及解釋的功能，仍然可以有所發揮。因此，法學家的學說在確定國際法的規則，以及其發展方面，仍可提供相當大的貢獻，此點是顯而易見的。

---

[37] The Paquete Habana, 175 U.S. 677(1900), p.700.

柒、衡平原則

　　國際法院規約第38條第1項規定：「前項規定不妨礙法院經當事國同意本公允及善良原則裁判案件之權。」其條文中指之「公允及善良原則」（Ex aegquoet bono），既非一般法律原則，亦非習慣規則，而是正義原則或衡平原則。而衡平原則應該是公平正義再加上信義原則。因此，可以認為公允便是衡平，但是衡平卻不一定符合任何法律的規定。按公允及善良原則以判決，乃是在法律規定外，依理、依情、依時、依地、依正義與道德……等等，來解決國際社會成員之間的事端。國際法院規約第38條第2項之規定，其意義是「公平的解決一個爭端，必要時可以不顧既存法律（equitable settlement of a dispute in disregard, if necessary, of existing law）[38]。國際法中的衡平原則與英美法中的「衡平」（Equity）觀念，有些相近，但不盡相同。因為它不是與現有法律規範平行並加以補充的另一套法律規範，而是表達一種貫穿法律並使之符合正義感的精神或態度。

　　由於衡平原則並不建立法律規範，但卻可能影響法律的具體意義。因此，有學者懷疑衡平原則是否可以作為法律的淵源，此問題則應視衡平原則用於什麼場合和什麼目的來決定。基本上，有下列三種情況[39]：

　　一、一個國家或法律適用的機關容許有自由裁量的空間，則可以用衡平原則來決定怎麼適用這個規則，此即所謂「在法律範圍內決定」（Decision Within the law），當然是可以用衡平原則的。

　　二、如果一個決定與法律衝突，則不能用衡平的原因來不適用法律，此即所謂「違反法律的決定」（decision against the law）；只有在一個法庭被授權適用公允與善良的原則時，才能夠如此做。這就是國際法院規約第38條第2項所述的實況。

　　三、如果一個問題欠缺相關法律規定，而此種情形似乎是一個空白的

---

[38] Georg Schwarzenberger and E.D. Brown, A Manual of International Law (South Hackensack, N.J.: Fred B. Rothman & Co., 1976) p.550.

[39] 見前揭註33，Louis Henkin書，頁115

情況，即所謂「法律之外的決定」（decision outside the law）：是否可適用衡平原則來作決定，則有不同的意見。有認為不應作出決定，即所謂的「無法裁判」（non liquet）的情形。但著名的國際法學家勞特派特認為：禁止用「無法裁判」為理由來拒絕受理案件已是「一般法律原則為各國所承認者」之一。如此，法庭仍應以衡平原則來作決定。

捌、結論

對於國際法產生的問題，向來為人所忽略，不論是從事理論研究的學者抑或是從事實務工作的法曹也好，對此問題一直未能嚴肅的正視，使得中外法學領域的浩瀚，更顯得高深莫測。為此之故，乃特選此主題作為研究，冀盼任何人對此主題欲探究者，均能有所認識與了解，此乃本文所意圖完成的之目標，或許一般人認為國際法之產生，無甚重要。若此，則差之毫釐失之千里。欲了解為何國際法會呈現今天之面貌，則必須追溯其過去的歷史演進過程，而欲對此演進過程有正確之了解，就更必須探求其啟源。易言之，國際法是如何產生的？產生之淵源為何？

以上問題，在經過本文之研析探討後，自可得到一些具體的答案，而有助於了解國際法的來龍去脈。簡單的摘要的回答上述問題，即可知悉，國際法基於社會需要的基礎，由於本身具有存在性、制裁性，以及法律性及更重要的國際社會之需要性，經過國際法產生的主體，如國家及國際組織等的努力不懈才有今天的國際法之產生。尤其在經過本文之研析探討國際法院規約第38條的規定，認識到國際法產生之法律淵源，最主要的就是在國際條約、國際習慣，及一般法律原則三大主要淵源之推動促進之下，所完成因應國際社會在彼此交往的關係時所需要的國際法律制度的建立與規範。因此，最重要的是經過本文之探討研析之後，當可洞悉未來國際法的演進走向，可推知未來國際社會的活動與發展。

最後，經由本文之探討，我們對於國際法產生的淵源可以歸納出下列四點認識。第一，由於國際法的產生，乃是針對國際法的法源依據作深入

的探討，而所謂「法源」，其本身又具有各種意義，因此對於國際法產生之探討，自有不同的觀點。所以，國際法的產生依照國際法的法源來分類可以分為兩部分，其一是「形式法源」，即是構成國際法的主要之兩種型態——國際條約與國際習慣；其二是「實質法源」，即是在適用國際法時，可作為依據的有關部分，包括：一般法律原則、司法判例、公法學家之學說……等。第二、因為一般學者大都以國際法院規約第38條所規定者為基準，作為探討國際法源的基礎。因此，國際法產生之法源依據，按其重要性，可以區分如下：最重要的主要法源為國際條約、國際習慣，以及一般法律原則。其次的輔助法源是司法判例、公法學家之學說，以及衡平原則。第三、傳統國際法以國際習慣為最重要法源。第四、由於國際法在性質上乃是為了因應國際社會的需要才產生，而國際社會不斷地在進步，促使國際法亦隨之而成長；因此，國際社會與國際法的相應相生，方能使國際社會得以永續發展。

第五章　國際法與國內法之關係

第一部分：關鍵概念與名詞界定

1.現代國家在國際社會所扮演之角色

　　國家在國際社會中所扮演的角色，自民族國家興起之後，即愈顯複雜；時至今日由於1960年代新興國家在亞洲、非洲與拉丁美洲的大量獨立以後，國際社會的新舊成員因為經濟發展的腳步與政治演進的歷程……彼此均有所不同，再加上各個國家的法律架構亦不盡相同，導致國際社會的組織益越複雜、秩序益顯凌亂。而規範國家在國際社會內所扮演之角色、所應負之責任，以及所應盡之義務的國際法與國家在其領域內之主權行為所仰賴之國內法，必然應有一個共同的法律理論基礎。而依據一般所共同認可的近代法學理論，每一個國家在國際社會均是一個主權國家，而且彼此主權平等。但是就國際現實而言，國際關係因為交通的進步與資訊的發達顯得愈形密切，國際強權的縱橫捭闔，使得國際社會中即使是一個最強而有力的國家，如美國也不能稱得上是一個真正的且完完全全的主權國家。而國際社會在本質上也逐漸形成一個「相互依存」（Interdependent）的國際商業與政治化的社會，在這樣的社會中，任何一個國家的任何一個行為的最後結果，都會對整個國際社會體系的整體有深沉的影響及回應，而任何國家在考量其行為之作法時，必然也會受到其他國家主權行為之影響。

　　因此，理論上來說每一個國家在近代國際社會中均是主權獨立的國家，但是「國際實踐」（International Practices）上，因為現實的關係，主權的概念在「運作」（Operation）時，就自然的受到其他主權國家的影響，而不能完全依照其本身原來之「國家意志」（State Will）去行事。而每一個「國家行為」（State Action）均因此會受到其他主權國家「國家行為」之影響；因此各國基於本身主權之獨立而行使之「國家行為」自然有必要受到界定與規範。

*2.*國際法與國內法之互動

　　在當前的國際社會裡，國際事務的處理，必須要有一種力量來充任「協調」（Coordinate）的功能。但是負有「協調」功能的力量，在國際社會的層面之「各國外在關係」（Inter-State Relations）方面，就是國際法；其在國內社會層面之「國家內在關係」（Intra-State Relations）方面，就是國內法。若認為國際法的功能是在維持國際社會的秩序，那麼國內法的功能就是維持國內社會的秩序。乍看之下這兩種社會秩序之維持，彼此互不隸屬、互不相干；然而「國家實踐」（State Practices）顯示：二者之間彼此相應相生、交互影響。任何一個社會秩序之維持，均影響到另一個社會秩序之維持。舉例而言，任何一個國際危機均相當容易導致國內社會秩序之失衡；而任何一個國家的內戰亦多半容易造成國際社會秩序之動盪。

　　而不論國際社會秩序之維持也好，抑或是國內社會秩序之維持也好：一旦論及社會秩序之維持，「法律秩序」（Legal Order）即自然的被認定是社會秩序維持之原動力；而「法律秩序」之建立乃是用來維持社會秩序之維持。在國際社會所建立之法律秩序即被稱作「國際法律秩序」（International Legal Order），至於在國內社會所建立之法律秩序即被稱作「國內法律秩序」（National Legal Order）。已建立「國際法律秩序」之國際社會就被認為是「國際法社會」（International Legal Community），已建立「國內法律秩序」之國內社會就被認為是「國內法社會」（National Legal Community）。而在許多事務的處理上，因為國際法與國內法的「交互作用」（Interaction）的關係，展現出國際社會與國內社會似乎難以嚴格的加以區分開來，彼此或有交互重疊的部分而呈現疊床架屋之現象。換句話說，國內社會是否即為國際社會的一部分？或者說國內社會是否是國際社會的組成份子？同樣的道理，如此一來，國內法社會與國際法社會是否亦是與國內社會和國際社會有相同的關係？再往前推論，國內法律秩序是否即因此而成為國際法律秩序之一環？或者這樣的邏輯推論似是而非？或是有所偏差？這些都有待進一步的探討與釐清。

3.國際法與國內法之區別

　　國際法與國內法最大的不同在於：國內法是規範一個統一的、有組織的社會；但是國際法卻是適用於每一個同意接受其規範的個體。而且此等願意受其規範的個體，在傳統國際法而言只限於國家。以上這項特質是理解國際法的重要關鍵，也是區別國際法與國內法的主要基準。在許多方面，國際法與國內法確有不同。基本上，國際法所確立的制裁大體上可以分為：（一）自助；（二）干涉。而國內法的制裁則是民事賠償與刑事處罰。民事賠償與刑事處罰之間的區別使得國內法大致上分成民法與刑法。而在國際法方面，自助與干涉的區別，卻無法使得國際法因此可以被區分為類似國內法的民法與刑法。所以，大部分的國際法規範，並未表現出類似國內法所特有的二元結構——民法與刑法。但是，如果因此而武斷的聲稱國際法完全沒有民事賠償與刑事處罰，卻也未必就正確。例外地，也有一些一般國際法以及特別國際法的規範，規定有民事賠償與刑事處罰。因此，兩種法律秩序之間的區別，就其所規定的制裁來說，只是相對的，而不是絕對的。

　　與上面區別有密切聯繫的是：在國際法上，主要的是集體責任，而在國內法上，個別責任則是主要的。而且，國際法的特殊制裁——報復和戰爭——所構成的集體責任，就負責的個人來說，是絕對責任。而國內法的特殊制裁——民事賠償與刑事處罰——所構成的個人責任，照例是以過失為根據的責任。但是，國際法並不排除以過失為根據的責任，而國內法也不排除集體的和絕對的責任；在這方面，國際法與國內法的區別也只是相對的。

　　顯著的區別產生於這樣的事實，即國際法的效力範圍在原則上是無限度的；而國內法，作為一國的法律，卻只是在一定領土上和在一定時間內有效的。認為國際法只對作為法人的國家有效而國內法則對個人有效的傳統看法，已經被證明是不正確的。關於兩種法律秩序所確立的義務和權利的主體，國際法與國內法之間是沒有什麼區別的。在兩種情形下，主體都是個人。但是，國內法律秩序直接決定哪些個人應該用其行為來履行義務或行使權利，而國際法律秩序則交由國內法律秩序去決定哪些個人的行為

成為國際義務和權利。

　　總而言之，國際法與國內法之最重要的區別乃在於：國際法是比較分散的強制性秩序，而國內法則是比較集中的強制性秩序；這種區別表現在這兩種秩序的規範之創造和適用的方法上。習慣和條約——國際法的主要淵源——是分散的方法；國內法的主要淵源——立法——則是集中的造法方法。國內法給予法庭以適用法律的職權，並給予一些特殊機關以在執行制裁時使用武力的專有權力。而國際法與國內法不同，它沒有適用法律的特殊機關，特別是沒有執行制裁的中央機構。這些職權是交給作為國際法主體的國家來行使的。但是，依據特別國際法，國際法的創造和適用可以是——而且實際上是——集中化的；而且，這種集中化的過程，由於成立了設有國際法院和國際執行機構的國際組織，是在不斷地增強的。

第二部分：專題研究與論述

■ 專題：國際法與國內法之關係

壹、前言

　　當代國際法權威學者史塔克（J. G. Starke）曾明白指出：「要適切地抓住國際法的主題，就沒有什麼比清楚了解它與國內法的關係，來得更為重要」[1]這樣簡單的一句話就說明了研究國際法與國內法關係對於了解國際法主題的重要性。而一個完整透徹的熟悉國際法與國內法的關係在國際社會成員彼此互動的關係上有其實質上的重要性，是無須多言的。特別是對國際法中最重要一環的國際條約相關法律的澄清有相當重要的價值，而

---

[1]　J. G. Starke, An Introduction to International Law, 7th ed, (London: Butterworth, 1972), p.72。

國際條約的簽署、批准、加入……等事宜，均經常關聯到各國國內法的相關規範。因此，在研究國際法在國際社會中所扮演的角色，所具有的功能之同時，萬萬不可忽略對國內法之研究；如此，方能了解到國際法與國內法之關係；此為作者對本章主題之研究動機。

　　而就國際社會的立場來看，不論是國際法也好，國內法也好，對於規範國與國之間的關係時，二者均不可偏廢。尤其是在現代擁有一百八十多個獨立國家所組成的「國際社區」（International Community），每一個國家在它的領域範圍內有獨立的「主權」（Sovereignty），而「主權平等」不僅是傳統國際法的一個重要原則，卻也仍然是當代國際法所認可之國際法基本原則。「主權平等」的涵義是國際社會的成員份子，不論大小和政治與經濟制度如何，在法律上一律平等；享有主權所包含的一切權利；其國家人格、領土完整與政治獨立均應受到其他國家的尊重；也同時應該履行其根據國際法所必須承擔的國際義務。由此可見一個國內法上為主的「主權」觀念，在國際社會裡如果要加以實現，就必須以國際法上的各國主權平等原則付諸實踐。

　　當然，若從另一個角度來看問題，例如要將一項國際法規則應用到國際社會成員的法律關係上，就必須要找尋到一個適當的方式或方法將那些國際法規範能妥當的在各國統治所及的領域內應用及執行。而這樣的蒐尋妥適方式或方法，就會因而涵蓋創造與運作一連串的國際法與國內法的複雜關係。如果要來分析如此錯綜複雜的國際法與國內法之關係，無可避免的必須要運用到不是從國際法的「利益觀點」（Vantage Viewpoint）去研究，就得從國內法的「利益觀點」去剖析。大致上來說，大陸法系國家的學者傾向方從國際法的「利益觀點」去研究，而英美法系國家的學者則偏好從國內法「利益觀點」去剖析。

　　這其中的原因，自然是其來有因。長久以來，英美法系國家的法學界人士早已就接受了下面的這樣一個觀念：國際法是國家領域內最高法律的一部分，而且是根據各國國內法的最高法律——憲法來加以執行。而國際法與國內法在國家領域內如果發生了適用上的競合問題，其優先順位是由各國自己的憲法來加以規定。而在大陸法系國家的法學界人士則一直是從

國際法的角度來分析國際法在國內社會的適用問題，對於國際法與國內法的關係之研究也主要的是從國際法的立場來說明。其研究之結果大多把他們自己限制在對國際法性質的理論存疑上面；也因此其結論多半成為對與國內法之關係的一般性總結。當然，對於國際法的問題、國內法的問題，乃至於對於國際法與國內法關係之類的問題，作理論上的研究剖析，其重要性是無須否認的。

　　無論怎麼說，從國際社會的整體方面來看，國際法與國內法統合為一，方能完成整個國際社會的「法制體系」（Legal System）。但是若從國家層面的個體方面來看，國際法與國內法或許分別隸屬各自的「法制體系」。因此，對於國際法與國內法之間的關係，不得不加以研析；而且更要能尋求出「協調」與「支配」此二者之間關係的最佳模式。此為作者撰寫本文之主要動機與目的。

　　一般情況之下，在一國之內，有國內法〔Domestic Law或稱本國法（Municipal Law）〕作為本國人民行為之規範；在國際社會之範疇內，則有賴國際法作為各國行為之規範。以國內法作為維持各國本身秩序之準則，以國際法作為維持國際社會秩序之準則。或許國際法與國內法所規範之主體與範圍有所不同，但是二者經常會無可避免地對同一事項，從各自的立場與層面去加以規範。若是二者所規範結果的權利與義務關係及其效果相同，則不會發生彼此對立與衝突的問題，然而，如果二者針對同一事項，有不同的規範時，彼此會發生矛盾與衝突的結果，此時便立即發生應該選擇何者為依歸的問題。本章之研究即是以分析的方法來研析以上述問題為核心的國際法與國內法的關係。以期能夠從二者之異同、理論、實踐，以及法律地位和效力……等各方面去研究國際法與國內法是否各自獨立？彼此居於平等地位？

　　如果各自獨立，則兩者是否會相衝突？如果彼此平等，則彼此之間的關係又是為何？此為筆者之研究目的。而最重要的是筆者在本章中提出在國際法與國內法無可避免地必須接觸而容易造成衝突時，其解決之辦法即是各國必須「暫時中止行使主權」以解決國際法與國內法之衝突關係。

這是筆者在本章參考中西文獻後，所能夠提出之獨到見解，盼能在國際法領域中開啟一個新紀元，以解決傳統國際法所無法解決的一些問題。

貳、關於國際法與國內法關係之學說

一、概論

如果直截了當的指出國際法是處理國際社會裡兩個以上的國家間的關係，容易導致人們錯誤的認知，以為國際法的界限是相當明確的。如果再將國際（公）法與國際私法（即法律之牴觸）加以比較或直接將國際法與國內法加以比較，這樣錯誤的認知，就更為明顯了。國際私法適用於不同國籍的個人間的關係；也就是說，國際私法的適用，涉及到兩個或兩個以上國家的國內法律制度，而國內法則適用於一國領域之內並屬於其管轄的個人。事實上，如果將各類不同的法律，如此這般的清楚劃分是不切實際的作法。雖然，基本上，國際法確實是處理國際社會裡兩個以上的國家實體之間的關係的法律。但是在相當多的情況之下，國際法對國內法是相關聯的。反之亦然。在前一種情形的事例是，1960年代至70年代的「越戰」是否算是國際法上的戰爭？其結果與認定會影響到美國公民在美國國內法上的權利與義務。而後一種情形的事例則是個人國籍的國內法問題，會影響到國家依國際法原則保護其海外公民權利的國際法事務。

如果將國內法院與國際法院所適用的法律拿來加以比較，就比較容易清楚的了解。乍看之下，似乎很容易的認定國內法院的法官在審理案件時，所適用的法律是國內法；而國際法院的法官在審理案件時，所適用的法律是國際法。但是實際上，這兩種類型的法官在審理某些案件時，很可能都必須對國內法律制度及國際法律制度，都加以查考參酌。而為了簡單化起見，部分國際法學者主張將一種法律制度與另一種法律制度，相關聯的部分當作事實問題——與訴訟中的其他事實同等對待——這樣可以省略承審法官對於非屬其管轄範圍內之法律制度，必須予以司法的考慮。但

是，雖然如此，最終卻仍然需要承審法官來判定該事實問題之認定，是否正確。簡單的說，國際法院之法官仍須查考國內法，而國內法院之法官也仍須查考國際法。

因此，很明顯的可以預料得到，關於國際法與國內法相互關係的問題，必然有各種不同的學說與理論之提出。而這些學說與理論不論其提出者是如何認定，也必然會因為受到提出者本身主觀的看法之影響，而有所偏差。

二、主要學說之研析

在以往傳統國際法對於國際社會內之各國國內法僅消極的要求以下兩點：第一、國內法之制定與運作不可與國際法背道而馳；第二、國家必須自我調整，使國內法與國際法能夠一致，避免衝突。然而時至今日，消極的要求對方自我約束與自我調整，在實務上並無多大裨益。長久以來，各國法學家即提出各種學說或理論，以處理國際法與國內法之間的相互關係，其主要學說有下列三種。

（一）國內法優位論

此說主張國際法是國家依據主權所制定的對外關係的法律，可以稱得上是一國本身國內法中的「對外關係法」。其前提是國際法仍然是本於國家意志所為之立法行為所成立。國際法與國內其他法律不同之處，僅在於其內容是規範國家本身與其他國家之間的法律。根據此說，國際法不可能拘束國家意志，也不可能超越國內法律體系；而國家意志卻可以左右或決定國際法。事實上主張國內法優位論，即等於國際法否定論。

（二）同位平等論

此說主張國際法與國內法立於同等位階而可以互相平等的存在於各自獨立的法律體系。此說認為國際法與國內法在規範對象及效力性質方面完全不同。此說之前提主要的是基於國際法與國內法之間不能有所牴觸或衝突矛盾之處，二者屬於完全無關且彼此獨立的法律體系。更重要的是此二

法律體系對同一行為不會同時均加以規範。因此，不須比較何種法律居於優位。此說一方面認為國際法不論是整體或部分均不得進入國內法律體系，故國內法不受國際法拘束，而國際法也不可能影響或拘束國內法。但是另一方面由於國際法規範之成立當然涉及他國之國家意志，因此，其適用自然不受各別國家國內法之影響。此說實際上無法說明國際法與國內法之間的相互關係。

（三）國際法優位論

　　此說主張國際法與國內法應共屬同一法律體系，而且在其中國際法居於優位。此為目前國際法學界之主流學說。此說之所以成立，且居於主流之地位，其主要的理由有下列三種：第一、二者之間既存在著重疊部分，則必須有上、下位階的從屬關係。既然國內法優位論不可能成立，那麼，國際法在同一法律體系內自然即居於優位。而且在事實上，在同一法律體系之內，國際法與國內法各有各的管轄對象及效力範圍，國內法所規範之事項僅能適用於本國境內或本國籍之人民；而規範國家間關係的法律卻屬國際法的範疇，更重要的是國際法可以界定國內法規範的範圍與效力，足見國際法應居於優位。第二、在目前的國際社會，其成員各國均聲稱主權獨立及國家地位平等，為確立此等主張勢必各國均要能肯定國際法之優位，才能架構各國之主權獨立與國家地位平等。否則強國之意志支配著國際社會的法律體系，則各國所主張之主權獨立與國家地位平等即成了不切實際之奢望。第三、在國際社會當中，雖然在理論上國家可以自由決定國際法或國內法何者居於優位，但是各國若要謀求國際社會的永久和平與永續發展，在現實的需要之下，選擇國際法優位方有可能實現國際社會的永久和平與永續發展。

三、相互關係之再認定

　　不論國際法與國內法是否屬於同一法律體系或不同法律體系，對於彼此間的相互關係卻不得不加以探討；同時更要能夠尋求出調和兩者之間相

互關係的方式。國際法學界提出過國內法優位論、同位平等論，以及國際法優位論，三種主要學說；而以國際法優位論為多數學者所同意。但是在事實上各國的實踐並未真實的採用「國際法優位」之作法。各國除了並未規定國內法與國際法牴觸者無效，而且國際法至今要發生在各國國內的效力，仍然需要透過國內法或國內司法機構之判決，方能實現。足見，國際法優位論雖然受到多數學者的支持，但是在實務上國家之存在並非源自於國際社會，國家之權力亦非來自國際社會。最重要的是國內法也並非源自於國際法，而且有關國內法之最高規範仍然是各國國內法的憲法。因此，所謂國際法優位論，顯然有其缺憾，有待進一步的釐清。

　　為釐清國際法優位論之見解，有必要對國際法優位論加以整理補強，使之能夠適應國際社會的現實需要，以下四點有助於對國際法優位論之重新認識[2]：

　　（一）所謂國際法優位論之實效性，若將其與一般之「優位一元」法律體系相比較，則顯然應屬弱勢的優位與不完整的一元體系。此乃因本質上國際法必須依賴主權國家之國內法效力，才能充分發揮其機能所致。國際法所能拘束的是國家這個「整體」，而國家內部則是國內法自由自在的範疇。

　　（二）在經過各時期的階段性發展之後，國際法已逐漸確立其居於優位的方向，而未來如何形成更完整的國際法優位一元體系，乃是國際社會與國際組織努力的目標。因此，縱令國際法的優位在某些部分仍有問題，但不能因此即將其加以否定，而是應努力著手解決問題。

　　（三）雖然對於是否賦予國際法優位的問題，基本上仍是由國家內部的國內法所自行決定，但是國家既然作為國際法的「主體」，即必然須以其「主體」的地位接納國際法優位的概念，受國際法的規範並承擔國際法上的責任，否則即喪失其國際法主體性，無法成為國際社會中的現代國家。因此，目前國家事實上已無法以國內法為理由，要求免除國際責任或變更國際法；反而是要積極面對國際法優位的原則，致力於調和其與國內

法之間的矛盾，使其符合一元化體系的要求。

（四）在現代國際社會中，任何國家均不可能主張國家主權「完全不受限制」的概念，隨著國際法及國際組織的不斷發展，國家主權已有不同於傳統國際法的定義，此即所謂「新主權論」的論點。此種發展當然有助於國際法優位一元論的益趨成熟。但是必須注意的是，「新主權論」絕對不可誤解為國家主權否定論，事實上目前國際法律秩序之維持仍是由主權國家所主導。

參、關於國際法與國內法關係之理論

一、從法律體系論國際法與國內法之關係

大體上來說，在一般的法律體系內，如果同時有兩種以上的法律規範存在時，它們彼此之間的關係，在理論上應該可以假設有下列三種態樣的存在：分立關係、同位關係及隸屬關係，分別研析如後：

（一）分立關係

所謂「分立關係」是指在一個整體的法律體系內，同時存在有兩種法律規範，而其存在的狀態是彼此獨立的、平行的；對方之存在與否與本身無關。易言之，每一種法律規範均能夠獨立存在，並不需要以對方之存在作為其本身存在之先決條件或必要條件。在此種關係的情形之下，此兩種法律規範彼此互不相干。因而彼此無從發生衝突、彼此無從發生矛盾；彼此互不受限，因而不可能發生衝突、也不可能發生矛盾。因此，如果國際法與國內法有分立關係存在時，則二者必然是各自獨立、平行存在的。並且彼此互不相干、互不受限，彼此無從發生衝突或矛盾，也無發生衝突或矛盾的可能。

（二）同位關係

　　所謂「同位關係」是指兩種法律規範同時存在於某一較高層次的第三法律規範之下。易言之，要有兩種法律規範之同位關係存在時，其先決條件是必然先要有一個較高層次的第三法律規範優先存在；並由該較高層次的第三法律規範來規定此兩種法律規範的「界限」（Limitation），同時並承認它們兩者之間的相同位階及平等地位。因此，如果國際法與國內法有同位關係存在時，在它們二者之上就必然要有一個較高層次的第三法律規範優先存在。但是，此種優先存在有一個較高層次的第三法律規範之假設，在事實上並不存在，或者難以證實它的存在。

（三）隸屬關係

　　所謂「隸屬關係」是指在同一法律秩序體系之內，同時存在有兩種法律規範，而其中之一的法律規範優越於另一方。並且由優越的一方來規定對方的適用條件及效力範圍。存在於此種關係中的兩種法律規範，可以被視為是同時屬於同一法律秩序體系之內的具有一方優越於對方的兩個部分而已。因此，如果國際法與國內法有隸屬關係存在時，就必然是有一方優越於另一方，若不是國際法的地位優越於國內法，就是國內法的地位優越於國際法。如此的二分法建立了彼此之間關係的架構。其隸屬關係更可釋明如後：

1. 在國際法的地位優於國內法之情形：於此情形，在同一法律秩序體系之內，由國際法規範來規定國內法規範的適用條件及效力範圍。而國際法之優越地位更是由於國內法之原則在此法律秩序體系之內不得與國際法之原則相牴觸。如有牴觸則國內法無效。並且在此同一法律秩序體系之內，各國國內法之間的關係為「同位關係」。

2. 在國內法的地位優於國際法之情形：於此情形，在同一法律秩序體系之內，由國內法規範來規定國際法規範的適用條件及效力範圍。而國內法之優越地位更是由於國際法之原則在此法律秩序體系之內不得與國內法之原則相牴觸。如有牴觸則國際法無效。並且在此同一法律秩序體系之內，各國國內法之間的關係為「分立關係」。

二、從國際法之根據論國際法與國內法之關係

（一）對國際法之根據所形成學說之研析

國際法之所以對國家之具有拘束力以及國家之所以必須遵守國際法，這一類的問題，被某些國際法學家認為無須討論。因為國際法的存在和國家有遵守國際法的義務，業已為現代國家所承認。但是對「國際法之根據」這類國際法法理之研究，卻可增加對「國際法與國內法之關係」的了解，而且其相互間有密切之關係。因此，仍有必要對其加以探討。茲分別研究如後：

1.基本權利說

此說認為國際法之所以具有拘束力，乃是將自然法則應用到特殊環境或國際行為而來。各國之所以會遵守國際法，乃是因為國家與國家之間的關係，受到了自然法引領的結果。再者，可以說因為國際法是自然法的一部分，而且此種自然法思想與國際法同時誕生，同時並存。尤有甚者，因為自然法具有絕對性、永久性並具有普遍的效力；如此，國際法自然就有相同的性質而具有普遍的效力，使國家與國家之間的彼此關係應受國際法之拘束，各國自然就會遵守國際法。

2.聯帶關係說

此說認為國際法及其他一切法律都與「國家」無關，而是由人類的交往中構成的「聯帶關係」所產生；所以因為法律是「人類聯帶關係」的產物，而人類即是基於此點而去服從法律；國內法如此，國際法亦然。再者，此說認為一個社會之規範，其所以成為國際法，乃是因為人類要維持國際間的「聯帶關係」，而有承認並遵守該規範之必要。

3.條約神聖說

此說認為國際法的拘束力可以追溯到一個最高而且最基本的原理或「規範模式」（Norm）。那就是國家之間的「協議」（Agreement）應

該要受到尊重而加以遵守，就是所謂的「契約神聖原則」（Pacta Sunt Servanda）。易言之，其一國家一旦與其他國家訂定條約之後，就必須嚴格遵守該條約的規定，不得有所違反。國際法乃是根據此「契約神聖原則」的精神，所繁衍而生的國際社會秩序維持之必要的法律準則。此一最高的「規範模式」用來維持「國際法律秩序」，也才能因此而發生效力。

4.自我限制說

此說認為國際法之所以能夠拘束國家，乃是因為國家的自願限制其本身的主權與自由而接受國際法的拘束；從而國際法對於國家的拘束力，只能在該國本身自願同意受國際法的約束之下才發生。而且因為國家具有至高無上的主權，以及排除外部干涉的最高意志，而不接受其他任何法律所加諸的限制。因此，對於國家意志的任何限制，均不能從國家之外而來，只能由國家本身自願的行為產生之。國際法之所以存在乃是因為國家的自我設限，對其本身課以義務，因為國家只能服從自己，而不受外來之拘束。

5.共同意志說

此說認為國際法的拘束力是從若干或大多數國家的「共同意志」或「融合意志」所產生的。所謂「共同意志」是指由這些國家的「意志之合致」，也就是由許多各別的國家之意志融合為一體而來的「統一意志」，而表現在若干或大多數國家「協議」所致的公約之中。雖然能夠成為拘束各國力量的是國家的意志，但是各別國家的意志不能成為國際法的根據。因為國家是彼此平等而不受他國拘束的；在國際社會裡，一國或少數國家的國內法本身，對於其他國家也不能發生拘束力。唯有各國協議而成的「共同意志」具體地表現在「統一意志」時，因為「統一意志」高於各國的各別意志；國際法是「統一意志」的規則，其拘束各國的力量，正如同國內法高於任何個人，對個人能夠發生拘束力，並且具有權威，這是各國「統一意志」表現的結果。

縱觀前述各家學說，基本上可以將所有的有關國際法之學說，歸納成

兩大類，即：

*1.*客觀學說

　　包括基本權利說、聯帶關係說與條約神聖說……等。因為此等學說的共通性，即是在將國際法對國家的拘束力，建立在某一種客觀的理念上。例如：基本權利說所提出之「先驗的自然法則」，聯帶關係說所提出之「法的確信」及條約神聖說所提出之「最高規範」……等客觀的標準，均可以作為國際法之所以具有拘束力之基礎。

*2.*主觀學說

　　包括自我限制說與共同意志說……等。因為此等學說的共通性，即是在將國際法對國家的拘束力，建立在某一種主觀決定的基礎上，例如：自我限制說所提出之「國家同意」及「自願限制」，共同意志說所提出之「國家意志」及「統一意志」……等，將國家本身主觀的認定，作為國際法之所以對國家之具有拘束力之根據。

（二）對國際法之根據所形成理論之研析

　　探討國際法與國內法之關係，從國際法之根據的各家學說來切入，比較適當。因為從理論的角度來看國際法與國內法的關係之問題，很難脫離國際法之根據而能有深入之了解的。主要的實證性結論有二：1.如果在前面的「國際法的根據」的問題上，支持「主觀學說」者，則其理論見解勢必導致國際法與國內法關係之「二元論」的結論；2.如果在前面的「國際法的根據」問題，支持「客觀學說」者，則其理論見解勢必導致國際法與國內法關係之「一元論」的結論。

　　另外，如果從國際法演進的歷史來看，早期的國際法學者，例如蘇瑞（Suarez）等人不會懷疑一元論的看法；他們相信僅以一元論來解釋國際法與國內法的兩個法律體系，已經足夠。因為當時自然法學思想盛行，國際法學者認為國際法與國內法都是以自然法為基礎；自然法設定了國與國之間的法律與國家存在的條件，沒有所謂二元的問題。一直到19世紀及20世紀，部分原因是由於像黑格爾（Hegel）之強調「國家意志」之主權，

而另一部分原因是由於近代國家立法機構的興起，能夠完全地制定國家內部具有主權性質之法律；在這樣的情形之下，乃發展出強烈傾向於二元論者的觀點[3]。

1.理論形成之緣起

國際法之關係究竟是分立關係？同位關係？抑或是隸屬關係？這一類的問題，在早期國際社會以自然法為規範各國行為準則的時代，是不成問題的；而國際法學者亦甚少會關心國際法與國內法之關係。而一直到這一個世紀之初開始，國家的國內法以及它對國際法的關係，逐漸受到國際法學界的重視。尤其是到了本世紀60年代，大量的殖民地獨立成為新興的國家之後，一時之間民族主義的浪潮瀰漫了整個國際社會。各國也多半朝向民主法治的方向去架構本身政府的組織型態。如此一來各國紛紛制定憲法，作為各國國內的「最高法律」（Supreme Law of the Land）。各個國家的憲法被用來決定政府的組織及性質，以及在國際社會的體系下，代表國家與其他國家交往或建立關係。憲法以及其他的國內法用來決定各國（1）是否？（2）到如何的程度？（3）如何有效地來履行它的國際義務？事實上，國家逐漸發現將它們要對國際社會所盡的義務「併入」（Incorporate）它們各自的國內法中。如果不是不可或缺的，至少也是希望如此的。至於在國際條約方面，特別顯著的是在人權條約的簽訂，對簽約的國家創造出明示的義務來修正它們的國內法。在特別的政治背景之下，「歐洲聯盟」內的國家業已同意將它們本身的國內法，及它們彼此相互的義務混合在一起，這樣子一來，就創造出一個介於國內法體系及國際法體系之間的一種極端性的新關係[4]。因此，在研析國際法與國內法關係之餘，可以了解到這樣的關係一直在演進成長；並非僅是靜態的關係，更是一種動態的關係。

若是回歸到傳統所認知的國際法與國內關係的理論分析，可以發現到

---

[3]　I. A. Shearer, Starke's International Law, 11th ed, (London: Butterworth, 1994), p.64.

[4]　Louis Henkin, International Law: Politics and Values, (Dordrecht, Netherlands：Martinus Nijhoff, 1986), p.64.

一般所呈現的問題就是「二元論」（Dualism）與「一元論」（Monism）之間的相互衝擊。而這兩家思想學派均共同假定有一個「公共領域」（Common Field）可以讓「國際法律秩序」以及「國內法律秩序」它們各自的維護者——國際法與國內法，能夠針對相同的「主題」（Subject Matter）同時運作。接下來的問題是在這個「公共領域」的範疇內，「誰是主導者」（Who is to be the Master?）這樣，當問題以這種方式形成時，很快地，針對爭議的問題就會有一些限制產生，而某些解決的方法也會被排除[5]，這是可以想見的。

2.二元論者觀點之研析

　　根據二元論者的說法，不論國際法也好，或是國內法也好，這兩個法律體系是彼此完全分開的法律體系；它們各自有各自的獨特的「法律制度」（Legal System），國際法之與國內法的不同之處，是在於它們「內在的不同特質」（Intrinsically Different Character）。而因為有很多的「國內法律制度」，被涵蓋在「國際法律制度」之內，有時候「二元主義者理論」（Dualist Theory）被稱作「多元主義者理論」（Pluralistic Theory）。但是，可以相信「二元主義」的名詞應該是比較精確而且比較不易令人混淆的[6]。既然國際法與國內法各屬分離的法律制度，國際法不會成為一個國家國內法的一部分。但是在特別的情形下，在一個國家之內，國際法規則也會被應用的到；而國際法規則之在國家內付諸實行乃是藉著在國家內該國際法被採用成國內法。因此，國際法之被採用是先行被採用成為國內法的一部分，而非以國際法的名義在國家之內付諸實現。這樣的觀點避免了哪一個法律體系優越於哪一個法律體系的問題。它們的適用並不分享「公共領域」，它們本身在自己的領域內是最優越者[7]。換句話說國際法

---

[5]　Ian Brownlie, Principles of Public International Law, 6th ed, (Oxford, England: Oxford University Press, 2003), p.33.

[6]　見前揭註3。

[7]　Robert Jennings and Author Warts, eds, Oppenheim's International Law, 9th ed, Vol. 1 (Esser, England: Addison Wesley longman, 1996), p.53.

與國內法彼此各自獨立、互不隸屬。

　　主張二元論的見解者認為國際法與國內法是不同的法律體系而不具法理上的關係。國際法的運作是完完全全的在國家的位階中，在國家與國家之間運作，除非那特定的國家特別同意其他的作法，否則國際法並不穿透國家的內部法律體系。雖然國際法為國家本身創造出國家的義務；但是，每一個國家為它自己決定要如何履行它的義務，而且是經由國內法來決定如何去履行它的國際義務。為了表示它對國際法的承諾和有助於它的履行國際義務，一個國家也許會決定將國際法「併入」它的「國內法律體系」，以便於它的官員以及它的法院能夠讓國家履行它的義務；而且國內法也還會決定國際法在國內法內之層級。對主張二元主義者而言，前面所說的都僅是國內的事情，國家的憲法問題是由「憲法權責當局」（Constitutional Authority）來決定的國內法問題，而不是由國際體系所決定的國際法問題。不論國家是否遵守國際法，國際法與國際政治制度僅僅只考慮結果如何而已[8]。過程及其他因素並不考慮在內。

　　二元論的主要代表人物為近代實證學派學者崔伯爾（Heinrich Triepei）、安吉樂提（Dionisio Anzilotti），以及史卓普（Karl Strupp）等人。二元論的具體形成，追本溯源首推崔伯爾在1899年所發表之《國際法與國內法》，安吉樂提在1928年出版《國際法院》，史卓普在1930年發表巨著《歐美國際法要義》。這一派學者的主張在第一次世界大戰以前的若干年間十分盛行，那也是實證法學派的鼎盛時期。除了實證法學派的學者之外，有些不屬於實證法學派的學者和法學家，尤其是許多國內法院的法官，也支持二元論的學說。實證法學派的學者均一致認為國際法與國內法分別隸屬於是兩個不同的法律體系。奧國法學家崔伯爾認為國際法與國內法有兩個基本不同之點：（一）主體不同：國際法的主體是國家，而國內法的主體是個人；（二）法源不同：國際法是淵源於兩個以上國家的「共同意志」，而國內法則淵源於國家單獨的意志。

　　義大利法學家安吉樂提是以不同於崔伯爾的觀點來探討國際法與國內

---

[8] 見前揭註4。

法的關係。他是依國際法與國內法基於不同的基本原則來區別這兩個不同的法律體系。他認為[9]：國內法是奠基於「國家制定的法律必須遵守」的基本原則之上，而國際法是奠基於「條約必須遵守」的原則之上。因此，這兩個法律體系是截然劃分，不容逾越，絕無發生牴觸之可能；除了彼此可以互相參考之外，其他毫無關係。至於非實證法學派的學者與法官之所以支持二元論，他們的理由不同於實證法學派；因為他們認為這兩個法律體系實際上其不同之點，主要的是在於二者淵源的不同。就是國際法所包括的最大部分是習慣和條約的規則，兩國內法主要包括的是法官裁決的判例和國家立法機關通過的成文法[10]。

基本上，二元論者認為國際法與國內法具有分立關係的性質，是各自獨立、相互平行的兩種不同的法律體系；其所以如此，乃因兩者之間有其基本的相異之處[11]：

（1）淵源不同

國際法的淵源是：來自兩個以上國家的共同意志，亦即國際社會的慣例及各國之間所締結的條約。

國內法的淵源是：來自國家的單獨意志，亦即國內社會的慣例（包括法官裁決的判例）及該國立法機關所制定通過的成文法律。

（2）主體不同

受國際法約束的主體為國家、國際組織，以及特定機關的接受並完成立法程序，使其成為國內法的一部分，才能對國內的人民發生效力[12]。

不論二元論的支持者，是如何地自圓其說，仍然可以中肯的發現它的三個缺點[13]：即（一）國際法以國家為唯一的主體。事實上，國際法之主體除了國家以外，尚有國際組織與其他主體；（二）國家意志純屬一種想像，

---

[9] 沈克勤編著，國際法，臺北，學生書局，民國80年，頁75。
[10] 同前註。
[11] 許煥益，國際公法研究，臺北，友聯公司，民國64年，頁16-18。
[12] 同前註，頁18。
[13] 俞寬賜，國際法新論，臺北，啟英公司，民國91年，頁62。

從而共同意志也就難以解釋事實；共同意志的表示，是否尚須有更基本的國際法原則加以規範，也有問題；（三）至於同意說和「條約必須遵守」等原則的拘束力，雖可說明條約規則，但不能圓滿解釋國際習慣的拘束力。

3.一元論者觀點之研析

　　一元論者主張法律就是法律，在任何一個給予的社會裡，國內法與國際法構成了一個單一的法律體系。因為國際法對國家整體具有拘束力，它自然就會對國家的各部分具有拘束力；在單一的法律體系之內，國際法立於最高點，是最高的法律。事實上，有些一元論者的看法就將國內法的合法性及有效性的最終來源追溯自國際法。再者，對主張一元論者而言，每一個國家的法律體系是一個單一的法律體系，由國際法及國家自己的國內法所組成，而以國際法具有最高性；而國家的憲法體系必須要承認國際法的最高性。國家的立法機關在制定法律時必須從憲法的角度來承認國際法的最高性，因而受制於國際法。國家的行政機關，就憲法上來說也必須要確認國際法須被忠實的履行，乃至於在面對不一致的國內法時，國際法也必須被優先履行，國家司法機構也不論是否有不一致的國內法，要優先使得國際法生效，即使是國內法有憲法上的特質，也必須要優先讓國際法生效[14]。簡單的說，在任何一個國家之內的所有國內法的位階均低於國際法，不論怎麼樣的情形都是優先適用國際法。

　　近代的支持一元論的學者們均非常努力地使他們對一元論的見解，建立在一個嚴格的「科學分析」（Scientific Analysis）法律體系的內在結構之上，如果拿支持二元論者的學者來加以對照，一元論的擁護者將所有的法律當作一個由許多具有拘束力的法律規則的單一組合體，而這些法律規則對國家、個人，以及國家以外的實體均課以負有義務的拘束力。從他們的觀點來看，法律這門科學是一個統一的知識領域，而且具有決定力的重點是在國際法是否是真正的法律。一旦把國際法認定是具有真實法律特質的法規體系而接受並將其當作是一個有待證明的假定時，根據凱爾森

---

[14] 見前揭註4。

（Hans Kelsen, 1881-1973）和其他一元論學者的看法，那是不可能否認兩個體系組成了單一組合體的一部分，而此單一組合體正好與法律科學之單一組合體相一致。因此，任何除開一元主義的解釋以及特別是二元主義的說法，必然形成是對於國際法之真正法律性質的否定。依一元論者的觀點來看因為國際法與國內法二者均是法律規則的體系，因此很難不認定此二體系是相互相關的一個法律結構一部分的立場[15]。有一些支持一元主義的學者基於比較不抽象的理由主張：就純務實的評估而言，國際法與國內法二者均是法律規則普遍性實體的一部分，可以集合地或單一的拘束所有人類。換句話說，個人才真正地是所有法律單一組合體的基礎[16]。

　　一元主義者是由許多理論上相當紛歧的法學界人士所代表。在英國就有勞特派特（Hersch Lauterpacht）就一直是強而有力的一元主義的擁護者。一元論在他的眼中就一直不僅僅是「知識的解釋」（Intellectual Construction），在他的著作當中，從一元主義出發，他堅持主張國際法的最高性，乃至於在國內法的領域範圍內亦復如此。他也同時發展出個人亦是國際法的主體之理論觀點。像那樣的原理是與主權國家的法律推論格格不入的，而且將國內法貶低到國際法隨從的地位。國家被當作不切實際的觀念而不被喜歡，以及當作維持人權的工具而不被信任。國際法就如同國內法一樣，到最後是被用來考量個人的行為與福利。國際法被視為是最好的用來作人類事務的調節者，以及被當作國家法律存在的邏輯條件，以及國家的法律資格領域內的國內法律體系。[17]

　　基於智識理論的正式的分析法，凱爾森發展出一元主義原理。根據凱爾森思想的基礎，如果國際法與國內法是同一「規範模式」（Norm）體系內的部分，而且國際法與國內法之具有有效性及內容乃是藉著此一「規範模式」的智識運作，那麼一元主義就因此而科學化的建立了起來。此基礎「規範模式」是以下面的形式公式化：國家應該依其習慣之行為

---

[15] 見前揭註3，頁65。
[16] 同前註。
[17] 見前揭註5。

而行為。當基礎「規範模式」要來支持一個國際法體系，「有效原理」
（Principle of Effectiveness）就應該被涵蓋在內。而就因此會允許革命成
為創造法律的事實；而且會接受國家的首次立法者。當然，這樣的情形必
須是因為基於國家法律秩序之建立是本於此基礎「規範模式」。也就是說
是基於新的國家法律秩序建立的有效性乃是本於「行動」（Acts）的基礎
也許與先前的憲法背道而馳[18]。簡單的說，國際法律秩序是可以用來決定
國內法律秩序的效力理由；一般國際法是各國行為所構成的習慣創造出來
的，而國際法的基礎規範必須是一個把習慣看做創造規範的事實之規範。
最重要的是各國的國內法律秩序之「基礎規範」（Basic Norm）是由國際
法律規範所決定；作為各國國內法律秩序的最終的效力理由，是國際法律
秩序的「基礎規範」。

當凱爾森以他自己的理論作為正式之基礎，建立了他自己的一元主義
時，他並不支持國際法「最優先」（Primary）於國內法之理論，依他的
觀點來看，「最優先」的問題，僅能夠決定在那些並非嚴格的法律因素之
上。一般人或許可以存疑當他把國際法的基礎規範之建立，在某些方面上
決定於國內法「基礎規範」的有效性上的同時，凱爾森是不是避開了自己
假定的基本要素，因為每一個法律秩序的有效性有可能是基於雙方同一位
階的「互動關係」（Interdependent Relations）而不是上下隸屬的「位階
關係」（Hierarchical Relations）[19]。也就是在探討國際法與國內法之關係
時，不必一定要把重心放在兩者之間的優位關係，二者可以是同位關係。
另外，也有自然法的一元主義理論，其理論至少在表面上類似於凱爾森的
「普遍性基礎規範」（Universal Basic Norm）中的條款。根據這一派的理
論，國際法律秩序與國內法律秩序均臣屬於一個第三種法律秩序；而此第
三種法律秩序通常會就自然法或「一般法律原理」（General Principles of
Law）的觀點來主張其本身優位於國際法律秩序及國內法律秩序，而且能

---

[18] 同前註。

[19] 同前註，頁34。

夠決定它們各自的領域[20]。但是不論此自然法學派的一元主義理論上怎麼說明或解釋，僅就國際法彼此之間的關係而言，它們彼此之間的關係，或可認定為同位關係，而不必一定是具有「隸屬關係」的存在。當然在它們與第三種法律秩序之間的關係，則是另一個問題，須有另外的理論當作基礎，再作深入的探討。

　　再從歷史演進的歷程來審視一元論中各個學者的見解，荷蘭法學家克拉伯（Hugo Krabbe, 1859-1936）在第一次世界大戰之後首倡一元論，他認為國際法之基本根據不是各個國家之意志，而是人類對它的需要——即所謂「人的法律意識」（Judicial Conscience of Man）；所以在本質上國際法與國內法是相同的，而且國際法既是屬於較大的社會，那麼它的地位就自然應該優於國內法[21]。其次，建立「聯帶關係理論」（The Theory of Solidarity）的法國學者杜驥（Leon Duguit, 1859-1929）主張一元論而強烈批評國家主權論。他認為國際法的主體不是國家，而是國家內的個人。至於樓富爾（Louis Le Fur），不僅強調一元論的主張，更認為國際法與國內法的基本性質是相同的；而國際法只是自然法的特殊形式，國際法是法律的最後發展，延至較大的團體——國際社會而已。佛佐斯（Alfred Von Verdross）則堅持正義基本概念的普遍性和客觀性，並認為儘管在不同的歷史時期中，正義原則的適用有主觀上的變化。文明各國共有的一般法律原則所代表的較高自然法，仍須用以補充實證法的不足，並考驗各種衝突習尚的價值，所以國際法和國內法應歸於同一系統[22]。德國學者孔茲（Josef L. Kunz）另從純理論出發，主張國際法的優越性。認為唯有依據這優越性的假定，統一的法律體系才可以在科學上加以想像的；而國際法是「原始的」法律，所以是靜態的；如要繼續存在，必須變為動態的。另外的一些一元論者只從事實來觀察，認為所有法律都是用來拘束個人的，例如，勞特派特教授在他1933年的著作《國際社會中法的功能》（*The*

---

[20] 同前註。
[21] 杜蘅之，國際法大綱（上），臺北，臺灣商務印書館，民國80年，頁61。
[22] 陳治世，國際法，臺北，臺灣商務印書館，民國81年，頁65。

Function of Law in the International Community）一書中即認為國際法乃是為國家而立，國家並非為國際法而設；國家是為人類而設，人類並非為國家而存在[23]。

一元論的學者認為國際法與國內法雖然在淵源上、主體上和適用上或許有所區別；實際上，國際法與國內法只是一個單純的法律秩序。只是一個法律觀念的兩種表現方式。在淵源上、主體上與性質上，兩者並無不同。在法的淵源上，兩者均來自慣例和成文法。至於在主體方面，追究到最後都是個人。國內法以個人為直接對象，不過在國際法方面，某幾種個人的行為，被認為是國家的行為；其行為的影響，可以達到國家。或者可以這麼說，國際法雖然是以國家為對象，但是「國家行為」（Act of State）是由許多個人行為而成，只不過其行為效果及於國家而已。凱爾森就指出：「法律在本質上是人類行為的規則，規定人類相互行為是一切法律的意義。……如同一切法律，國際法也是人類行為的規則」[24]。

因此，一元論的學者所主張的見解與二元論的學者所主張的見解完全不同，大異其趣。主張一元論的學者認為所有法律都是具有拘束力的法規所組成的單一整體。至於這些法律規則所拘束的對象，不論是國家、個人抑或是國家以外的國際組織，均無關係。一元論者認為法律學是一門完整統一的智識，是有拘束力的規則所組成的單一整體。無論是拘束國家的個人的或國際組織的，都屬於一個整體，因此，問題關鍵之所在，就是國際法是不是具有真實的法律的性質。依據凱爾森及其他一元論學者的觀點，只要承認國際法是具有真實法律性質的一種法律體系，那就無法否認國際法與國內法兩種法律體系都是構成完整法律學的一部分。因而任何不贊成一元論的主張，尤其是主張二元論的學者，必然地要否認國際法的真實法律性質。主張一元論的學者認為，由於國際法與國內法都是法律規則，我們就不能不承認二者是一種法律結構中相互有關聯的部分[25]。凱爾森的一

---

[23] 同前註，頁66。

[24] Hans Kelsen Principles International Law, 1952, p.97。

[25] 見前揭註9，頁76。

元論，顯然基於一般知識的哲學途徑，認為法律科學的統一，是人類認識及其統一的一定演繹，所以他說：「法律在本質上是管理人類行為，管理人類相互行為是一切法律的意義，法律是一項社會類目，而國際法像一切法律，在管理人類行為」[26]。

一元論和二元論一樣，儘管在理論上說得通，卻沒有辦法解釋全部的事實。因為國際法固然已直接地適用於海盜、無國籍者、戰犯之類，仍然未能直接管制他類的所有個人，空中劫機者便是一例。依照一元論的原理，聯合國憲章中有關人權的條款，應是國際社會最高規範之一；但是當那些條款為共黨國家破壞無遺時，許多國際法學者並不認定這些國家已違反國際法律義務[27]。因此，可見一元論者對於國際法與國內法關係的見解，也有他們的缺失。因為他們認為國際法與國內法及其他一切名為法律之本質都是在規範個人。雖然個人在國際法內的地位，逐漸受到重視，但是到目前為止，個人仍然被視為國際法的客體，在絕大多數方面仍非主體。所以一元論者的許多有關於國際法與國內法關係的理論，仍然或多或少的有些牽強，仍然必須要等待國際法未來的發展，方可彌補。

肆、解決國際法與國內法關係之衝突

一、國際法與國內法關係之態樣

國際社會所形成的法律體系，如果有兩種法律規範同時並存時，其二者之間的關係，在理論上來講，應該可以有三種型態。前曾述及，目前一般所承認的一般法律體系內，國際法與國內法的關係在假設上有三種型態關係的存在：（一）分立關係：國際法體系與國內法體系，彼此各自獨立、平行存在、互不影響，自然無從發生衝突；（二）同位關係：國際法

---

[26] 見前揭註24，頁91。
[27] 見前揭註22，頁66。

體系與國內法體系，同屬於某一較高之第三法律規範之下而存在，由此第三法律規範來承認國際法體系與國內法體系之間的同位平等；（三）隸屬關係：是指同時存在的國際法體系與國內法體系，二者之一優越於他方。二者僅是屬於同一法律秩序之一部分而已。

　　上述將國際法與國內法之間的關係分成：分立關係、同位關係與隸屬關係，是一種假設性的分類，與事實上的「關係分類」（Relationship Categorization）或有差異。因此，將國際法與國內法之關係以下列三種態樣表示，將更能正確的顯示它們彼此之間可能存在的關係：（一）分離關係（如圖一所示）；（二）相交關係（如圖二所示）；（三）包容關係（如圖三所示）。

　　現在分別用此三種圖示關係來解釋國際法與國內法相互之間的實際印證：

圖一：分離關係

圖二：相交關係

圖三：包容關係

說明一：每一圓可為國際法亦可為國內法；但不可同時為國際法及國內法
說明二：每一圓之大小可不加以限制

（一）分離關係

　　圖一所示之此種關係是指國際法與國內法的相互關係，彼此之間各自獨立、互不相干，彼此之間也毫無關係之兩個法律體系；亦可以是屬於同一個法律體系下之兩種法律秩序之表達方式。因此，二者之間，無法形成任何關係，沒有辦法建立關係。不論是支持二元論者的見解，抑或是一元論者的立論，沒有必要作一個二選一之選擇；因為國際法與國內法之間的相互關係，如果是處於分離關係之狀態。就因為它們這樣的狀態之存在，使得它們之間的關係，在實際上的情形是「沒有關係」（No Relationships）。這樣一來，任何二元論者的看法以及一元論者的主張都成了沒有實質意義的爭論，也沒有爭論的價值。另外，從國際社會的演進程序及現實的存在狀況來分析，國際社會與國內社會秩序的維持，是必然存在有國際社會的法律體系及國內社會的法律體系。此兩種法律體系所建立之法律秩序必然是維持國際社會及國內社會的基準。而國內社會不可能獨立於國際社會之外，國際社會必然是由各國的國內社會所組成，彼此不可能互不相干。因此，國際社會所賴以存在的國際法與國內社會所賴以存在的國內法是不可能處於「分離關係」的。

（二）相交關係

　　圖二所示之此種關係是指國際法與國內法的相互關係，彼此之間，並非互不相干，亦非毫無關係的兩個法律體系。它們或許可以彼此之間各自

獨立。但是卻在分別獨立的情形下，會有所接觸；此種接觸的結果會使得國際法與國內法相互之間，發生相當的關係。此種關係之建立與存在，應視其接觸之性質為「協調性接觸」或是「排斥性接觸」而定。如果是「排斥性接觸」則容易造成國際法與國內法之間的衝突與對立，而「協調性接觸」的結果，則可消弭國際法與國內法之間的可能存在的潛在性的衝突與對立。再者，國際法與國內法之間的相交關係，是一種事實狀態的存在現象，無關乎二元論者的見解，抑或是一元論者的立場。此種事實狀態的存在，可以是分屬於國際法法律體系與國內法法律體系兩種法律體系的「相交」，亦可同屬於一個法律體系之下的兩種法律秩序之表達，而有「相交」的狀態出現。而更重要的是它們彼此的相交狀態，如果不斷的擴大至最大的狀態，則彼此合而為一。也就是國際法法律體系與國內法法律體系相合成一個單一的法律體系。可以是一個完完全全的「整合性法律體系」（Integrated Legal System），國際法即是國內法，而國內法即是國際法。國際法與國內法之區分僅是同一種法律秩序的不同層面的表達方式而已。因此，如此的國際法與國內法之間的相交關係的存在，應該不致於與二元論者的看法及一元論者的主張，有任何爭議之處。

（三）包容關係

　　圖三所示之此種關係是指國際法與國內法的相互關係，彼此之間，有密切的關係。彼此互相影響、相互參酌。它們彼此之間的相互關係，可以是一種特殊的隸屬關係——互為隸屬關係。也就是說，國際法與國內法之間的關係，僅是一種事實上的存在狀態；而此種狀態並非是一種恆久不變的固定狀態；當然，在某一個定點的時間只會有一個存在狀態。它們彼此之間的關係，在一個特定的時間，不是國際法包容國內法，即是國內法包容國際法。也就是說，如果從「位階的層面來看國際法與國內法之間的關係」可以互為隸屬關係。因此，如果說國際法與國內法之間的相互關係，可以是一種包容關係的存在，這是無庸贅言的。而且它們之間的包容關係，可以說是一種相互包容的關係，問題僅是哪一個包容哪一個而已。但是這也不重要，因為二者之間，彼此均有可能包容對方。再者，如果它們

各自的範疇一樣大，也就是說，它們如果從適用的角度來看，無分軒輊時，那就是一個彼此完完全全的包容，而重疊為一時，此時無庸考慮這個完完全全的法律體系是國際法吸收國內法，抑或是國內法吸收國際法。換句話說，它們之間的相互關係可以是互相包容，乃至於完完全全的互相包容關係。此時，可以將它們視為同一種法律秩序，或是同一種法律秩序下的兩個表現層面。如此一來，有關於二元論與一元論的爭議，似乎變成毫無實質上的價值，也就是說沒有必要去做這方面的爭論。

二、建立國際法與國內法相互關係之本質

　　無庸置疑的，國家是國際社會組成的基本成員。而所謂國際秩序，就是指國際社會的在國際法與各國國內法相互交融關係下穩定狀況的維持。而此種穩定狀況維持的基本動力，即在於尋求一種「整合性法律體系」（Integrated Legal System）。此種整合性的法律體系，不必考量二元論者的見解，亦不必顧慮一元論者的認知。因為此種「整合性法律體系」或許可以在其內分割成國際法體系與國內法體系，或許是國際法與國內法經過交融整合之後的「整合性法律體系」。所以在此種法律體系之下來尋求國際秩序的安定，也就無須爭議法律體系的一元或二元。不過，雖然如此，也不得不考量國家在這種體系中所扮演的角色與其所具有的地位。而國家最重要的屬性就是國家的具有主權。而一般均認為國家的主權是其本身所固有的，不是任何機構或外力所賦予的；表現在國內為最高權，表現在國際則為獨立權。因此，國家主權的行使在國內可以制定國內法，在國際可以經由各個國家彼此意思之「合致」，而使得國際慣例及國際條約能夠成為具有拘束國際社會成員（國家）的國際法。可見國家在國際法與國內法經過交融整合後所形成之「整合性法律體系」內居於樞紐的地位。尤其是在國際法與國內法之交融整合的過程當中，國家扮演著媒介的角色，使得國際法與國內法發生「接觸」（Contact），而此種接觸，一般可以將其區分為：（一）排斥性接觸；（二）對抗性接觸；（三）調和性接觸；與（四）協調性接觸。現在分別研析如後：

（一）排斥性接觸

　　所謂排斥性接觸乃是指，國際法與國內法在「交融整合」的過程當中，在彼此發生接觸之時，發生了彼此相互排斥的現象。國際社會本身所形成的國際法律體系，會排斥國內法律體系之國內法在國際社會之適用，而無法在國際社會生效。而國內社會本身所形成的國內法律體系，亦會排斥國際法律體系之國際法在國內社會之適用，而無法在國內社會生效。如此，則發生國際社會與國內社會分離脫節的情形，而造成國際法律體系與國內法律體系之間，彼此平行、各自獨立、互不相干之前面所示國際法與國內法之分離關係。如此，則國際法與國內法因為相互排斥的接觸，形成國際法與國內法如同前面所指圖示一之分離關係，使得國際法與國內法，無法進行「交融整合」，更進而無法形成「整合性法律體系」。因此，是一種與事實不相符合的接觸。

（二）對抗性接觸

　　有學者認為對抗性接觸是指[28]：「國際法與國內法在某部分的接觸發生相互對抗現象時，國際法『不允許』國家以國內法之依據來對抗國際法，主張不履行或不遵守國際法上之義務的同時，國際法亦『不允許』國家不制定履行國際法義務時所必須之國內法。換言之，國家不能引用國內法或以國內法不完備為理由，來對抗國際法，亦不能以此作為不履行或不遵守國際法之正當有效的依據。當發生對抗性接觸時，國際法則要求國家『自行』修正或制定其國內法，使其與國際法一致，同時國家必須對外負擔國家責任（有時甚至須賠償、受罰）」。此為一種以國際法為主的國際法優位論的說法，但是實際上，國際法未必具備優位法的效力，未必能夠使得與其對抗的國內法失去效力，或是取代國內法的地位而直接在國內社會發生效力。而且在這種對抗性接觸發生時，國內法亦非自動失效，只是國家必須因此而承擔其因牴觸所生之國家的國際責任。如此說來，國際法與國內法之對抗接觸，亦與事實不相符合。

---

[28] 見前揭註2，頁47。

（三）調和性接觸

　　提出對抗性接觸的學者，亦同時提出所謂的「調和性接觸」，他們認為「調和性接觸」是指[29]：「國際法與國內法在某些部分雖然會有相互的接觸關係，但是因為此部分係由國際法委託國內法自行處置，故兩者之間不致於產生矛盾或衝突，而必然是處於調和的狀態。例如，在有關條約的締結手續方面，國際法即是委託各國國內法自行規定。亦即，國家在締結條約時，各國締約代表的委派及條約的承認、批准等手續，都完全依照本國國內法之規定而實行。因此，各國依照其本國國內法所規定之手續完成條約的締結，即是符合國際法規範的行為。又如在宣戰手續方面，國際法亦是委託各國以各自的國內法而加以規定，故各國只要依其國內法之規定行之，即是遵守國際法的規定。在這種情況下，國際法與國內法事實上必定不會產生對立衝突，故此種接觸又稱為積極的調和性接觸。此外，尚有所謂的消極的調和性接觸。亦即，國際法原則上承認各國在其主權及管轄範圍（領域及國民）之內，不存在任何超越國家之權力主體。換言之，國際法雖居於優位，但卻認可國家在其內部可以自由行使立法權，制定各種法律，建立國內法律體系。在主權範圍內不受上位之國際法的拘束。國際法藉由採取此種消極的姿態，不介入國內法在各國內部的制定與運作，而兩種法律體系在國家內部運作上得以不發生對立與衝突」。此種調和性接觸基本上仍是以國際法為主之國際法優位論的見解，僅是在必要的接觸時，承認國家主權在國內社會中不受在上位之國際法的拘束。承認在國內社會不存在任何超越國家之權力主體。此種見解雖然較前述的「對抗性接觸」要來得符合實際一些，但是基本上，它也未能說明何以國際法在國內社會不能取得優越地位。當然，或許可以認為這是因為國家主權在國內社會的最高性所使然。但是既然承認國際法優位論，則在國內社會也應該有國際法優先適用的優越性。這當然是根本問題之未能徹底解決之故。換句話說，這或許是因為國際社會與國內社會的法律體系未能加以正確定位之

---

[29] 同前註，頁46-47。

原因所造成這樣的問題。若是如前所述將法律體系不論是國際法體系與國內法體系就現存狀況加以「交融整合」成為一「整合性法律體系」，就不必論及所謂的二元論的國際法優位論、一元論的國際法優位論，乃至於國內法優位論的各種主張或見解。

（四）協調性接觸

　　所謂協調性接觸乃是指，國際法與國內法在「交融整合」的過程當中，在彼此發生接觸之時，在各自的法律體系內自行調整、去異求同，讓能夠在國際社會與國內社會均能適用無礙的法律原則與規範，成為「交融整合」後的「整合性法律體系」的實質內容與核心規範，使得國內秩序與國際秩序得以維持安定。也就是不論原先是國際法律體系也好，抑或是國內法律體系也好，在經過協調性的接觸後，因為去異求同的交融整合之結果，造成了一個「整合性法律體系」的社會，此社會無須將其定性為國際社會或國內社會，因為這是經過「協調性接觸」後，所「交融整合」出來的「新社會」（New Society）。它擁有國際社會與國內社會的雙重特質。如此，則無須討論一元論或二元論，更不必爭議國際法優位論抑或國內法優位論，這些爭執在這樣的「整合性法律體系」下的「新社會」，均成了毫無意義與價值的紛爭，徒增困擾而已。

三、解決國際法與國內法衝突關係之理論

　　前曾述及國際法與國內法相互關係之三種態樣：（一）分離關係；（二）相交關係；（三）包容關係。其中之分離關係事實上是偏離了正常狀態的極端情形，而且使得國際法與國內法彼此之間根本無從建立關係，也就不會有衝突關係的發生。其次，就相交關係與包容關係而言，國際法與國內法必然會有接觸，因為二者之間有重疊的部分，證明彼此之間勢必要進行接觸；而前面也曾對國際法與國內法衝突關係之基本性質加以研析，國際法與國內法之接觸有四種基本性質：（一）排斥性接觸；（二）對抗性接觸；（三）調和性接觸；與（四）協調性接觸。而對於其中的

「排斥性接觸」所依據之理論——國際法優位論，認為尚未成為國際法學界所認同之理論，而無法自圓其說；其次，「對抗性接觸」，更是如同「排斥性接觸」一樣，在理論上即無法站得住腳，在實際上更是造成不必要的困擾。而「調和性接觸」受制於傳統之「主權理論」之影響，未能說明所依據之「國際法優位論」為何必須承認國家在其所建立之國內法體系內，不存在任何超越國家之權力主體。而且，國家在主權範圍內不受上位之國際法之拘束：所以「調和性接觸」之基本性質，亦有其缺憾。而最後，作者認為「協調性接觸」最能切合實際，因為國際法與國內法在接觸時，必須經過交融整合的協調歷程，其結果便可造成一個「整合性法律體系」的「新社會」。而此新社會沒有必要將其定性為國際社會或國內社會；因為它兼有國際社會與國內社會的雙重特質。因此，「協調性接觸」應當是最能解決國際法與國內法彼此之間的衝突關係。

　　雖然說，作者在此提出解決國際法與國內法衝突關係之「協調性接觸」，是最理想的說明了國際法與國內法接觸的「基本性質」。但是這裡面最重要的工作是要如何來進行「交融整合」的協調工作？這就要從國際法的特質來研究了。一般來說，國際法的特質至少有三：（一）國際法律體系所建立起來的國際法律關係的主體是國家；（二）國際法的制定者或承認者是國家；（三）國際法的強制實施必須要依靠國際法的主體——國家本身，要依靠國家本身的行動。所以從國際法的特質來看，前面所述之「交融整合」的協調工作，就不得不從國家來著手進行了。而更巧的是國家也是國際社會的組成份子，國際法的成立、運作與效力都要仰賴國家來進行推動。而如果要以國家來進行推動國際法與國內法之「交融整合」的協調工作，就必須對「國家」有所認識。國家的最重要屬性是國家是擁有「主權」（Sovereignty）的國際社會組成分子。而所謂「主權」乃是國家所固有的在國內社會的最高權及在國際社會的獨立權。由於主權的這種最高權與獨立權的性質，使它成為不可分割的，也是不可讓與的；而且更不從屬於外來的意志與干預。因此，主權在國內是最高的，以及在國際上是獨立的這種性質已被國際法學界所認定。

　　所以前述國際法與國內法衝突關係之解決，最基本而透徹的途徑就是

要將「交融整合」的協調工作，交由「國家」去完成它。而且也僅有國家才有資格與能力去完成此協調工作。這就要大膽地提出下面的主張：在國際法與國內法接觸而難免發生相交或包容的情形時，難免造成國際法與國內法的衝突狀況時，國家就有必要在那衝突的時刻「暫時中止行使主權」（Temporarily Suspending the Exercise of Sovereignty），使得國際法與國內法能夠進行「交融整合」的協調工作。這樣的主張可以把它定名成「暫時中止行使主權說」。此種見解基本上是從「功能主義」（Functionalism）的立場來解決國際法與國內法相互之間的衝突。

再者，即使從傳統國際法的角度來批判所謂的「暫時中止行使主權說」，應該也是可以被接受的。因為主權的觀念在傳統國際法上大致可以加以區分為兩派：（一）國家主權學說：由法國政治思想家布丹（John Bodin, 1530-1596）所提出，他認為主權是在一個國家中進行指揮的絕對和永久的權力；（二）人民主權學說：由法國政治思想家盧梭（Jean Jacques Rousseau, 1712-1778）所提出，他認為主權是不可轉讓的，主權是不可分割的；主權又是完全絕對的、完全神聖的和完全不可侵犯的。因此，將作者所提出之「暫時中止行使主權說」的內容與布丹及盧梭所分別提出之「國家主權說」與「人民主權說」的立論，加以對照，應該是並無相違背之處，而可以相容並存的。作者所提出之「暫時中止行使主權」，顧名思義僅僅是在國際法與國內法進行「交融整合」的衝突之時，才要求國家暫時中止其主權之行使，並未否定任何「國家主權學說」與「人民主權學說」之論點。作者仍然承認主權是國家最高權與國家獨立權，同意「國家主權學說」之認為主權是「絕對和永久的權力」，也認可「人民主權學說」之「主權是不可轉讓的、不可分割的、完全神聖的和完全不可侵犯的」。因此，作者認為要徹底解決國際法與國內法之相互關係之衝突，就必須以國家「暫時中止行使主權」來進行國際法與國內法之「交融整合」之協調工作。

若再進一步來說明，根據「暫時中止行使主權」之意旨，乃是在於主權仍然一成不變的由國家所擁有。不論在「交融整合」之協調前或協調後，均一直為國家所掌握，為國家所永久擁有的絕對的權力，僅僅是

在「交融整合」進行協調時，為了避免國際法與國內法在運作的同時，有衝突的發生而暫時性地中止國家主權的行使，以便在進行國際法與國內法之相交或包容時，避免適用法律的困難。待「交融整合」的協調工作完成時，一個嶄新的「整體性法律體系」的「新社會」誕生時，國家仍然擁有它，完全絕對的、完全神聖的、不可侵犯與不可分割的主權。而且此處之「暫時中止行使主權」，對國家而言，其主權從未被分割，也從未被侵犯。它仍然是國家的獨立權與最高權，只是在國際法與國內法進行「協調」時，為了便於「交融整合」，讓國家暫時地「中止行使」而已。國家也從未在任何一刻失去其主權。而且其固有之主權，也自始至終未被分割。因此，這裡所提出之「暫時中止行使主權說」即使是面對傳統國際法有關主權理論之挑戰，亦能站得住腳。

四、解決國際法與國內法衝突關係之因應原則

如前所述，國際法與國內法之相互關係，在避免彼此之衝突而進行「交融整合」的協調時，必須要進行去異求同的去蕪存菁的工作，以求得「整合性法律體系」的實現在「新社會」當中，維持此「新社會」之法律秩序。而在此「新社會」的形成之時與形成之後，如果仍有國際法與國內法之衝突發生時，應可適用下列幾項原則：

（一）未必否定原則

國際法與國內法在「交融整合」時，為求得彼此之相互和諧、相互尊重，彼此未必需要否定對方之法效意思，即使是偶有衝突發生，亦僅是暫時性之現象，可經由協調的方式，進行整合。

（二）合致傾向原則

國家在其主權領域內，或可按其本身之意思，改變其國際法與國內法，但是卻無法單獨改變國際法。因此，當國際法與國內法偶爾發生衝突時，國家不可以其主權之行使壓迫國際法，而通常是尋求與國際法之「合意」來避免彼此之衝突，或解決彼此之衝突。

（三）推定存在原則

　　國際法所規範之事項或賦予國家之權利，雖然各個國家未必一定要去實踐，但是一旦國家決定去行使或並未明確表示放棄時，則應推定國家之權利存在，當然亦應因此而承擔其隨之而來之義務。另外，對於國家之國際義務，如果因為國內法之規定有所欠缺或不完備而無法履行時，必須推定國家並非故意的造成國內法之欠缺或不完備，而應儘量參考國際法之規範，制定與國際法不相衝突之國內法，以履行其國際義務。

（四）和諧一致原則

　　該原則之主要用意在強調要引導司法程序上來促進國際法律秩序與國內法律秩序之和諧一致。也就是在進行「交融整合」國際法與國內法之協調工作時，應該儘量用一般法律之「解釋原則」（Rules of Construction）或「證據原則」（Rules of Evidence）來避免或解決國際法與國內法相互之間的衝突。

伍、結論

　　要探討研析國際法與國內法之間的關係，不是一件容易的事；這是一個老問題，但是卻從未能徹底的將問題釐清過，這樣就遑論其他了。首先必須要了解國際法與國內法它們各自的本質，然後才能更進一步的研析它們之間有哪些關係有可能建立與存在、有哪些關係會發生哪些現象與哪些問題？最後如果發現了它們之間有某些關係會發生衝突或牴觸的情形，要如何去解決呢？最後，還必須從學者專家在學說上有哪些看法？是否曾經有過哪些理論的提出？同時也要研究在實踐上，國際法院是如何認定與處理的？各國的國內法院又是如何的認定與處理的？凡此種種均非三言兩語所可能交代的。必須針對上述各項主題，先對問題加以研析，才能夠找出問題癥結之所在。本文即是以分析的研究方法，對各種學說與理論加以研究分析、對國際法院與各國國內法院的判例加以分析研判，用以徹底了解

國際法與國內法之關係。針對前面所述之各項主題，所作研究的結果，似乎可以獲得以下的結論。

首先，從本質上來看，國際法確實被一般學者專家認為是在處理與規範國家實體彼此之間的交往關係。而國內法則是國家基於本身主權之行使對於其國民行為之規範。從表面上看來，會以為國際法與國內法彼此涇渭分明，界限明確，似乎不會有任何模糊不清或適用困難的情形發生。然而事實則不然。國際法與國內法確實有相當的關聯性，有時候更是難以解開彼此糾纏之結。例如：在適用法律時，乍看之下，國際法的法官適用的是國際法，國內法院的法官適用的是國內法。但是事實上兩類法院的法官都得對國際法與國內法有所認識與了解，方能對面臨的訴訟案件，作出正確的判決。所以國際法與國內法之間的相互關係確實是一個相當棘手的問題，在這個問題上也產生過許多不同的理論，以及各種不同的見解。而這些理論與見解，不論聽起來是如何的客觀，卻往往容易受到了其提倡者本身是要加強國際法之影響力，抑或是要強調國家主權的重要性而會有所偏頗。

關於國際法與國內法關係，從以往專家學者所提出之學說來看，大體上有三種：（一）國內法優位論：此說主張國際法是國家制定的對外法律，相當於一國的「對外國內法」，國家之意思，可以左右或決定國際法；（二）同位平等論：此說主張國際法與國內法在規範對象與效力之性質完全不同，因此，彼此相互平等的存在，各自獨立而成不同的法律體系。國際法與國內法互不受拘束、互不受影響；（三）國際法優位論：此說主張，在國際現實的考量下，國際法與國內法應成為一元化的法律體系，而且國際法必須居於優位，方能維持國際社會的秩序。而作者認為應該是「互為優位」方為妥適。因為國際法與國內法在建立關係時，必須經過「交融整合」的協調工作，方能形成「整體性法律體系」以作為「新社會」秩序維持之骨架。而在整合的過程當中，必然要作去蕪存菁、去異求同的過濾國際法與國內法；因此，二者均有可能成為新的「整合性法律體系」的一部分，而在實質上可以「互為優位」。

而國際法與國內法之關係從理論上來審視，一般而言，大都是從兩個

基本層面來探討分析。首先，如果從法律體系來檢視國際法與國內法之關係，在理論上，一般將之設定成三種態樣的關係而存在：（一）分立關係；（二）同位關係；（三）隸屬關係。（一）分立關係：是指在一個整體的法律體系內，同時存在著兩種法律規範，而其存在之狀態為彼此獨立、相互平行、互不相屬；（二）同位關係：是指兩種法律規範同時存在於某一較高層次的第三種法律規範之下，彼此位階相同，但均隸屬於第三種法律規範之下。（三）隸屬關係則是指在同一法律秩序體系之內，同時存在有兩種法律規範，而其中之一的法律規範優越於對方，並且由優越的一方來規定對方的適用條件及效力範圍。而作者認為國際法與國內法之關係就法律體系而言，應為同位性之互為隸屬關係。也就是說，在國際法與國內法進行建立「整合性法律體系」之「交融整合」之協調過程當中，國際法與國內法彼此是同位關係。但是在「整合性之法律體系」內，則視適用情形來決定彼此之隸屬關係。也就是彼此均有可能在適用上優越於對方或隸屬於對方。其次，如果從國際法之根據來論國際法與國內法之關係，又可分成兩方面來檢視：（一）從形成之學說來研析，大致上有五種：1.基本權利說；2.聯帶關係說；3.條約神聖說；4.自我限制說；5.共同意志說。基本上，作者認為，就形成「整合性法律體系」之「交融整合」的協調過程來看，應該是以「共同意志說」為主之「自我限制說」來得比較切實際。（二）從形成之理論來研析，大致可以有二元論與一元論兩種理論。首先，一元論者認為：世界上只有一種法律制度，國際法與國內法均同屬於此法律制度，問題只是應以何者居上。其次，二元論者認為：國際法與國內法為兩種不同的法律制度，雖然每一個之中可以包含另外一個的一部分，但基本上它們是兩個分別獨立的法律體系。而作者認為國際法的根據是由國際慣例為主之國際法律制度與國內法律制度所形成之「整合性法律體系」，原本就不是單一法律體系，卻也不是如二元論所指之兩個分立的法律體系。

　　而就國際法與國內法關係之實踐來研析，亦可從兩個方面來檢視。首先，從國際法的角度來審視，可以有三點認識：（一）國際法之原則規定，須有國內法之相對應規定；（二）國際法不能干預國家依據主權原則

所制定之國內法；（三）國家不得用國內法之規定來改變國際法之規範。其次，從國內法的角度來審視，也可以有三點認知：（一）國際法被視為是國內法之一部分，而在國內具有法律效力；（二）為使國際法得在國內加以實踐，有時有必要在國內法上對國際法之規範加以規定；（三）在國際法與國內法的關係上，有可能發生國際法與國內法相衝突的問題。

　　另外，如果從效力上來研析國際法與國內法之關係，二元論者認為要使國際法在國內社會發生效力，只有透過國內之立法程序，制定成國內法之後，方能在國內發生效力。而且因為在國內社會，國家意志具有最高權力之地位，自然應該優先適用國內法。而一元論者對於國際法與國內法在適用時究竟何者優先的問題，意見並不一致。大抵上，具有代表性的有三派看法：（一）國內法至上論；（二）國際法至上論；（三）國際法與國內法互為至上論。其中的立論各有缺失，不足為訓。如果按作者所提出之看法，當國際法與國內法經過「交融整合」的協調工作後，會形成「整合性法律體系」的「新社會」；此時，在新形成之「整合性法律體系」之下，就無須再鑽研在效力上究竟是優先適用國際法或國內法。

　　再就事實上來研析國際法與國內法之關係，學者間大致上提出三種學說見解：（一）變質說：此說大抵上是根據實證法學派之主張，認為國際法與國內法嚴格分立，為兩個截然不同的法律體系，國際法在未被國內法「變質」成為國內法以前，並未構成國內法，自然不能在該國國內生效；（二）特別採納說或併入說：此說認為除非國內立法或判例中明白列有禁止國內法院適用國際法之規定，否則國際法自動併入國內法，或者可經由國內法的「特別採納手續」將國際法「特別併入」國內法，而可被國內法院適用。（三）授權說：此說認為國際法之所以能夠在國內社會被國內法適用，乃是由於國際法「授權」各個國家根據自身的憲法，自行規定在何種情形下適用，以及以什麼方式或程序來適用；所以基本上國際法之適用僅是國內法的一個造法行為延續而已。另外有一派學者以英國的情形為例，提出所謂的「和諧作法」，作者在此因其影響力漸增將其擴大成「和諧說」。該說認為國際法與國內法本身，似乎不可能牴觸。所可能發生的情形是「義務的衝突」，而此「義務的衝突」必須被解決：在內的方面以

國家機關所認定的方式，而在外在的方面則藉由國際法規則。一方面藉著一個法律秩序的自動優越於另外一個法律秩序，強制國內法院的法官遵守國內法，另一方面又容許法官在某些情況下能夠使用國際法規範，來避免義務的衝突。

　　針對國際法與國內法之間的關係，難免會發生衝突。為了解決國際法與國內法之間相互關係的衝突，作者大膽地提出所謂的「暫時中止行使主權」的見解，來解決國際法與國內法關係之衝突的問題。所謂「暫時中止行使主權」即是於國際法與國內法在無可避免的情況下，發生「接觸」時，兩者的關係型態應該是「同位性的相互隸屬關係」，則其在「交融整合」的協調工作進行時，在事實上採取「和諧作法」之下所形成的「整合性法律體系」之下的「新社會」，不必去考量所謂的一元論或二元論的說法，亦無須考量「國際法優位論」、「國內法優位論」、抑或「同位平等論」的這些不具重要意義的爭議。然而如果要形成「整合性法律體系」的新社會，最重要的就是在前述的國際法與國內法的「交融整合」時，國家的主權有必要在那特殊的「接觸」時刻「暫時中止行使」，方能順利完成那樣的協調工作；而建立一個兼有國際法特質與國內法特質的「新社會」。如果「新社會」是這樣形成的，國際法與國內法關係之衝突，自然就容易消滅於無形。

第六章　國家之基本權利與義務

第一部分：關鍵概念與名詞界定

1. 國家構成之法律要件

國際法上對於組成國家的四個法律要素設定如下：

（1）一定的疆域（領土）；

（2）領域內的人民；

（3）有效統治的政府；

（4）與其他國家建立交往關係的能力。

2. 國家存在之重要權利

（1）國家獨立權；

（2）國家平等權；

（3）國家生存權；

（4）和平共存權；

（5）國家管轄權。

3. 自衛

自衛是國家維持生存最迫切而有效的手段；一個國家遇到外來的侵略，便有不顧一切而採取自衛手段的權利。關於自衛權之行使，聯合國憲章第51條規定：「任何會員國受武力攻擊時，在安全理事會採取必要辦法以維持國際和平與安全以前，本憲章不得認為禁止行使單獨或集體自衛之自然權」。此規定是以受到武力攻擊而聯合國安全理事會又沒有行使維持和平與安全之辦法以前，作為行使自衛權之理由。

4. 自衛之類別

自衛可以分為（1）境內自衛；與（2）境外自衛。

（1）境內自衛

境內自衛乃是以遭受到他國武裝部隊入侵國境（包括領海與領空在內）而採取的自衛行為。

（2）境外自衛

境外自衛又可再分為①抵抗直接攻擊的行為；②預防性的自衛；以及③報復性的自衛。

①抵抗性直接攻擊的行為

這是指在國境以外的武裝部隊，如在公海上的軍艦或航空器遭受直接攻擊，因而採取自衛手段而予以還擊之行為。

②預防性的自衛

這是指確悉敵國的武裝部隊要直接向本國侵略，或直接利用他國武裝或其他設備向本國進攻，因而作先發制人的措施。

③報復性自衛

由於遭受來自某國境內的武裝部隊的侵襲，因而以武裝部隊進入某國予以打擊之行為。

第二部分：專題研究與論述

■專題：國家之基本權利與義務

壹、前言

在國際法制體系之中，「國家」根據國際法之規範是國際社會中一個具有享受權利及背負義務的重要份子。在國際社會之中，雖然國家是最主要的成員，仍然有其他的成員如國際組織，乃至於個人針對某些特定的事

件，也會成為重要的角色。但是不論怎麼說，國家這個成員在國際社會中確實也具有特殊的身分，扮演特別的角色。舉例來說，僅有國家具有永久性的組織的武裝部隊。另外，也僅是國家才有資格加入國際社會中像聯合國之類的「政府間組織」（Inter-Governmental Organization）。而且通常也是只有國家才有資格簽訂國際條約。更進一步來說，有些「特權」（Privileges）也是特別保留給國家來享有，例如，對於它的本國公民要求忠貞及發給公民護照……等事項。

但是，國家也同時負有重要的因其義務之未履行或其他重要事件之處理所發生之國際責任的問題。換句話說，如果國家之行為並未依照國際法之規範，那麼必然會有國家所應負之責任問題的發生。舉例來說，對於其他國家因為未履行其國際義務所造成之損害，必須要負擔其賠償之責任，或者是將損害之狀況恢復原狀，而負起返還或還原之國際責任。有時候國家也必須對其本國之人民負起責任，此當然是在國家本身之行為造成了對其本國人民之傷害下，會有責任之產生。更常見的情形是國家必須對於違反其所簽訂之國際條約的違反而負其所應負之責任，例如，對於簽約國所違反其國際公約之條約義務。而一般的情形是國家是否應負起其國際責任，是由一般的國際法原則之是否違反來確定。例如，對於侵略、種族滅絕或違反人道原則之國家，通常應該會有國際責任之產生。

許多國際法學家曾試圖列舉國家的「基本」權利與義務。國際會議或國際組織中，也經常討論這個問題[1]：如1916年美國國際法學會、1933年關於國家權利與義務之蒙特維的亞公約，及1949年聯合國國際法委員會擬定之國家權利與義務宣言草案；依照國際法學委員會擬定之宣言草案中列舉之國家權利，包括國家獨立權、領土管轄權與其他國家在法律上享有的平等權、與防禦武裝攻擊的自衛權；而國家的義務則包括不得干涉他國的內政、不得煽動他國的內戰，尊重人權、和平解決國際爭端、不得使用戰爭作為推動國家政策的工具、誠意遵守國際條約。

---

[1] 沈克勤編著，國際法，臺北，學生書局，民國80年，頁96。

　　國家基本權利與義務的學說，為若干自然法學家所主張[2]：認為此項學說是淵源於國家是自然法的產物；20世紀方使此項學說具體化，尤其是拉丁美洲國家所提出之國家權利及義務，指在國際關係建立一個普遍採用的法律與正義標準；1949年國際法委員會擬定國家權利與義務宣言草案的目的也在此。國際法學家一向認為國家最重要的基本權利，是國家獨立與平等權、領土管轄權、自衛或自保權。國家最重要的基本義務，包括不得以戰爭為推行一國政策的手段、誠意遵守條約義務，以及不干涉他國內政。

　　關於何者為國家的基本權利及義務？很難得到一致的協議[3]：國家的權利與義務，有的被宣告為「基本的」，但其重要性似不如其他沒有被宣告的權利與義務，也沒有比若干國際法的基本原則（例如：遵守國際法是國家的基本義務），更為重要；或者有些草案擬定的國家之基本權利與義務，失之太籠統而不精確。有的時候，國際法院曾適用國家的某些基本權利或義務，以解決其所審理的案件；例如，常設國際法院認為獨立與平等是國家的基本權利，據以對東卡瑞里亞（Eastern Carelia）的法律地位，提供其諮詢意見[4]。可是國際法院在裁決案件時，是否有此需要，也頗令人懷疑。又如，1986年國際法院審理尼加拉瓜對訴美國（Nicaragua v. United States）案，認為每一個國家得自由選擇其所採取的政治、社會、經濟或文化制度，並宣稱某一特定國家遵循任何特別政治理論，並不違犯國際法的任何習慣規則[5]。

　　當我們說某一個國家是一個獨立國家，具體的意義，就是我們認為這個國家具有國際法上的許多權利、權力及特權。由於這些權利的交互作用，使得他國與這一國家發生關係時，必須負擔其相對的義務；這些權利與這些相對的義務，有必要維持相對的平衡，才是國家獨立的真正本質之

---

[2]　同前註，頁97。

[3]　同前註。

[4]　Eastern Carelia, Status of PCIJ Ser. B.5 (1923).

[5]　Nicaragua Case (Merits), I.C.J. Rep. 1986.

所在[6]。

　　例如，與一個國家獨立自主有密切關係的權利、權力及特權，包括[7]：（一）對其本國的內政享有排他的管轄權；（二）准許外國人入境之入境權及驅離外僑出境之出境權；以及（三）本國駐在他國外交使節所享有的特權；（四）對於在其領土內違法的罪犯具有專屬的管轄權。

　　至於國家負擔的相對義務，至少包括[8]：（一）不得在他國領土上行使主權的義務；（二）制止並防範本國官員及人民從事侵犯他國獨立或領土完整之行為的義務；以及（三）不得干涉他國內政的義務。

　　除了國家之權利與義務外，國家的行為或不行為如果違反了國際法的規則，致使外國或外國人之權利、財產、或地位受到損害，依照國際法的規定，這個國家應負救濟與賠償的責任，而受損害國家則享有要求損害救濟與賠償的權利。是則所謂「國家責任」，意指「國家對其國際過失行為所負之國際法上之責任」，而且此項行為必須違反國際法。

　　然而對於損害救濟與賠償的獲得，顯然須視案件之情況而定[9]：在通常的情況下，受害國是經由外交交涉以求獲得精神上的賠償（Satisfaction）；例如，一國的尊嚴或榮譽受到損害，如果負責任的國家正式道歉，或保證同一事件將不再發生，一般認為受害國已得到適當的賠償。而金錢賠償（Pecuniary Reparation）與精神賠償不同。有時，外國或外國人民在物質上受到損害時，則需要給予金錢賠償。而在許多實例中，關於國家責任與賠償數額問題均須由國際仲裁法院裁決[10]。

　　在我們就實際案情以確定國家責任的時候，必須明確了解國際法與國內法的界限；在下列兩種情事中可以明顯的看出二者界限之所在[11]：（一）一國違背或不履行國際行為規則，將可引起國家的國際責任；

---

[6]　同註1，頁99。

[7]　同前註。

[8]　同前註。

[9]　同註1，頁303。

[10]　同前註，頁304。

[11]　同前註，頁305。

（二）一國因其官員所犯之過失行為而引起之國際責任，不得以該官員依國內法無權所為之過失為理由，而推諉其應負之國際責任。

引起國家負擔責任的過失有各種不同的情形[12]：例如，一國不履行條約義務，致使他國人民受到損害，這個國家可能須負違背條約的責任。總之，引起國家負擔責任的原因不外出於：（一）行為（An Act），或（二）不行為（An Omission）。

有關國家責任的各項規則現正在演進之中[13]，聯合國國際法委員會對於這個問題也繼續研究，也許將來演進到個人可能要對其不法行為負責國際責任，要為其違反國際法而成為「國際罪行」（International Crimes），須受到國際制裁。因此，本章之研究，即是要釐清前面所述之國家之基本權利、所應履行之責任，以及在新世紀來臨之後，國家在國際社會所應負擔之國際責任。此處所提及之國家之基本權利、國家之義務與國際責任即為本章所提出之問題，須加以探討研析如後。

貳、國家之基本權利

概論

國家是否得享有基本權利？國際社會中所建立起來的國際法制體系是否為了維持國際社會的穩定與秩序的目的，賦予作為主要的也是最重要的國際法主體——國家某些基本權利，這或許是個理論的問題，但是，無可否認的，這或許也是個事實的問題。長久以來即有學者在這方面提出過不同的主張，而在歷史上，更有些不同時期的政府在國際社會發生一些問題時，提出過不同的主張。而這些主張在早期即是企圖將國家內法上規範自然人的一些行為規則適用到國際關係上，而認為國家在

---

[12] 同前註，頁304。
[13] 同前註。

國際法制體系中，應該享有某些基本權利。另外，早期的國際法學者如格羅秀斯（Grotius）、蘇哲（Zouche）、蒲芬多夫（Pufendorf）、瓦特爾（Vattel）等，依據一般道德原則和成文法的特別規則，以國內法的分類，作為國家權利義務的分類[14]。遲至1896年，瑞士法學家芮維爾（Rivier）仍主張：國家的自保權、尊榮權、獨立權和相互通商權，是以國際法人的概念為根據，構成國際法的法律基礎，而且是我們政治文化的共同憲章；承認國家為國際法主體，便隱含承認國家具有這些權利；這些權利稱為實質的、基本的、原始的、絕對的、永久的，和有條件的相對偶然的權利或假定恰好相反[15]。如果國家確有權利是不是絕對的？威斯雷克（Westlake）教授作否定的答覆，認為國家的權利是組合的團體的權利，就是在國內，也可用法律加以限制[16]。

無論那權利是不是絕對的原始永久，現在多數學者都認為國家有其權利，主張國家猶如個人，個人未進入社會以前，隨出生而享有其權利，國家未參加國際社會以前，有其基本的不可缺少的權利，取得國際人格以後，仍保留其權利。至於國家有哪幾種權利的問題，則是意見紛歧[17]，例如布賴里（James L. Brierly）分國家基本權利為自保權、獨立權、平等權、尊榮權和外交權[18]，戴維寫（Charles de Visscher）則強調自保權、獨立權、平等權、尊榮權和國際通商權（Right of International Commerce）[19]，而佛細爾（Pual Fauchille）卻認為國家的基本權利只有一種，就是生存權，其他權利是由生存權推演而來的，生存權包括自保權和自由權，自保權又含自我發展權、自衛權和安全權，自由權又包含自主權和獨立權，而獨立權又含平等、互尊、使節、作戰、締約、通商等權利。有些學者不以為國家有基本權利，只有屬於國際人格的幾種特質，如國家

---

[14] 見陳治世著，國際法，臺北，臺灣商務印書館，民國79年，頁107。

[15] A. Rivier, principles du droit des gens (1896), Vol. I, p.257.

[16] J. Westlake, International Law, part 1, p.307.

[17] 見註14，陳治世書，頁108。

[18] James L. Brierly, The Law of Nations, 5th ed. (1995), p.50.

[19] Charles de Visscher, Theories et realites en droit International public (1960), p.31.

的平等、尊嚴、自保、獨立、外交等，都是這種人格的特賀，其中自保權等，國與國間無須簽訂條約便可相互承認，外交權則不是國家的基本權利，只是國際人格的特質，必須經由簽訂條約的程序，以言明通商航海等事項，才可以相互承認，所以外交為國際法發展的一個要件而已[20]。

　　美洲國際法學所（The American Institute of International Law），鑒於各學者對國家基本權利的意見這麼紛歧，於1916年通過「國家權利與義務宣言」（Draft Declaration on Rights and Duties of States），標示國家有生存權、獨立權、平等權、領土管轄權，以及尊重他國權利和適用國際法等義務[21]。1949年12月6日，聯合國國際法委員會提出「國家權利與義務宣言草案」（Draft Resolution on Rights and Duties of States），互舉國家的獨立權、領土管轄權、法律上的平等權、自衛權等，並指出國家有下列義務：不干涉他國內政外交，不煽動他國內亂，尊重人權，不威脅國際和平與秩序，以和平方法解決國際爭端，不以戰爭為執行國策的工具，不以武力威脅或使用武力侵犯他國領土完整或政治獨立，不協助聯合國防止或執行行動的對象國，不承認非法取得的領土，誠意履行國際法下的義務，遵守國際法，並遵守國際法優於國家主權的原則[22]。

　　史塔克（J. G. Starke）教授指出，拉丁美洲國家和國際法委員會所提的宣言，旨在使自然法學家的主張具體化，建立國際關係的法律與正義的標準，但是，他們對於國家基本權利與義務包括何項的問題，仍無一致的意見，被稱為「基本的」權利義務，固然不見得比未經提及的重要，也不比某些國際法基本原則（如遵守國際法是國家基本義務）重要，而且他們已列舉的權利義務太過籠統；常設國際法院雖然在東卡略利亞（Eastern Carelia）案件，認為獨立與平等是國家的基本權利，但法院在案中有無作這認定的必要，仍是問題[23]。無論國家的基本權利義務究竟為何，國家必

[20] 雷崧生，國際法原則，上冊，頁73-74。

[21] *James Brown Scott*, The American Institute of International Law: Its Declaration of the Rights and Duties of Nations (Washington, 1916).

[22] U.N.Doc. A/1251, p.67.

[23] 陳治世書，頁109。

須有某些權利，同時必須負擔某些義務，則是無庸置疑的定論。此處對於國家究竟有哪些主要的基本權利先作探討。

（一）獨立權

或許一個國家的最顯著的特性，就是表現在對外它的獨立權；也就是所謂的對外獨立權。它的意思即是國家主權在國際關係上的體現，其含義包括自主性和排他，即行使權利的完全自主，並能排除外來的任何干涉；自主性本身即已包含了排他性，再強調排他性，僅是對自主性的進一步補充而已[24]。

獨立權（The Right of Independence）是國家依國際法可享受的一種權利、特權和權力。國家由於有獨立權，在對外關係上可依法自由決定其行動，作其選擇，不受非法的干涉、阻撓或限制，在對內的事項上可自由管轄其領域內的人和事，也就是對人民有屬人管轄權，對領土有屬地管轄權；所以獨立權的意義一如范威克（Charles G. Fenwick）所說的：國家依據獨立權，主張其「內政事項的管理，其與國際社會其他分子的決定，免受他國的控制」[25]。

國家行使獨立權的行使的結果，便可在內政方面採用它認為最適合國情的制度，決定變更制度的方式，制頒它需要的法律，設立必要的機關，任用一切人員，不讓他國置喙；它在內政上的管轄是排他的，固然可以准許外僑入境，也可以驅逐外僑出境；它對國境內的罪犯，除特殊情形外，其有專屬管轄權；它的元首和駐外使節，得享受特權和豁免；而且它在國際關係方面可以派遣並接納使節、締約、結盟、宣告中立、提出索償請求、建交、通商、親善、合作、互助、斷交，以及其他活動，不受第三國限制[26]。

關於「獨立權」最簡潔的定義是由「國家權利與義務宣言草案」（Draft Declaration on the Rights and Duties of State）中闡釋的最為明白。

---

[24] 王鐵崖編著，國際法，臺北，五南圖書出版公司，民國84年，頁82。

[25] *Charles G. Fenwick*, op. cit., p.269.

[26] 見註14，陳治世書，頁110。

該「宣言草案」指出獨立權乃是指一個國家在不侵害或違反它們的合法權利之下，為了它自己的福利與發展，免於受到其他國家支配的資格（或能力）（The capacity of a state to provide for its own well-being and development free form the domination of other states, providing it does not impair or violate their legitimate rights.）[27]。這裡我們所指的「獨立」，當然是指的一個法律概念；受制於國際法規則的拘束，並不減損各國自主的獨立權。任何國家對於他國的政治和經濟的依賴，在國際社會的現實環境下是必然存在的，但是這樣並影響各該國家法律上的獨立，除非是這特定的國家正式地被強迫臣服於另一個具有「優勢地位」（Superior）國家的要求；而在這樣的情形下，這特定就有可能被認定僅具附庸國的地位而已[28]。

　　國際社會中首次正式對「獨立權」之意義與性質的討論，發生於1931年「常設國際法院」（Permanent Court of International Justice）在「德奧關務同盟案」（The Case of Austro-German Customs Union）的案例。在該案中所考量的問題是在兩個德文語系的國家間建立一個「自由貿易關務同盟」（Free Trade Custom Union）的「提議」是否違反第一次世界大戰結束後所簽訂「和平條約」（Peace Treaty）中之規定——奧地利不得採取任何妥協行動已放棄其獨立的地位。「常設國際法院」認為「自由關務同盟」的建立，會對奧地利的主權有負面的影響[29]。所應注意的是「常設國際法院」法官安吉樂提（Anzilotti）在該案所表示的「反對意見書」（Dissenting Opinion）中之論點：「一個國家可以同意對於文自由行動的限制；只要這個國家並不因此剝奪了它本身的固有的權力，那就不致於影響到它的獨立」（Restrictions on its liberty of action which a state may agree to do not affect its independence, provided that the state does not the ucley

---

[27] See Yearbook of the ILC, 1949, p.286.

[28] *Malcolm N. Sbaw*, International Law, 4th ed., (Cambridge, U.K.: Cambridge University Press, 1997), p.l49.

[29] PCIJ Series A/B, no. 41, 1931; 6 ILR, p.26.

deprive itself of its organic power.）³⁰。

　　而「常設國際法院」也在「蓮花號案」（S. S. Lotus Case）中強調，對於國家獨立的限制是不能被預先來加以假定的」（Restrictions upon the independence of states cannot therefore be presumed）³¹。

　　類似的觀點，在不同的時空環境下，曾經被「國際法院」（International Court of Justice）在「尼加拉瓜案」（Nicaragua v. U.S.）中表達：「在國際法上，除了那些規則可以經由所考量到國家以國際條約或其他的方式所接受者外，沒有什麼法規可以對一個主權國家的武裝層級加以設限，而此原則是對所有的國家均為有效，而無例外」（In international law there are no rules, other than such rules as may be accepted by the state concerned, by treaty or otherwise, where by the principle is valid for states without exception.）³²。所以，在這裡當我們考量國家在國際法制體系中所應享有的權利及所應履行的義務時，其出發點就是除非國際法有相關的規範債權人限制國家的行動外，國際法允許國家有行動的自由。但是，我們同時要強調的是國家的行動自由乃是國際法制體系之中，而非之外的行動自由。所以，我們在此必須要有如下的認識：那是由國際法來掌控國家獨立的範疇與內容，而不是由國家個別的以及單方面決定國家獨立的範疇與內容。

（二）平等權

　　國家的基本權利除了獨立權以外，另一個權利就是國家的平等權。而這裡所指的「平等」，是指「法律上的概念」（Legal Concept），所以國家的平等權是指國家的「法律上的平等」（Legal Equality），而不是指國家的「政治上的平等」（Political Equality），而且在這裡有關國家之基本權利方面所指的平等，當然從國際法制體系的整體來看，是指各國主權國家在國際社會中的活動，其享受權利與履行義務，從法律的角度去切入，

---

³⁰ PCIJ Series A/B, no.41, p.77; 6 ILR, p.30.

³¹ PCIJ Series A, no.l0, p.l8; 4 ILR, pp. 153,155.

³² ICJ Reports, 1986, pp.3,135; 76 ILR, pp.l53,155.

應該是平等；不會因為哪一個國家領土比較大或人口比較多，而有所不同。而且更重要的是，也更不應該由於任何一個國家的國勢強弱，使其在國際法制體系中所應享有之「平等權」有任何差異。舉例來說，海地是一個主權國家，美國也是一個主權國家，所以它們二者在國際社會中應該享有相同的平等地位，在聯合國大會表決時，同樣的享有相同價值的一票。

　　簡單的說，「平等權」（The Doctrine of the Legal Equality of State）是涵蓋了一個「包羅萬象的範疇」（Umbrella Category），因為在該學說之下，包含了在它之下所有國家被認可的權利與義務。其實際之內容即是國家之具有法律上的平等地位，就是表示國家有平等行使法律權利的能力。

　　1970年10月24日，聯合國大會通過第2625(25)號決議案，案中載有「依聯合國憲章之各國友好關係與合作之國際法原則宣言」（Declaration on Principles of International Law concerning Friendly Relations and Cooperation among States in Accordance with the United Nations Charter.）。該宣言對於國家平等有如下的訂明[33]。

　　各國一律享有主權平等，不問其經濟、社會、政治或其他性質有何不同，都有平等權與責任，並為國際社會之平等會員國。

　　主權平等尤其包括下列因素：

1. 各國法律地位平等；

2. 每一國家都享有充分主權的固有權利；

3. 每一國家都負有尊重其他國家人格的義務；

4. 國家的領土完整與政治獨立不得侵犯；

5. 每一國家有權自由選擇並發展其政治、社會、經濟及文化制度；

6. 每一國家都負有充分並一秉誠意履行其國際義務並與其他國家和平相處的責任。

---

[33] See (Declaration on Principles of International Law concerning Friendly Relations and Cooperation among States in Accordance with the United Nations Charter.)

　　國家平等權的傳統涵義，大致包括下列各點[34]：國家不受未經其同意的條約的約束；國家不受外國法院管轄，除非經其同意；國家於必要時得在他國法院起訴；國家當局行為之合法性和有效性，他國必須承認；國家在國際會議和國際組織中，其代表人數和投票權和其他國家的相等，其代表的座位和他國的平等（現在多按英文國名的第一個字母順序排列），其代表所投的票和他國代表的票等值，為了表示平等的相等，決議甚至還須全體一致同意才能通過；國家簽訂雙邊保持時，須用輪屬制（就是兩國先簽其保存的正本，其國名和代表名牌的前方），並且同用兩國文字；此外，各國要相互尊敬，以相同的禮節由同等級的官員迎送接待外國元首及高級官員。前述聯大通過的宣言，不是條約，其法律效力如何，仍難有定論，但它能在聯大獲得通過，便表示它反映1970年時多數國家的公意，正式敘述了國家平等權的內涵，這內涵比傳統的內涵大些，因為它除訂明隨平等而來的權利外，還要求各國遵守幾項義務[35]。

　　在很多方面，我們可以察覺前述指「國家之法律平等學說」源起於「自然法學派」（Naturalists）的主張。就如同平等之被視為人的本質一樣，因此，將這樣的思維邏輯，運用在國家方面，就促成了「國家之法律平等學說」的興起之後，國際法學派的學者所強調的重心與自然法學派的學者有相當大的差異。他們不再主張「一般法則」（General Rule）的廣泛與普遍的運用；相反的，他們將強調的重心放在每一個單一國家的主權上面，而認為國際社會中所必要存在國際法是存在於各個國家的「同意」（Consent）。

　　而所謂各國的法律之前一律平等的說法之所以被各國主權國家所接受，是指的各個國家的「法律人格與能力之平等」（Equality of Legal Personality and Capacity）。但是，我們必須要注意的是，國家的制定或創造國際社會所要適用的法律方面，卻未必是平等的。如果說在法律的制定或創造方面各國是平等的，那就不夠正確了。因為在國際社會之

---

[34] 見註14，陳治世書，頁116。
[35] 同前註，頁171。

中的「主要強權」（Major Power）它們的影響力與它們「國際地位」
（International Status）永遠是等量齊觀的。這其中總是因為它們的考量因
素比較多，它們的利益也比較深入；我們更不可忽視它們堅持它們觀點的
能力絕對是比其他小國來得大。

　　最後，據奧本海‧洛特帕特（Oppenheim-Lauterpacht）《國際法》一
書的分析，至少應包含四項規則，即（一）當需要「同意」（Consent）
以解決問題時，每一國家只有一票；（二）每個國家的這一票，不論國
家大小強弱，應該在法律上具有同等效力；（三）每一國家的管轄權不
能及於其他國家，所以一國法庭無權處分另一國家及其所有財產（如船
舶）；（四）一國法庭也無權過問其他國家公行為的合法性。[36]范威克
（Fenwick）則舉出平等權之適用，可分為三方面：（一）一切國家在法
律前一律平等；（二）一切國家的權利應被尊重，一切國家應有權利受國
際法程序之保護；（三）認核心的法律規則應該普遍適應。[37]

（三）生存權

　　所謂的「生存權」（The Right of Existence）一直被認定為一個國家
主張的所有其他權利的最基本的前提條件。這也是因為有一個最顯著的原
因——天災人禍，國家如果連最基本的存在的權利都不能擁有的話，這樣
勢必會導致國際社會的任何成員的法律人格一併喪失，進而國際法制體系
喪失其功能而使得國際社會遭致瓦解的命運。國際社會成員的各國政府長
久以來即一直堅持這樣權利的存在與擁有。雖然如此，一般情況下各國
政府卻將這種權利一分為二，將之劃分為「自衛權」（The Right of Self-
Defense）與「自保權」（The Right of Self-Preservation）；主要的是視問
題或爭端發生時國家所處的情境來主張是「自衛權」抑或是「自保權」。
如果僅就「生存權」的狹義意義來考量，並沒有所謂的那種「權利」存
在，這主要是因為基於一個國家的隱性特性來看，國家的存在並非是國家

---

[36] Oppenheim-Lauterpacht, International Law, Vol. 1, (1955), pp.263-267.
[37] *Feawiclk*, International Law (1965), pp.262-264.

的權利，而是國家原本就具有的「固有的特質」（Inherent Character）。不論如何將「生存權」加以定性，在國際社會中對國家而言，也確實必須要有「生存權」的存在，國家的一切權利與義務均是起於國家之生存，其他權利均是由此權利衍生而來。因為，一個國家如果喪失了生存，則其他一切權利均無從行使，其他的一切義務也無從履行。

1.自保權

自保權根據我國法學前輩雷崧生的看法，有如下的說明[38]：國家為著保護自己，必須發展自己，所以，國家自保的對內的意義，是有組織自己的自由、有發展自己的自由、它可以採用最適宜於自己的政治、它可以訓練軍隊、它可以開發天然資源、振興工商業、提倡科學與藝術，它甚至於還可以獎勵人口的增加；對外的意義是：它可以與他國交際，訂立同盟條約，或互助協定。它也可以先占無主的土地。

2.自衛權

雷崧生教授對自衛權，也有如下的說明[39]：國家遇有外來的危害，足以威脅它的生存時，它可以採用必要的自衛手段。這種自衛的手段，常常是違反國際義務的，可是國際法一律地予以容忍。所以許多國際法學家認為國家對於保衛自己具有一種自衛權。

國際法關於自衛的學說，有英美的學說與歐陸的學說兩種，茲分別說明如下[40]：

英美派的關於自衛的學說，可以用1838年美國國務卿韋柏斯特（Websttr）的說明為代表。韋柏斯特認為國家可以行使自衛權的情勢，必須是對抗一個急迫的壓力甚強的危害，使國家無從容考慮的時間，除行使自衛手段而外，亦無其他方法可以採用。所以，英美派所謂外來的危害，不必是實際業已發生的危害；同時，行使自衛權的情勢是否已經發生，又

---

[38] 雷崧生著，國際法學原理（上冊）。臺北，正中書局，民國76年，頁78-79。
[39] 同前註，頁97。
[40] 同前註，頁75。

由國家自己決定。

　　歐陸派的關於自衛的學說，尤其是法國的國際法學家的學說，比英美派所主張的較為嚴格。他們認為英美派的主張，頗多流弊。自衛權的行使，既然是由國家自己決定，如果國家對於一切實際發生的或是可能發生的危害，都可以行使自衛權，自衛權必會被濫用，而成為不合法的行使。如1914年德國的侵入比利時與1931年日本的攻入瀋陽，也藉口自衛便是。所以，他們主張國家遇有反乎國際法的侵略，危害其本國時，才可以採用違反國際義務的自衛行為，以從事抵抗。因此，行使自衛權的情勢，為客觀的條件所決定。

　　自衛權這名詞時常出現在各國的外交文件裡，但是一直到現在，這個名詞還不會有過各國公認的定義[41]：1928年廢戰公約簽定時，各國都保留為自衛而作戰的權利；但是各國賦予自衛權的涵義，顯然有廣狹的不同。

　　聯合國憲章第51條有如下的規定[42]：

　　任何會員國，受武力攻擊時，在安全理事會採取必要辦法，以維持國際和平與安全以前，本憲章不得認為禁止行使單獨或集團自衛之自然權利。

　　這一條雖然不曾正面地給自衛下一個定義，但是它承認自衛是國家的自然權利。同時，它給自衛權的行使，規定了兩種限制[43]：1.關於範圍方面，自衛權的行使限於受武力攻擊（armed attack）的場合。這似乎是採用了法國國際法學家的學說；2.關於時期方面，自衛權的行使，限於安全理事會沒有採取維持國際和平與安全的辦法以前。

　　除了自保權與自衛權外，生存權尚包括所謂的「繼續存在權」（Right to a Continued Existence）。這一個國家的「繼續存在權」是從國家在國際社會中務實的角度去考量，它不僅僅是國家的生存權在理論上必須存在的延續；更是在實際上不得不存在的一個事實現象。此「繼續存在權」是由

---

[41] 同前註，頁76。

[42] 同前註。

[43] 同前註。

國家經由自保權與自衛權的實現，使得「國家」這一個實體的完整性得以「永續發展」而「繼續存在」。這一個概念當然立刻就會引起很多有趣的問題。起初，我們可以這麼說，每一個國家都有義務去尊重所有其他國家存在的權利。但是，如果要把這一個前提法則在適用上不得予以任何折扣或不得給予任何彈性的應用，而使其成為一個絕對的權利，那麼，所有的國家都必須認可即忍受任何一個國家再實現其自保權對於他國或本身所遭受的損害。但是，這在實際上沒有一個國家有此義務；而且，相反的，每一個國家均得保衛自己，同時更能夠在真正的必要情形之下，合法的保衛自己[44]。

參、國家之義務

一、不干涉他國內政

　　不干涉他國內政基本上可以從「聯合國憲章」（The chart of the United Nations）中發現其蛛絲馬跡。該憲章要求會員國不得干涉他國內政、尊重他國領土完整，以及所有國家的政治獨立。在此同時，該憲章也一併指出每一個國家均存在一個法律義務的平等性，來實現尊重人權的原則，以及民族自決的權利與要求。

　　1966年12月21日，聯合國大會第二十屆常會通過第2131(25)號決議案，附有「不得干涉國家內政及保護及獨立與主權宣言」，宣言中載明[45]：「一、任何國家，不論因任何理由，均無權直接或間接干涉任何其他國家之內政與外交，故武裝干涉及其他任何方式之干預或對於國家人格或其政治經濟及文化事宜之威脅企圖，均在應予譴責之列。二，任何國家均不得使用或鼓勵使用經濟政治或其他任何措施以脅迫他國，藉以企圖指

---

[44] *Gerhard von Glahn*, Law among Nations, 4th ed., (London: Collier Macmillan Publish ers, 1981), p.l26.
[45] J. G. Starke, op. cit., p.105.

揮另一國家主權之行使或自其取得任何利益。同時任何國家亦均不得組織、協助、製造、資助、煽動或縱容意在以暴力手段推翻另一國家政權之顛覆、恐怖或武裝活動，或干涉另一國家之內亂。」[46]這一權威性的宣言，已對干涉內政的行為作了廣泛而周詳的說明。

　　一般說來，任何侵犯他國主權的行為，都可以視為干涉他國內政的行為[47]：例如逃犯潛入他國國境後，便在該國主權管轄的領域內，犯人本國和第三國都不得秘密派警追捕歸案，只可以經由外交途徑請求引渡回國，然後依法審判。1973年，韓國派人在日本逮捕反對黨魁金大中，並且押解回國，加以審判，日本政府因其主權已被侵犯，提出嚴重抗議，幾使日韓關係破裂，好在日韓直接談判，爭端獲得了和平的解決[48]。

二、不鼓動內亂

　　內亂有大有小，大的如推翻合法政府的革命運動，小的如專事搶劫的土匪行為，革命運動又有長時間的和短時間的，長的可能歷數十年後被肅清，短的可能於一晝夜間達成政變目的。國際法所指的內亂，是使社會不安、政府不寧、法律秩序混亂的一切現象[49]。

　　國家不得以任何方式鼓動他國內亂[50]，包括鼓吹思想、散布謠言、訓練作亂人員、供應作亂人員所需的費用、裝備、彈藥、武器或物資等方式，來煽動鼓勵促成他國的內亂，更不得准許作亂人員使用其領域為基地，以招兵買馬，集合出發，也不得收留敗退的作亂人員，讓他們重整旗鼓，再從事叛亂行為。至於派人潛入國家，從事地下活動，企圖顛覆當地合法政府，更為國際法所不容。

---

[46] J. g. Starke, op. cit., p.105.

[47] 見前註14，陳治世書，頁121。

[48] 同前註。

[49] 同前註。

[50] 同前註，頁122。

三、確保本國領域內之和平秩序

　　每一個主權國家有義務來確保其本國境內的和平與秩序，以避免侵擾到國際社會的和平與安定。這樣一個國家對國際社會所應履行之義務，乃是由「國際法委員會」（International Law Commission）根據1915年起在墨西哥國境內的情勢狀況對美洲國家和平與安定所產生之影響，所發展出來的一項國家對國際社會的義務。這樣的國家義務在許多方面似乎已從國家的「主權」所作出來合理推論；因為每一個國家都被假定或認定在它的領域內享有「專屬的權威」（Exclusive Authority）或者說擁有「專屬的管轄權」（Exclusive Jurisdiction），那樣的國家的權威或權力似乎應該被善盡利用在有效的處理其國境內發生的任何事件以避免對其鄰國產生任何有害其和平與安定的後果與影響。因此，任何一個國家如果未能充分的保持對其境內事件一定程度的掌控避免危害到它的鄰國，那麼它就會因為未能善盡一個主權國家所應盡的義務，而必須負起任何後果的責任[51]。

四、和平方式解決國際爭端

　　基於學術上的專門用語而論，此一以「和平方式解決國際爭端」的義務，似乎只應適用在聯合國的會員身上。因此此一義務，源起於聯合國憲章第2條第3款之規定：「各會員國應以和平方法解決其國際爭端……」的義務；對於非聯合國會員國的國家，似乎並不必然的具有履行此一源起於聯合國憲章的義務。但是，觀察諸國際社會在21世紀到來的今天，有大約一百九十餘個國家，均為聯合國的會員國；在聯合國憲章對於聯合國會員國具有拘束力的效力之下，無可避免的國家在國際社會之中便具有此一國際義務。

　　此外，聯合國憲章第2條第3款規定：「各會員國應以和平方法解決其國際爭端，避免危及國際和平、安全及正義。」這是否意味：危及國際和

---

[51] *Gerhard von Glahn*, Law among Nations, 4th ed., (London: Collier Maemillan Publish ers, 1981), p.174.

平、安全及正義的國際爭端，才要用和平方法解決？不危及國際和平、安全及正義的，或者只危及國際安全或正義而不危及國際和平的，可以用非和平的方式解決？就該款整句文義看，沒有這種意味，它課予會員國的義務，正如廢戰公約所要求的，一切性質得一切根源的所有國際爭端，都必須使用和平方法解決[52]。另外，又必須說明的是[53]：爭端如果是國內的，依憲章同條第7款的規定，便不一定要用和平方法解決，因為第7款說：「本憲章不得認為授權聯合國干涉在本質上屬於任何國家國內管轄之事件，且並不要求會員國將該項事件依本憲章提請解決。」縱使爭端是國際性的，而且已經久懸未決，只要它繼續存在時，並不危及國際和平、安全及正義，當事國又不請求國際機關依它們以接受的程序解決，則聯合國仍無採取干預行動的依據，這和憲章第六章要求安理會注意較嚴重的爭端和情勢的意旨相符，也與聯合國宗旨一致。其次，憲章第33條訂明，和平解決國際爭端的方法也包括談判、調查、調停、和解、仲裁、司法解決、區域機關或區域辦法之利用。憲章第2條第4款，明文禁止各會員國在其國際關係上使用威脅或武力，所以任何非和平的方法，例如武裝報仇，雖然不是戰爭，用以解決國際爭端時，都是違法的。

五、不以戰爭作為執行國家政策之手段

從前面第四個國家的國際義務，很自然的就可以推論出本義務——國家有義務不尋求以戰爭作為執行其「國家政策」（National Policy）之「手段」（Instrument），而且對其他國家應避免使用武力或威脅使用武力對付其他國家。這樣主張的國家之義務，很明顯的是基於現代國際法之規範下對於「戰爭之地位」（Status of War）所作的認定或所作的解釋之必然的結果。但是，我們必須要注意的是國家作戰權利之根源，是主權觀念，而不是國際法。國際法只是承認這項事實之存在，以及戰爭之合法性而已。如奧本海所說：「戰爭是一項被國際法承認的事實，並對其許多

---

[52] 見前註，陳治世書，頁127。

[53] 同前註。

地方加以規定，但是這項事實並非國際法所建立。」[54]戰爭與法律究竟是不相容的兩種手段，所以格魯秀斯曾經企圖創立「義戰」（Bellum justum或稱合法戰爭）與「不義之戰」（Bellum injustum或稱不合法戰爭）的分別[55]，但這只是它的一個學說，以後即未見發展。

　　直到國際聯盟成立之後，國際法對於戰爭的觀念，開始有了重大的改變；雖然國際法還不能根本的否認戰爭的合法地位，但是已經開始限制國家對於此一「工具」之運用。「國際聯盟盟約」（Covenant of the League of Nations）第10條規定：「聯盟會員國擔任尊重並保持所有聯盟會員國之領土完全，及現有之政治上獨立，以防禦外來之侵犯；如遇此種侵犯，或有此種侵犯之任何威脅或危險之虞時，理事會應籌履行此項義務之方法。」第11條規定：「茲特聲明凡任何戰爭之危險，不論其立即涉及聯盟任何會員國與否，皆為有關聯盟全體之事；聯盟應用視為明智而有效之任何辦法，以保持各國間之和平……又聲明凡牽動國際關係之任何情事，足以擾亂國際和平或危及國際和平所恃之良好諒解者，聯盟任何會員國有權以友誼名義，提請大會或理事會注意」。這兩條確立了限制各會員國作戰權利的基本原則。

　　對於從事作戰加以更大限制的是1928年8月20日由美、法、英、義、日、德、波、比、捷、加、澳、愛爾蘭、紐西蘭、印度、南非等15個國家在巴黎簽訂的「廢戰公約」（General Treaty for the Renunciation of War，又名白里安凱洛格公約Briand-Kellogg Pact，或巴黎公約Pact of Paris）。[56]此一條約只包含一個前言及三條條文，其第1條規定：「締約各國以各該國人民之名義鄭重宣告在各國國際關係中，譴責以戰爭解決國際糾紛，並廢棄戰爭為實行國策之工具。」（The High Contracting Parties solemnly declare in the names of their respective peoples that condemn recourse to war for the solution of international controversies, and ... renounce it as an

---

[54] See Oppenheim-Lauterpacht, International Law, Vol. II (1952), p.202.

[55] See Brierly, Law of Nations (1955), pp.31-33.

[56] See Foregign Relations of the United States, 1927, Vol. II, PP.611-630.

instrument of national policy in their relations with one another.）第2條規定：「各國同意，對此間可能發生之一切爭端或衝突，無論屬於何種性質或來源，不得尋求和平方法以外解決。」（The High Contracting Parties agree that the settlement or solution of all disputes or conflicts of whatever nature or of whatever origin they may be, which may arise among them, shall never be sought except by pacific means.）不過，廢戰公約並未完全廢棄戰爭，指示各締結國相約不以戰爭為解決爭端或推行國策之工具。至於在下列各種情形，戰爭仍屬合法[57]：（一）為合法自衛的戰爭；（二）國際組織所採取作為集體制裁行動的戰爭；（三）公約締約國與非締約國之間，或非締約國彼此之間，所發生的戰爭；（四）締約國對違約國的戰爭。公約前言宣稱：「任何簽字國如以戰爭手段增進其國家利益，不得享有本公約所提供之利益。」（Any signatory Power Which shall hereafter seek to promote its national interests by resort to war should be denied the benefits furnished by this treaty.）

　　廢戰公約的原則又由聯合國憲章繼續加以闡明並發揚光大。國際法院法官傑塞普（Philp Jessup）就指出：「聯合國憲章是對於戰爭以及國際關係中之使用武力，加以法律管制途中的最近一個里程碑」[58]。憲章把這一原則列為聯合國「原則」（Principles）之一，及第2條第4項「各會員國在國際關係上不得以威脅或武力，侵害任何國家之領土完整或政治獨立，或用於與聯合國宗旨不符之任何其他方式。」（All Member shall refrain in their international relations from the threat or use of force against the territorial integrity or political independence of any state, or in any other manner inconsistent with the Purposes of the United Nations.）就傑塞普說：「這一條文就其上下文來說，意義更重大。同條所列第1項是聯合國全體會員國主權平等的原則，聯合國組織就是建立基於這一原則。這兩個原則之並列，可知對威脅或使用武力之管制，與主權平等之原則並無不合。故從事

---

[57] 杜蘅之著，國際法大綱（下），臺北，臺灣商務印書館，民國80年，頁514。

[58] *Philip Jessup*, A Modern Law of Nations (1948), p.158.

戰爭已不能以絕對主權的舊觀念為理由。」憲章第2條第3項所列之原則是「各會員國應以和平方式解決其國際爭端，避免危及國際和平、安全，及正義」。傑塞普認為這一原則與上述第四項之並列，也說明今後將以和平方式代替昔日之戰爭，以解決爭端。[59]並且本條第6項規定：「本組織在維持國際和平及安全之必要範圍內，應保證非聯合國會員國遵行上述原則。可知憲章禁止使用武力的原則，也同樣適用於聯合國組織以外的國家，而成為一般的國際法的原則。

六、不得協助聯合國所制裁之國家

此一國家之義務同樣的適用於所有聯合國的會員國。因此一義務，源起於聯合國憲章第2條第5項之規定：「各會員國對於聯合國依本憲章之規定而採取之行動，應盡力予以協助，聯合國對於任何國家正在採取防止或執行行動時，各會員國對該國不得予以協助。」（All Members shall give the United Nations every assistance in any action it takes in accordance with the present Charter, and shall refrain from giving assistance to any state against which the United Nations is taking preventive or enforcement action.）[60]這裡有一個相當有趣的問題，值得一提，那就是本義務並不適用於非聯合國會員國的國家。舉例來說，當聯合國已決定對其某一會員國採取一項軍事性質的行動，對於非聯合國會員國的國家，仍然可以對該國自由提出資助行為。

七、不得承認任何國家違反聯合國憲章所獲得之領土

此一國家之義務，同樣的是僅對於聯合國的會員國有拘束力。因為此一義務，也是源起於聯合國憲章第2條第4項之規定：「各會員國在其國際關係上不得使用威脅或武力，或以與聯合國宗旨不符之任何其他方

---

[59] 同前註，頁158-159。

[60] Article 2(5) of the United Nation Charter.

法，侵害任何會員國或國家之領土完整或政治獨立」（All Members shall refrain in their international relations from the threat or use of force against the territorial integrity or political independence of any state, or in any other manner inconsistent with the Purposes of the United Nations.）[61]。此一國家之義務，似乎是在重申舊時的「史汀生主義」（Stimson Doctrine）；然而，很不幸的是過去國際社會所發生的多項事件，證實了這一義務並未被聯合國會員國所遵守。舉例來說印度之奪取克什米爾（Kashmir），即是一例。

八、誠信履行條約義務

所有的國家必須以「誠信」（Good Faith）履行那些源起於國際法或條約之義務；而且沒有一個國家可以藉口其本國的憲法或其他國內法之規定，來免除其履行國際法上或條約之義務。任何一個國家與其他國家簽訂條約，必須出於誠信，履行條義必須出於誠信；此為一法律原則，同時也是國際法原則；更是一項普遍性國際法原則，所謂的「條約必須遵守原則」（Pacta Sunt Servanda Principle）。

每一個國家有義務與其他國家根據國際法的規範進行交往、推展國際關係。此一義務就如同前面所述「條約必須遵守原則」一樣，是國際法制體系下維持和平與秩序的不可或缺的基本條件。雖然在國際社會所發生的每一事件，要如此的期待每一個國家去履行這樣的義務，似乎是不可能，但是，無可否認的，這樣的義務是存在的，而且對每一個國家都存在有這樣的具有拘束性的義務[62]。

九、國家之行為不得污染其鄰國

每個國家有義務要注意到其在管轄領域內的任何行為或行動不得對其鄰國造成環境上之污染，不論是空氣污染、水資源污染、或核廢料的處

---

[61]　Article 2(4) of the United Nation Charter.

[62]　見前揭註51，Gerhard Von Glahn書，頁175。

理……影響到鄰國，乃至於公海上，成為國際社會的污染製造者或污染源。

肆、結論

　　許多國際法學者曾試圖列舉國家的「基本」權利與義務。同時也有許多國際組織與國際會議亦均經常地討論這些個問題。答案也均莫衷一是。有些人認為國家之基本權利與義務是天賦的；基本上，這樣的觀點是以自然法為基礎的一種看法。也有一些人認為是因為道德觀念而產生的，此乃否認國際法為法律的學者，所主張的說法。而大多數20世紀的國際法學者則認為國家的權利與義務，基本上是建立在法律的基礎之上的。因為唯有憑具法律才能判斷權利與義務之是否存在。

　　事實上，何者為國家的基本權利及義務的問題，從來就很難得到一致的協議。國家的權利與義務，有的被宣告是「基本的」，但其重要性似乎不如其他未被宣告的權利與義務，也沒有比國際法的若干基本原則，來得更為重要。同時，也有一些「草案」或國際會議所擬定的國家之基本權利與義務，有失之過於模糊或太籠統而不夠精確。國際法院亦曾利用某些國際案件來解決這樣的問題而未能如願；直到1986年國際法院在審理「尼加拉瓜對訴美國」（Nicaragua v. U.S.）一案中即認為每一個國家得自由選擇其所採取的政治、社會、經濟或文化制度；並宣稱某一特定國家遵守任何政治理論，並不違反國際法的任何習慣規則。事實上，權利與義務是相對待的，一方面行使權利，他方面就有義務必須要履行。而權利之行使卻必須要有法律作為依據。上述國際法院的判決文，在某種程度與意義上，似乎說明了國家具有某種基本權利，其他國家就有義務加以尊重。

第七章　國家之管轄權

第一部分：關鍵概念與名詞界定

1.管轄之意義

　　管轄是指國家所為之治理活動。原則上，國家之活動由其機關為之；而國際法長久以來對於國家之管轄行為基本上一直不願加以過問，因為這樣的「活動」乃是由各國之國內法來決定究竟是由哪個機關來行使，乃是一國主權之下的統治權行使的一部分。基本上，管轄之概念不同於國家之一權利及義務的行使或作為。權利一般是指法律所賦予之「能」而義務則是指法律所課予之「當為」或「應為」。二者皆為法律主體依據法律而具有之能力或地位。管轄則係指法律主體本身實際上所為之治理活動的一部分；而且它的「能力」來源乃是起自於各國本身國內法之賦予，僅僅是在國內法所分配的「權力」於行使或未行使時違反了國際法上的義務時，國際法才會涉及國內法上權力的分配問題。因為此時已經義務的違反而發生了國際責任之追究。因此，只有在極少的特別情況下，國際法才會規範國內法的哪個機關才具有資格或地位來採取行動。

　　長久以來，國際法對於前述國家所為之治理活動的「合法性」，通常稱之為「管轄」（Jurisdiction）。即國家界定與執行及管制自然人與法人之合法權力。另外，國際法對於國家這類的主張（即管轄權）原本並無限制；直到1927年的「蓮花號案」（The Lotus Case）才顯出一項原則——基本上國際法對任何國家的行使管轄權並無限制，除非各該國家能以證明所加之限制乃係現行國際法的一項原則。主張得以行使或不得行使管轄權的國家，應有義務提出符合國際法或國際慣例之證明。

2.決定國家管轄權之基本原則

（1）領域管轄權原則

「領域管轄權原則」（Territorial Jurisdiction Principle）乃是國家主張管轄權之最根本的基礎。在國家領域內所發生的任何「事」，國家當然有主張的權利，因為它具有主要的利害關係，而應行使其管轄權。領域管轄權確保了國家領域範圍內，所有的人均必須受到各該國家的法律上的管轄與拘束；除非是國際法有給予轄免的特別規定。

（2）國籍管轄權原則

「國籍管轄權原則」（Nationality Jurisdiction Principle）乃是國家對於具有其國籍的個人、物或法人，有重要利益，因此可以對其行使管轄權。也就是說，不論相關行為的發生是在何處，每一個國家對它自己的國民，具有固有的權利來行使管轄權。當構成犯罪之要素是發生在國外時，原則上，國家只有在刑事的觸犯或民事的錯誤是特別的嚴重時，才會傾向於行使「域外管轄權」（Extra-territorial Jurisdiction）。

（3）被害人人格屬性管轄權原則

「被害人人格屬性管轄權原則」（Passive Personality Jurisdiction Principle）或有稱之為「被害人國籍管轄權原則」（Passive Nationality Jurisdiction Principle）。它是指國家為了保護其國民，對於加害行為之外國人，得以行使其管轄權。此原則是國際法中有關國家管轄權原則中最具有爭議性的一個。但是，國際社會業已承諾其合法性。其理由乃是在於它授權各國對於那些犯罪行為，損及於各該國家海外之公民，得以基於本原則，來行使管轄權。

（4）保護管轄權原則

「保護管轄權原則」（Protective Jurisdiction Principle）乃是對於威脅到國家存在或其正常運作的行為，雖然行為在國境外發生，且行為人雖非其本國國民，基於保護其國家利益的目的，可以行使該原則之管轄權。保護管轄權原則早在1933年之「哈佛研究公約」即已予以釐清。該公約指

出：「只要是外國人之行為或不行為，所構成之犯罪，並非是從事行為地之法律，所賦予之受保障的自由權之行使，則每個國家可以針對一個外國人，在其領域外所從事之有害於該國之國家安全、領域完整或政治獨立的行為，享有管轄權」。

（5）普遍管轄權原則

「普遍管轄權原則」（Universal Jurisdiction Principle）是指舉世譴責的行為，不問是在何處發生，亦不問是任何國籍之行為人，任何國家均可以行使管轄權。本原則之成立乃是為了針對那些對於國際社會安全或人類全體之利益有不利之影響的犯罪行為，並同時違反了國際法規範的要求，而對犯罪行為人加以懲罰或處分。因此，國際法允許各國依據此普遍原則，任何一個國家只要能夠將他（們）逮捕歸案，各該國家即可對他（們）加以懲罰。

*2.*國家豁免之意義

國家依據「領域管轄權」（Territorial Jurisdiction，又稱作「屬地管轄權」），可以對其領域內的人、事、物行使管轄權，但此種管轄權的行使並非毫無限制。通常，外國政府、外國元首、外交使節、政府間國際組織人員、外國軍艦和軍隊等，均可以依據國際法規則，主張全部或部分的豁免地主國的領域管轄權。而「國家豁免」（Doctrine of State Immunity）正是有關國家本身主張豁免管轄的一項重要國際法原則。

「國家豁免」又被稱為「主權豁免」（Doctrine of Sovereign Immunity），或是更精確地被表述為「國家及其財產的管轄豁免」，指的是一個國家及其財產免於另一個國家管轄的權利。豁免的內容就是廣義而言應包括司法、行政、執行等三方面，但一般以為主要是專指兩部分：即司法管轄豁免和執行豁免。換句話說，依據「國家豁免」原則，國家不受另一國法院審判，其財產在另一國法院也可免於遭受扣押等強制執行措施。不過這並不是表示國家可以依據「國家豁免」免除其實體法上的責任，它只是賦予國家享有程序上的豁免而已。此外，這也並不表示案件「不能被裁判」（Non-judiciability），只是因為案件涉及的當事人為外國

國家或政府，所以國內法院依法不予以管轄。至於豁免的方式通常是一國的法院拒絕對外國的行為或財產行使管轄權，而由該國的行政部門循外交途徑解決糾紛。此外，「國家豁免」也並不是表示外國的行為可以不受任何拘束而為所欲為，依目前公認的見解，國家從事一些特定行為時，它不得主張援引「國家豁免」。這些特定的行為包括國家從事商業行為或是侵權行為，以及國家明示或是默示放棄豁免權等。

3.國家豁免之法理依據

　　國家及其財產為何能享有豁免權呢？各國的理論和實踐曾有過不同的主張，歸納起來包括下列五種：（一）治外法權說：在19世紀以前，治外法權理論是外交使節享受特權與豁免的主要根據，所以一些國際法學者也一併將其適用於「國際豁免」。依此說，一個主權者在他國領土內可以行使法權，猶如在自己國內一般。但此說的缺點是它是一種虛擬的比喻，又給予人外國國家可以超越領土國法律的印象，所以早在19世紀初就被認為不能妥善的作為「國家豁免」的法理基礎；（二）尊嚴說：在一些英美法判例中，維護外國的尊嚴常被引用作為給予「國家豁免」的根據，不過此一觀念往往是和其他觀念一起共同提出來支持「國家豁免」；（三）國際禮讓說：這種理論的主要特點是以維護國家之間的政治或外交關係的角度來考慮問題，認為一個國家的主權僅及於本國領土，而國家之間相互給予豁免權完全是基於禮讓和善意；（四）互惠說：本說以為「國家豁免」的根據在於國家之間的互利互惠，給予豁免並不是一項法律義務，只有在一方給予另一方豁免時，後者才會給前者豁免；（五）主權平等說：此說主張「國家豁免」是由國家主權原則所引申出的一項國際法原則，而依據主權平等原則，國家彼此之間應當是互相獨立且平等，故任何國家當然不能對其他國家及其財產行使管轄權。

　　上述的五種見解中，主權平等說獲得廣泛的支持，治外法權說則早已不採，而尊嚴、禮讓、互惠等主張的共同缺點是缺乏法律要素，所以不如主權平等說來得完備。而主權平等說較為適當的理由是因為國家主權平等早已是國際社會公認的國際法基本原則，例如聯合國憲章第2條第1項就明

訂了主權平等是聯合國及其會員國應遵守的基本原則；而1970年聯合國大會通過的「關於各國依聯合國憲章建立友好關係及合作之國際法原則之宣言」（Declaration on Principles of International Law Concerning Friendly Relations and Cooperation among States in Accordance with the United Nations Charter.）也規定主權平等是國際法的基本原則之一。所以「國家豁免」以國家主權平等為基礎具有堅強的法律依據。其次，「國家豁免」只能適用於互相平等的國家之間，而主權平等說正反映了國際社會中國家的地位和彼此之間的關係，它說明國家之間互相給予豁免的原因是由於彼此互相平等的結果，而不是一國比另一國具有更優越的地位。

　　其實，國家主權平等作為「國家豁免」的法理基礎早已為各國所接受。拉丁法諺說「平等者之間無統治權」（par in parem non habet imperium），是支持說明國家平等和主權獨立為「國家豁免」基礎的強而有力論證之一。而一些著名的西方司法判例也支持「國家豁免原則」是源於平等和主權等觀念。例如美國的「交易號」（The Schooner Exchange v. McFaddon）案中，大法官馬歇爾（J. Marshall）說：「一個主權者在任何地方都不從屬於另一個主權者，它有最高的義務不把自己或其主權置於另一主權者的管轄，因而導致國家的尊嚴受損。它只有在明示的特許下，或相信給予其獨立主權的豁免時，……方能進入另一國領土。」而在英國，法官布萊特（Lord Brett）在「比利時國會號」（The Parlement Belge）案中寫到：「由於每一個主權的絕對獨立和導致每一個主權國家尊重其他主權國家獨立和尊嚴的結果，每一個國家都拒絕經由其法院對任何其他國家的君主或大使，或其用於公共目的的財產行使管轄……。

第二部分：專題研究與論述

■專題：國家管轄權之研究

壹、前言

　　全球化（Globalization）的風潮在20世紀末風起雲湧的在世界各地迅速地展開，地球變得愈來愈小，地球村的影像已經愈來愈清晰了。顯現在國際社會裡的現象是國與國之間的關係是越來越密切；隨之而來的是跨國公司的成立多如過江之鯽，跨國投資的問題就層出不窮了。不僅如此，涉及國際金融的問題、國際貿易的問題以及其他國家與國家之間或國家與國際組織之間的問題，大致上要妥善的處理起來，第一個要解決的問題就是哪一個國家具有該案件的管轄權的資格或能力的「國家管轄權」之處理。因此之故國家管轄權作為國際法的一個主體來加以研究不可謂不重要。

　　基本上來說，任何一個國家對於人、事、物或行為所行使之管轄權，會因各國本身的歷史文化背景及地理環境，而有所差別。在以往很長的一段時間，英美等海洋法系的國家所行使之管轄權，很少逾越領域管轄權的範疇。然而隨著交通往來的便利，通訊聯絡的快捷，各國之間的交易頻繁，牽涉到國與國之間的法律性問題，從民事到刑事甚至於到人權……等所必須處理的爭議或糾紛就與日俱增而難以避免了，而國際法上傳統的「領域管轄權」的概念，也就隨之改變用以處理越來越複雜的跨國或國際性的事件或爭議。近年來已經可以看到許多國際立法，規定簽署國行使管轄權的範圍，大大地超越了傳統「領域管轄權」的基本概念，乃至於美國的國際法學者更提出所謂的「境外管轄權」（Extra-territorial Jurisdiction）新觀念，足見國際法領域所要研究的國家管轄權也已經跳脫了傳統的思維窠臼，而有了一大片的嶄新層面，值得更進一步去研究與探討。

貳、國家權力之垂直分配

　　從國際社會成員的角度來看，「誰」有「權」（Authority）作決定？如何來作決定，這向來是國家「權限」（Power）的基礎。多數國際法學者長久以來即意識到權力在這樣的意義下，是任何一位「決策者」（Decision Maker），在其決策形成的過程中最有效的權限基礎。而這樣的權力的概念，以及它在決策形成過程中所具有的「附隨角色」（Concomitant Role），在古代中國、印度、希臘、羅馬等「原始社會」（Primitive Society）盛行之習慣法時代，以各種不同的外貌存在，是顯而易見的[1]。這樣的概念經過人類社會幾個世紀以來的演進至今，歷久而不衰；一直到近代民族國家興起以後所建立的「國際法制體系」（International Legal System），仍然被確信不疑，足以證明「權力是正確地來自於全體人民」（Authority rightfully comes from the whole people）；不僅如此，它更反映在「世界人權宣言」（Universal Declaration of Human Rights）第21條第3款所指：人民意志應為政府權力之基礎……，並且表現在「聯合國憲章」第1條及第55條所述之「自決原則」（Principle of self-determination）中。由此可見，這樣的「權力概念」表現於國際法上的重要性是不難證實的[2]。

　　在國際社會裡關於國家權力之分配，基本上採取了兩種態樣，其一為：「共同社會」（General Community）與「特定國家」（Particular State）之間，權力的「垂直分配」（Vertical Allocation）；另一則為：國際社會中所有國彼此之間，權力的「水平分配」（Horizontal Allocation）。我們在此先研析國家權力之垂直分配的問題，而在下一個部分再研析國家權力之水平分配的問題。從共同社會與特定國家之間權力的垂直分配方面來看，其中最顯著的發展就是繼續不斷地擴大「國

---

[1] Lung-chu Chen, An Introduction to contemporary International Law, (New Haven: Conn.: Yale Univ. Press, 1989), p.224.

[2] 同前註。

際顧慮」（International Concern）的概念，而同時伴隨著「國內主權」
（Domestic Jurisdiction）概念之侵蝕減弱。在此跨國互動及相互依存關係
日益密切的時代，一個有組織、有秩序的國際社會裡，國家權力的分配正
在朝向合理的方向穩定地成長，是無庸置疑的。而且我們更可以如此的指
出：在「國際顧慮」及「國內管轄」事件二分法的情況下，此兩種對照的
情形，在在都涵蓋了國際法的概念。「這種二分法的作法點出了繼續分
配中央的總括社會與其組成份子『領域社會』（Territorial Community）
的國家或地區之間的平衡能力的必要性，以設計出來最好的方式來尋求
彼此的『共同利益』（It signifies the necessity of a continuing allocation
and balancing of competence between the central, general community and its
component territorial combinative, states, or regions, in ways best designed
to serve the common interest.）[3]。「國際顧慮」及「國內管轄」這兩個
「專門術語」（Technical term）代表著所謂的「兩極概念」（Tow-Polar
Concept），它們是被設計出來在「總括能力」（Inclusive Competence）與
「專享能力」（Exclusive Competence）之間，尋求維持一個適當的平衡。
代表國際顧慮的總括能力與代表國內管轄的專享能力二者，沒有一個是絕
對的。因此，當我們提到「國際顧慮」，那就是指某些事件，包含那些發
生在某一特定國家疆域界限範圍內之事件，對一個共同的、跨國社會是有
「相對性的重要」（Relatively Important），以致於那樣的社會得以制定
及適用法律到那樣的事件上，來保護被那些事件影響到的所有人們的「共
同利益」；國際法的一項重要功能即是在它的允許外在的決策者得以介入
一些原本是某個特定國家在本質上被認定為內在事務的事件上[4]。

　　而相對的來說，「國內管轄」則是指某些事件被認定為僅僅是對其一
個特定國家有其「主要的重要性」（Predominant Importance）。自從基於
所有國家主權平等的近代民族國家體制興起之後，每一個特定國家就一直
堅持且享有著「專享能力」的大部分領域範疇。此一堅持的要求就一直在

---

[3]　同前註。

[4]　同前註，頁225。

下面那些「專業概念」（Technical Concept）如國家平等、主權獨立等籠罩下而被主張及受到保護；這些概念的累積效果就是將國家內在的菁英，不受外來的規範[5]。

　　所謂國家平等、主權獨立……等專業概念，追根究柢均可追溯到16世紀布丹（John Bodin）所首倡的「主權」意識的發生，而聲稱主權的至高性與絕對性，而被當時代表統治者的君主所運用。然而，16世紀被各國國王所運用的不受挑戰的主權至上論，似乎已不能適用在「主權在民」（Popular Sovereignty）的當代國際社會；特別是在今天各國彼此互依存的關係，根本上使得16世紀的主權觀念變得陳腐而落伍，而不再受到當代國際社會的重視。而事實上從國際社會成長的歷程來看，主權是從來就沒有絕對到阻止國際社會針對某些事件的介入及制裁。至於說用「國內管轄」這種專業術語，來保護國內菁英的專業能力，其起源則是相當近代的事。此一名詞的首度出現，則是可以從「國際聯盟盟約」（Covenant of the League of Nations）的第15條第8款「如相爭各造之一造對於爭議自行聲明並為行政院所承認，按諸國際法純屬該造『國內管轄』之事件，行政院應據情報告，而不作解決該爭議之建議」（If the dispute between the parties is claimed by One of them, and is found by the council, to arise out of a matter which by international law is solely within the domestic jurisdiction of that party, the council shall so report, and shall make no recommendation as to its settlement.）[6]。尤有進者，「聯合國憲章」（The Charter of the United Nations）也採取了與國際聯盟盟約相同的模式，例如，聯合國憲章在其第2條第7款即明文指出：「本憲章不得被認為授權聯合國干涉在本質上屬於任何國家『國內管轄』之事件，且並不要求會員國將該項事件依本憲章提請解決；但此項原則不妨礙第七章內執行辦法之適用」（Nothing contained in the present Charter shall authorize the United Nations to intervene in matters which are essentially within the domestic jurisdiction of ant state or

---

[5] 同前註。
[6] 國際盟約，第15條第8款。

shall require the Members to submit such maters to settlement under the present Charter; but this principle shall not prejudice the application of enforcement measures under Chapter VII.）[7]。比較國際聯盟盟約第15條第8款及聯合國憲章第2條第7款二者之間的差異，實在難以發現其間不同之處，除了用語上的寫法略有不同外，二條款之精神均著重在「國內管轄」事件上之「專屬能力」的突顯，及國內管轄事件之受尊重。在實踐上，以「國際顧慮」與否來作為事件之是否屬於「國內管轄」之範疇；而在理論上，一般則以藉著「國際相關學說」（The doctrine of International Relevance）之國際理論作為依據。所謂「國際相關學說」基本上是意味著任何一件事務如果碰到超過一個以上的國家，即是合於「國際相關」之要件；反之，許多問題如果僅僅影響到一個國家，則不論多少問題，亦僅是國內顧慮而已（International relevance implies that a matter touches the interests of more than one State whereas a number of issues only affect one State; much is of mere domestic concern.）[8]。事實上，當國家與國家間交往愈頻繁、關係愈密切之際，國家與國家之間之相間之相互依存程度就愈益加深，乃導致國家本身之活動或稱純屬國內管轄範圍之事件就愈益縮小，這是無可避免的事實，也就是說這是不得不承認的事實。

　　然而，不論怎麼說，從前面的國際聯盟盟約第15條第8款或者聯合國憲章第2條第7款所述，在相關的國際事務範疇上，每一個國家仍然可以聲稱對某些事件可以擁有「保留區域」（Reserved Domain）為其「專享能力」之「國內管轄」領域。就以聯合國憲章第2條第7款為例，該條款明文規定聯合國憲章不得被認為是授權聯合國可以干涉在本質上屬於任何國家「國內管轄」之事件。足見，該條款明白的反映出在「保留區域」內的事件，各國應遵守國際法上所謂的「不干涉原則」（Non-Intervention Principle），沒有任何國家可以干涉其他國家的「國內管轄」事件，因為

---

[7] 聯合國憲章，第2條第7款。

[8] *Ingrid Detter*, The International Legal Order, (Aldershot, England: Dartmouth publishing Comp. Ltd., 1994), p.9.

那些國家的「國內管轄」事件，是各該國家的「保留區域」，而不應被其他國家任意干涉。換句話說，任何事件是屬於任一國家的「保留區域」內之事件，一般來說並不具有立即地「國際相關」性質，而相反的是屬於「國內管轄」事件的性質；因而，不應受到其他國家的任意干涉。

雖然聯合國憲章上是如此明白的說明，但是我們不得不明白的指出，聯合國憲章第2條第7款的適用範圍在今天已經遠比在1945年草擬它時大大地縮小了。換句話說，隨著各國「國內管轄」範圍內的事件（例如關於人權保護方面）經常不斷地受到「外在的行善者」（Outside Actor）的檢視，各國的「保留區域」很自然地就被逼的不斷地縮小[9]。更進一步來說，關於「保留區域」的國內管轄的範疇，到了目前的國際現況來看，更遭遇到許多各種不同型態的例外，或者我們可以用國際條約法上的用語——保留，來對「保留區域」提出保留。這些「保留」的各種型態，主要的有下列各種情形[10]。

一、一件原本是可以一直被認定是屬於「保留區域」的事件卻因為該國與其他國家完成了一項條約或協定，使得該事件成為一件「國際相關」事件，而使得該事件從「保留區域」的一「國內管轄」事件，變成了「國際相關」事件。其中的那樣的一項條約就是聯合國憲章，就是前面所論及約含有第2條第7款的憲章，該國際條約在其第七章的規範下，明白允許在特定的情況下，可以干涉一個國家的國內管轄事務。換句話說，當國際社會的和平與安全受到威脅時，一個純屬國內管轄之事會因而轉變成性質上是「國際相關」事件而被干涉。

二、當一個國家在一般國際法的規範下，必須受到許多國際法規的約束時，其原仍純屬於「國內管轄」的範疇，必然會有許多「保留」存在。那就是說，一些外在的國際條約或特別協定允許作一些最低限度的「過境交通」（Transit Traffic），這些就是對「國內管轄」的保留。例如，國際法規範或國際條約會允許一個「內陸國」（Land-locked State，對他國的

---

[9]　同前註，頁10。
[10]　同前註。

領水（Territorial water）提出「無害通過」（Innocent Passage）的要求，
或者是對他國的領空提出自由航行的要求。

　　三、或許也是最重要的，就是一個國家會受到被所有國際社會中的國
家所接受的國際法一般規則之約束，為某些外國機構之行為，賦予豁免；
同時也對在並領域範圍內之所有個人（不論外國人或是其本國人）提供
最低限度的對待及人權的保障。這些規則對各相關國家而言，具有拘束
力；而且不論這些規則是源自於國際條約或國際公約。當然，有一些這類
規則（未必是全部的這些規則）是那麼的具有「強制性質」（Compelling
Regulations）〔我們或許可以如同一些國際法學家一樣，稱其為「絕對
法」（Jus cogens）〕。

　　所以，如果從上面所提到的關於國家對於國際條約下的履行義務的責
任問題、穿越國界的短暫過境、居留問題，以及對待國境內的外國人待遇
問題……等均涵蓋了國家對其領域主權的限制，而似乎是對前述聯合國憲
章第2條第7款關於國家「國內管轄」之例外。因為就以上三點所述來加以
分析，毫無疑問的是國際法對於發生在國家疆域範圍內事件的規範，而成
為所謂的「國際相關」事件，因而構成了所謂的「國際顧慮」。因此，一
個明顯的結論是：任何一項攸關一國領土主權內的事件，如疆界的劃定、
外國人民或外交官員的待遇，以及有關人權的侵犯……等問題，莫不成為
「國際相關」的問題，而導致傳統國際法中對國家主權至高無上而不容挑
戰之地位，遭致動搖。換句話說，自此而後「國內管轄」的標籤，在近代
國際法對「國家主權」的重新檢視之下，國家在傳統國際法下所建立之
「專享能力」，業已減縮了其實質上之內容。雖然如此，「國內管轄」與
「國際顧慮」之間的界限，卻從來沒有清楚的被國際條約或國際法專家加
以界定。

　　然而，事實上二者之間的界限卻又不得不加以界定。不論過去如
何，現在以及可預見的將來，當事件發生時，則勢必要加以區分彼此的
範疇，以利糾紛之解決；特別是當事國的一方提出有關聯合國憲章第2條
第7款之意涵時，抑或是爭端被提交給聯合國去解決時，此時必然得探求
第2條第7款之立法真意；如此則必須引證「舊金山會議」（San Francisco

Conference）的書面紀錄、查尋其立法歷史，以便發掘出當初「制定者之意圖」（Framer's Intend）。然而從草擬第2條第7款的各項資料來研判，我們可以得到一個結論，就是其制定者一方面無意剝奪或減縮聯合國在執行其憲章所賦予其任務時之「權威能力」（Authoritative Competence）；而在另外一方面，制定者亦不願聯合國捲入二件大致上被認為是純屬於一國「國內管轄」範圍內之國家「專享權力」所有權處理的事件面去。因此，第2條第7款的立法目的，顯然是有意地要保持適度的模糊，以便在適用時能保有最大的彈性。

　　雖然在理論上，我們對第2條第7款作上述的解釋，但是在遇到特定的爭執時，決策者所面對的問題爭點自然就是要如何在選擇對國際社會如何作最基本而有利的分配其「總括能力」與國際社會成員之「專享能力」。所幸，我們可以從1923年「常設國際法院」（Permanent Court of International Justice）在「突尼斯－摩洛哥國籍敕令案」（Tunis-Morocco Nationality Decrees Case）中發現一項最基本的參考標準；在該案中「常設國際法院」指出：「像國籍這樣的事情，原則上是屬於國家的『保留區域』之內，而不由國際法來規範，但是國家行使自由考量的權利，卻受它已對他國承諾的義務所限制。……英國認為根據它與摩洛哥於1856年所簽訂的條約，和它與突尼斯享有治外法權，所以摩洛哥及突尼斯的國籍法不能對英國人適用。法院認為這些條約的效力既須取決於國際法原則，則本案爭端依國際法並非完全屬於國內管轄事項」[11]。簡單地說，「對於一件事情是否是完全地屬於一國的管轄範圍內的問題，本質上是一個相對的問題，要看國際關係的發展而定。因此，在國際法現在的這個狀態，國籍的問題依本院的意見，原則上是在國家的保留區域之內」（The question whether a certain matter is not solely within the Jurisdiction of State is an essentially relative question; it depends upon the development of international relations. Thus, in the present state of international law, questions of nationality

---

[11] P.C.I.J., Ser.B.No.4 (1923), 24.

one, in opinion of this Court, in principle within this reserved domain.）[12]。但是視各別事件的情形，有時並非完全屬於國內管轄事件。

　　所以要來決定一件事情是否是「國際顧慮」或是在本質上是在「國內管轄」之範圍內，不僅得依賴事實而定，而且更要依賴國際社會變遷凡事實以及相關的「法制政策」而定。如此，則允許當國際社會的情況有變遷時，可以適時地調整我們所認定的「總括能力」及「專享能力」的範疇。而國際社會的現實情況是經由擴大國際顧慮的範疇來傾向於發展「總括權威」（Inclusive Authority），這可以由澄清憲章第2條第7款中所指出的「介入」（Intervention）來說明即可明白。勞特派特（Herch Lauterpacht）下面的一句話對「介入」的定義（已經獲得相當程度的國際社會的接受），最能夠說明前述的「傾向」（Trend）。他指出[13]：「就整體面而言，介入是一個具有無可爭議的內涵之專業術語。它表示出獨斷性介入之意思，特別是它的行動近乎於達到否認國家獨立的程度；如果未遵照其要求去執行，介入國隱含著將以武力或其他之補救之措施來強制去實現其要求，雖然未必是實體的強制，但至少是某些種形式的強制。」

（Intervention is a technical term of, on the whole, unequivocal connotation. It signifies dictatorial interference in the sense of action amounting to a denial of the independence of the State. It implies a demand which, if not complied with, involves a threat of or recourse to compulsion, though not necessarily physical compulsion, in some form.）[14]。

　　更須要注意的是：那必須是由具有「總括能力」的國際社會來作最後的決定或認定哪些事件是在「國際顧慮」的範疇之內，以及哪些事件是屬於「國內管轄」的性質。當國際社會中的各個國家彼此相互依賴的動力加速，同時各個國家內的人們也同時認知到彼此的相互依賴愈來愈深而且也變得愈來愈實在的時候，已經建立起來的權威決定對於權力的垂直分配，

---

[12] 同前註。

[13] *Herch Lauterpacht*, International Law and Human Rights, (1950), p.167.

[14] 美國之介入前南斯拉夫有關科索沃（Kosovo）地區之事務，多多少少亦有「形式上之強制」意味存在。

就會越來越容易地把一件具有跨國內涵的事件表彰在「國際顧慮」的「總括能力」上面。最容易發現的例子就是一件對外國的影響的純粹發生在一國疆域以內的事情，很容易的就可以把它歸類為一件具有「國際顧慮」的事件。所以，我們可以這樣認為：當一件特定的事件如果導致了重要的總括影響結果，那麼我們可以期待的是國際社會會將該特定事件的原屬「國內管轄」範疇事件，「國際化」（Internationalize）管轄權而成為「國際顧慮」事件。而「國際顧慮」事件所最容易表現的範疇，也是各國「國內轄權」所最明顯關切之事項。在這方面國際社會依序在聯合國大會的主導下，完成三項大會之決議：一、「關於天然資源之永久主權決議」（Permanent Sovereignty over Natural Resources）；二、「建立新國際經濟秩序宣言」（Declaration on the Establishment of a New International Economic Order）；以及三、「各國經濟權利與義務憲章」（Charter on Economic Rights and Duties of States）。基於其對於國家權利之垂直分配，在「國內管轄」與「國際顧慮」方面有決定性之影響，特分別依次加以說明。

一、關於天然資源之永久主權決議

1962年12月14日的第十七屆聯合國大會為了妥為因應各國在對其領域內天然財富與天然資源之國際法上所享有之權利與所應盡之義務之需要，以及鼓勵開發中國家在經濟發展方面進行國際合作之必要，乃因此決議通過「聯合國大會第1803號決議」。該決議總共分三部分；而於第一部分作出八點決議[15]：

---

[15] 聯合國大會第1803號之8點決議如下：

   1. The rights or peonies and nations to permanent sovereignty over their natural wealth and resources must be exercised in the interest of their national development and of the wellbeing of the people of the State concerned.

   2. The exploration, development and disposition of such resources' as well as the import of the foreign capital required for these purposes, should be in conformity with the rules and conditions which the peoples and nations freely consider to be necessary or desirable with regard to the

　　（一）各民族及各國之行使其對天然財富與資源之永久主權，必須為其國家之發展著想，並以關係國人民之福利為依歸。

　　（二）此種資源之查勘、開發與處置，以及為此目的而輸入所需外國資本時，均應符合各民族及各國族自行認為在許可、限制或禁止此等活動上所必要或所應有之規則及條件。

　　（三）此等活動如經許可，則輸入之資本及其收益應受許可條款、現行內國法（National Legislation in Force）及國際法之管轄。所獲之利潤必

---

authorization, restriction or prohibition of such activities.

3. In cases where authorization is granted, the capital imported and the earnings on that capital shall be governed by the terms thereof, by the national legislation in force, and by international law. The profits derived must be shared in the proportions freely agreed upon, in each case, between the investors and the recipient State, due care being taken to ensure that there is no impairment, for any reason, of that State's sovereignty over its natural wealth and resources.

4. Nationalization, expropriation or requisitioning shall be based on grounds or reasons of public utility, security or the national interest which are recognized as overriding purely individual or private interests, both domestic and foreign. In such cases the owner shall be paid appropriate compensation, in accordance with the rules in force in the State taking such measures in the exercise of its sovereignty and in accordance with international law. In any case where the question of compensation gives rise to a controversy, the material jurisdiction of the State taking such measures shall be exhausted. However, upon agreement by Sovereign States and other parties concerned, settlement of the dispute should be made through arbitration or international adjudication.

5. The free and beneficial exercise of the sovereignty of peoples and nations over their natural resources must be furthered by the mutual respect of States based on their sovereign equality.

6. International cooperation for the economic development of developing countries, whether in the form of public or private capital investments, exchange of goods and services technical assistance, of exchange of scientific information shall be such as to further their independent national development and shall be based upon respect for their sover eignty over their natural wealth and resources.

7. Violation of the rights of peoples and nations to sovereignty over their natural wealth and resources is contrary to the spirit and principles of the Charter of the United Nations and binders the development of international cooperation and the maintenance of peace.

8. Foreign investment agreements freely entered into by or between Sovereign States shall be observed in good faith; States and international organizations shall strictly and conscientiously respect the Sovereignty of peoples and nations over their natural wealth and resources in accordance with the Charter and the principles set forth in the present resolution.

須按投資者與受助國雙方對每一項情事自由議定之比例分派，但須妥為注意，務使受助國對其天然財富與資源之主權，絕對不受損害。

　　（四）收歸國有、徵收或徵用應以公認為遠較純屬本國或外國個人或私人利益為重要之公用事業、安全或國家利益等理由為根據。遇有此種情形時，採取此等措施以行使其主權之國家應依據本國現行法規及國際法，予原主以適當之補償。倘補償問題引起爭執，則應儘量訴諸國內管轄。但如經主權國家及其他當事國各方同意，得以公斷或國際裁判辦法解決爭端。

　　（五）各國必須根據主權平等原則，互相尊重，以促進各民族及各國族自由有利行使其對天然資源之主權。

　　（六）以謀求發展中國家經濟發展為目的之國際合作，不論所採方式為公私投資、交換貨物及勞務、技術協助或交換科學情報，均應以促進其國家獨立發展為依歸，並應以尊重其對天然財富與資源之主權為基礎。

　　（七）侵犯各民族及各國家對其天然財富與資源之主權，即係違反聯合國憲章之精神與原則，且妨礙國際合作之發展與和平之維持。

　　（八）主權國家或在主權國家間所自由締結之外國投資協定應誠意遵守；各國及國際組織均應依照憲章及本決議案所載原則，嚴格審慎尊重各民族及各國族對其天然財富與資源之主權。

　　該八點決議最主要的幾項重點在於：1.確定各個國家對其領域範圍內之天然財富與資源之永久主權，不容他國任意侵犯；2.各國必須根據主權平等原則，互相尊重，以促進各國對其天然資源之利用，自由行使其主權；3.對於侵犯各國對其本身自然資源與財富之利用者被認定為違反聯合國憲章之精神與原則；4.確定各國如有必要對外國人之投資予以收歸國有、徵收或徵用，應以對本國相當重要之公用事業、安全、或國家利益為依據之理由，同時在採取此等措施以行使其主權之國家，應該對於因此而受損害之外國投資人，給予適當之補償。

　　因此。本公約在確定國家權利之垂直分配方面，在尊重「國際顧慮」之前提下，建立了國家對其領域內之財富及天然資源，得以自由利用，以

行使其主權；若因收歸國有、徵用或徵收方面，損及外國投資人者，應予補償；而對補償所引起之任何爭執則應儘量訴諸「國內管轄」[16]。

二、建立新國際經濟秩序宣言

「建立新國際經濟秩序宣言」之精神在於人們清楚地認識到：發達國家的利益同發展中國家的利益不能再互相分隔開，發達國家的繁榮和發展中國家的增長和發展是緊密地互相關聯的，整個國際大家庭的繁榮取決它的組成部分的繁榮。在發展方面的國際合作是所有國家應具有的目標和共同責任。因此這一代和今後的世世代代的政治、經濟和社會方面的幸福比以往任何時候更取決於國際大家庭的所有成員在主權平等和消除它們之間存在之不平衡的基礎上進行合作[17]。

而「建立新國際經濟秩序宣言」之宗旨乃在於為建立一種新的國際經濟秩序而努力，這種秩序將建立在所有國家的公正、主權平等、互相依靠、共同利益和合作的基礎上，而不問它們的經濟和社會制度如何，這種秩序將糾正不平等和現存的非正義並且使發達國家與發展中國家之間日益擴大的鴻溝有可能消除，並保證目前一代和將來世世代代在和平正義中穩步地加速經濟和社會發展[18]。

---

[16] 同前註，詳見該決議第4點。

[17] 「建立新國際經濟秩序宣言」說明：

Current events have brought into sharp focus the realization that the interests of the developed countries and those of the developing countries can no longer he isolated from each other, that there is a close interrelationship between the prosperity of the developed countries and the growl hand development of the developing countries, and that the prosperity of the international community as a whole depends upon the prosperity of its constituent parts, international co-operation for development is the shared goal and common duty of all countries. Thus the political, economic and social well-being of present and future generations depends more than ever on cooperation between all the members of the international community on the basis of sovereign equality and the removal of the disequilibrium that exists between them.

[18] 「建立新國際經濟秩序宣言」其目的在於：The purpose of the Declaration is to work urgently for the establishment of a new International economic order based on equity, sovereign equality, interdependence, common interest and cooperation among all States, irrespective of their economic

　　新的國際經濟秩序應當建立在充分尊重下列原則的基礎上：

　　（一）各國主權平等，一切民族自決，不得用武力奪取領土，維護領土完整，不干涉他國內政；

　　（二）國際大家庭的一切成員國在公平的基礎上進行最廣泛的合作，由此有可能消除世界上目前存在的差距，並保證大家享受繁榮；

　　（三）一切國家在平等的基礎上充分和有效地參加一切國家的共同利益而解決世界經濟問題的工作，在這樣做時，銘記有必要保證所有發展中國家的加速發展，並特別注意採取有利於最不發達的、內陸的和島嶼的發展中國家以及那些受到經濟危機和自然災害最嚴重影響的發展中國家，同時也不忽視其他發展中國家的利益的特別措施；

　　（四）每一個國家都有權實行自己認為對自己的發展最適合的經濟和社會制度，而不因此遭受到任何歧視；

　　（五）每一個國家對自己的自然資源和一切經濟活動擁有充分的永久主權。為了保衛這些資源，每一個國家都有權採取適合於自己情況的手段，對本國資源及其開發實行有效控制，包括有權實行國有化或把所有權轉移給自己的國民，這種權利是國家充分的永久主權的一種表現。任何一國都不應遭受經濟、政治或其他任何形式的脅迫，以致不能自由地和充分地行使這一不容剝奪的權利；

　　（六）所有遭受外國占領、外國和殖民統治或種族隔離的國家、領地和民族，對於其自然資源和所有其他資源受到的剝削、消耗和損害有權要求償還和充分被賠償；

　　（七）根據跨國公司所在國的充分主權，採取有利於這些國家的國民經濟的措施來限制和監督這些跨國公司的活動；

　　（八）發展中國家以及處於殖民和種族統治的外國占領下的地區內的各民族有權取得解放和恢復對它們自然資源和經濟活動的有效控制；

---

and social systems which shall correct inequalities, and redress existing injustices, make it possible, to eliminate the widening gap between the developed and the developing countries and ensure steadily accelerating economic and social development and peace and justice for present and future generations.

（九）援助遭受殖民統治和外來統治、外國占領、種族歧視或種族隔離的發展中國家、民族和地區，或者是那些人們正在對它們採取經濟的、政治的或其他任何形式的脅迫措施以支配它們行使主權權利和從它們那裡獲取各種利益的並遭受到各種形式的新殖民主義之害的發展中國家、民族和地區，這些發展中國家、民族和地區對自己的過去一直處於或者現在仍然處於外國控制下的自然資源和經濟活動建立了或者正在努力建立有效的控制；

（十）在發展中國家出口的原料、初級產品、製成品和半製成品的價格與它們進口的原料、初級產品、製成品、資本或物和設備的價格之間建立公平和合理的關係，以使它們不能令人滿意的貿易條件得到不斷的改善，並使世界經濟得到發展；

（十一）整個國際大家庭向發展中國家提供積極援助，不附加任何政治或軍事條件；

（十二）保證經過改革的國際貨幣制度的主要目標之一應當是促進發展中國家的發展和有足夠的實際資金流入這些國家；

（十三）改善天然資源在面臨合成代用品競爭的情況下的競爭地位；

（十四）在可行時，在國際經濟合作的各個領域在可能的情況下對發展中國家給予特惠和非特惠的待遇；

（十五）為把財政資金轉移到發展中國家創造有利的條件；

（十六）使發展中國家具有獲得現代科學和技術成就的途徑，促進有利於發展中國家的技術轉讓和建立本國技術，並按照適合於它們經濟的方式和程序進行；

（十七）一切國家都有必要制止浪費包括食物在內的自然資源的現象；

（十八）發展中國家有必要集中一切資源從事發展事業；

（十九）通過單獨的和集體的行動加強發展中國家之間主要在優惠基礎上進行的經濟、貿易、財政和技術方面的相互合作；

（二十）促進生產國聯合組織在國際合作的範圍內所能起的作用，以實現它們的目標，特別是協助促進世界經濟的持久增長和發展中國家的加

速發展[19]。

　　因此，從以上對於「建立新國際經濟秩序宣言」之研究，我們應該可

---

[19] The new international economic order should be founded on full respect for the following principles:

(a)Sovereign equality of States, self-determination of all peoples, inadmissibility of the acquisition of territories by force, territorial integrity and non-interference in the internal affairs of other States;

(b)The broadest co-operation of all the States members of the international community, based on equity, whereby the prevailing disparities in the world may be banished and prosperity secured for all;

(c)Full and effective participation on the basis of equality of all countries in the solving of world economic problems in the common interest of all countries, bearing in mind the necessity to ensure the accelerated development of all the developing countries, while devoting particular attention to the adoption of special measures in favor of the least developed, land-locked and island developing countries as well as those developing countries most seriously affected by economic crises and natural calamities, without losing sight of the interests of other developing countries;

(d)The right of every country to adopt the economic and social system that it deems the most appropriate for its own development and not to be subjected to discrimination of any kind as a result;

(e)Pull permanent sovereignty of every State over. Its natural resources and an I economic activities. In order to safeguard these resources, each State is entitled to exercise effective control over them and their exploitation with means suitable to its own situation, including the right to nationalization or transfer of ownership to its nationals, this right being an expression of the full permanent sovereignty of the State. No State may be subjected to economic, political or any other type of coercion to prevent the free and full exercise of this inalienable right;

(f)The right of all States, territories and peoples under foreign occupation, alien and colonial domination or apartheid to restitution and full compensation for the exploitation and depletion of, and damages to, the natural resources and all other resources of those States, territories and peoples;

(g)Regulation and supervision of the activities of transnational corporations by taking measures in the interest of the national economies of the countries where such transnational corporations operate on the basis of the full sovereignty of those countries;

(h)The right of the developing countries and the peoples of territories under colonial and racial domination and foreign occupation to achieve their liberation and to regain effective control over their natural resources and economic activities;

(i)The extending of assistance to developing countries, peoples and territories which are under colonial and alien domination, foreign occupation, racial discrimination, or apartheid or are subjected to economic, political or any other type of coercive measures to obtain from them the subordination of the exercise of their sovereign rights and to secure from them advantages of any land, and to neocolonialism in all its forms, and which have established or are endeavoring to

以體認到，「建立新國際經濟秩序」對於國家權利之垂直分配方面，至少確認了以下兩點：1.每一個國家均有權實行自己認為對自己的發展最適合的經濟和社會制度，而不因此遭受任何歧視；2.每一個國家對於自己的自然資源和一切經濟活動擁有充分的永久主權。為了保衛這些資源，每一個國家都有權採取適合於自己的情況的手段，對本國資源及其開發實行有效控制，包括有權實行國有化或把所有權轉移給自己的國民，這種權利是國家充分的永久主權的一種表現。

---

establish effective control over their natural resources and economic activities that have been or are still under foreign control;

(j)Just and equitable relationship between the prices of raw materials, primary commodities, manufactured and semi-manufactured goods exported by developing countries and the prices of raw materials, primary commodities, manufactures, capital goods and equipment imported by them with the aim of bringing about sustained improvement in their unsatisfactory terms of trade and the expansion of the world economy;

(k)Extension of active assistance to developing countries by the whole international community, free of any political or military conditions;

(l)Ensuing that one of the main aims of the reformed international monetary system shall be the promotion of the development of the developing countries and the adequate flow of real resources to them;

(M)Improving the competitiveness of natural materials facing competition from synthetic substitutes;

(n)Preferential and non-reciprocal treatment for developing countries, wherever feasible, in all fields of international economic co-operation whenever possible;

(o)Securing favorable conditions for the transfer of financial resources to developing countries;

(p)Giving to the developing countries access to the. achievements of modern science and technology, and promoting the transfer of technology and the creation of indigenous technology for the benefit of the developing countries in forms and in accordance with procedures which are suited to their economies;

(q)The need for all State to put an end to the waste of natural resources, including food products;

(r)The need for developing countries to concentrate all their resources for the cause of development;

(s)The strengthening, through individual and collective actions, of mutual economic, trade, financial and technical co- operation among the developing countries, mainly on a preferential basis;

(t)Facilitating the role which producers' associations may play within the framework of international cooperation and, in pursuance of their aims, inter alia assisting in the promotion of sustained growth of the world economy and accelerating the development of developing countries.

三、各國經濟權利與義務憲章

　　1947年12月12日第二十九屆聯合國大會通過了第3281號決議，即「各國經濟權利與義務憲章」。該憲章之基本宗旨為創造實現下列目標的條件作出貢獻[20]：

　　（一）所有國家都達到較普遍的繁榮，各國人民都達到較高的生活水平；

　　（二）由整個國際社會促進所有國家特別是發展中國家的經濟和社會發展；

　　（三）鼓勵各國，不論其政治、經濟或社會制度如何，在對所有願意履行本憲章義務的愛好和平國家都是公平互利的基礎上，進行經濟、貿易、科學和技術領域的合作；

　　（四）克服發展中國家經濟發展道路上的主要障礙；

　　（五）加速發展中國家的經濟增長，以彌合發展中國家和發達國家之間的經濟差距；

　　（六）保護、維護和改善環境。

　　而為了實現上述目標，建議各國的作法是需要通過下列途徑來建立和維持一個公平合理的經濟和社會秩序：

---

[20] 各國經濟權利與義務憲章之宗旨如下：

Desirous of contributing to the creation of conditions for:

(a)The attainment of wider prosperity among all countries and of higher standards of living for all peoples,

(b)The promotion by the entire interactional continuity of the economic and social progress of all countries, especially developing countries,

(c)The encouragement of co-operation, on the basis of mutual advantage and equitable benefits for all. peace-loving States which are willing to carry out the provisions of the present Charter, in the economic, trade, scientific and technical fields, regardless of political, economic or social systems,

(d)The overcoming of main obstacles in the way of the economic development of the developing countries,

(e)The acceleration of the economic growth of developing countries with a view to bridging the economic gap between developing and developed countries,

(f)The protection, preservation and enhancement- of the environment,

　　（一）實現較為公平合理的國際經濟關係，並鼓勵世界經濟的結構變革；

　　（二）為在所有國家間進一步擴大貿易的加強經濟合作創造條件；

　　（三）加強發展中國家的經濟獨立；

　　（四）建立和增進國際經濟關係，要照顧到發展中國家在發展方面公認的差異和它們的特殊需要。

　　在尊重每個國家主權平等的前提上，並通過整個國際社會的合作，促進集體經濟安全以謀發展，特別是發展中國家的發展。

　　考慮到各國間在對國際經濟問題進行共同商討並採取協調行動基礎上的真正合作，是實現國際社會促成世界各地公平合理發展的共同願望的必要條件[21]。

　　本憲章之精神在於強調為使所有國家之間，不分社會和經濟制度的差異，進行正常的經濟關係和充分尊重各國人民的權利，保證適當條件的重要性，以及加強國際經濟合作的工具作為鞏固和平造福全人類的手段的重要性，深信有需要發展一個以主權平等、公平互利和所有國家的利益密切相關為基礎的國際經濟關係的制度，重申每個國家肩負本國發展的首要責

---

[21] 為了實現該憲章之宗旨，建議各國作法如下：

Need to establish and maintain a just and equitable economic and social order through:

(a)The achievement of more rational and equitable international economic relations and the encouragement of structural changes in the world economy,

(b)The creation of conditions which permit the further expansion of trade and intensification of economic co-operation among all nations,

(c)The strengthening of the economic independence of developing countries,

(d)The establishment and promotion of international economic relations, taking into account the agreed differences in development of the developing countries and their specific needs, It is to promote collective economic security for development, in particular of the developing countries, -with strict respect for the sovereign equality of each State and through the co- operation of the entire international community. Considering that genuine co-operation among States, based on joint consideration of and concerted action regarding international economic problems, is essential for fulfilling the international community's common desire to achieve a just and rational development of all parts of the world.

任，但是同時進行有效的國際合作是充分實現其發展目標的一個必要因素[22]。

本憲章指出了國際經濟關係之基本原則如下[23]：

（一）各國主權、領土完整和政治獨立；

（二）所有國家主權平等；

（三）互不侵犯；

（四）公平互利；

（五）和平共處；

（六）各民族平等權利和自決；

---

[22] 本憲章之精神在於：Stressing the importance of ensuring appropriate conditions for the conduct of normal economic relations among all States, irrespective of differences in social and economic systems, and for the full respect of the rights of all peoples, as well as strengthening instruments of international economic co- operation as means for the consolidation of peace for the benefit of all. Convinced of the need to develop a system of international economic relations on the basis of sovereign equality, mutual and equitable benefit and the close interrelationship of the interests of all States, Reiterating that the responsibility for the development of every country rests primarily upon itself but that concomitant and effective international co-operation is an essential factor for the full achievement of its own development goals.

[23] 國際經濟關係之基本原則如下：

(a)Sovereignty, territorial integrity and political independence of States;

(b)Sovereign equality of all States;

(c)Non-aggression;

(d)Non-intervention;

(e)Mutual and equitable benefit;

(f)Peaceful coexistence;

(g)Equal rights and self-determination of peoples;

(h)Peaceful settlement of disputes;

(i)Remedying of injustices which have been brought about by force and which deprive a nation of the natural means necessary for its normal development;

(j)Fulfillment in good faith of international obligations;

(k)Respect for human rights and fundamental freedoms;

(l)No attempt to seek hegemony and spheres of influence;

(m)Promotion of international social justice;

(n)International co-operation for development;

(o)Free access to and from the sea by land-locked countries within the framework of the above principles.

（七）和平解決爭端；

（八）對於以武力造成的、使得一個國家失去其正常發展所必須要的自然手段的不正義情況，應予補救；

（九）真誠地履行國際義務；

（十）尊重人權和基本自由；

（十一）不謀求霸權和勢力範圍；

（十二）促進國際社會正義；

（十三）國際合作以謀發展；

（十四）內陸國家在上述原則範圍內進出海洋的自由。；

　　本憲章更清楚的列舉了各國所應享有之基本的經濟權利及所應履行之經濟義務，其中最重要的如下[24]：

---

[24] 本憲章所列舉重要的各國之經濟權利與義務如下：

Article 1. Every State has the sovereign and inalienable right to choose its economic system as well as its political, social and cultural systems in accordance with the will of its people, without outside interference, coercion or threat in any form whatsoever.

Article 2. (1) Every State has and shall freely exercise full permanent sovereignty, including possession, use and disposal, over all its wealth, natural resources and economic activities.

(2) Each State has the right:

(a)To regulate and exercise authority over foreign investment within its national jurisdiction in accordance with its laws and regulations and in conformity with its national objectives and priorities. No State shall be compelled to grant preferential treatment to foreign investment;

(b)To regulate and supervise the activities of transnational corporations within its national jurisdiction and take measures to ensure that such activities comply with its awes, rules and regulations and conform with its economic and social policies. Transnational corporations shall not intervene in the internal affairs of a host State. Every State should, with full regard for its sovereign rights, co-operate with other States in the exercise of the right set forth in this subparagraph;

(c)To nationalize, expropriate or transfer ownership of foreign property, in which case appropriate compensation should be paid by the State adopting such measures, taking into account its relevant laws and regulations and ail circumstances chat the State considers pertinent. In any case where the question of compensation gives rise to a controversy, it shall be settled under the domestic law of the nationalizing State and by its tribunals, unless it is freely and mutually agreed by all States concerned that other peaceful means be sought on the basis of the sovereign equality of States and in accordance with the principle of free choice of means.

Article 4. Every State has the right to engage in international trade and other forms of economic

　　（一）每個國家依照其人民意志選擇經濟制度以及政治、社會和文化制度的不可剝奪的主權權利，不容任何形式的外來干涉、強迫或威脅。

　　（二）每個國家對其全部財富、自然資源和經濟活動享有充分的永久主權，包括擁有權、使用權和處置權在內，並得自由行使此項主權。每個國家有權：1.按照其法律和規章並依照其國家目標和優先次序，對在其國家管轄範圍內的外國投資加以管理和行使權力。任何國家不得被迫對外國投資給予優惠待遇；2.管理和監督其國家管轄範圍內的跨國公司的活動，並採取措施保證這些活動遵守其法律、規章和條例及符合其經濟和社會政策。跨國公司不得干涉所在國的內政。每個國家在行使本項內所規定的權利時，應在充分顧及本國主權權利的前提下，與其他國家合作；3.將外國財產的所有權收歸國有、徵收和轉移，在收歸國有、徵收和轉移時，應由

---

co-operation irrespective of any differences in political, economic and social systems. No State shall be subjected to discrimination of any kind based solely on such differences. In the pursuit of international trade and other forms of economic cooperation, every State is free to choose the forms of organization of its foreign economic relations and to enter into bilateral and multilateral arrangements consistent with its international obligations and with the needs of international economic co-operation.

Article 6. It is the duty of States to contribute to the development of international trade of gods, particularly by means of arrangements and by the conclusion of long-term multilateral commodity agreements, where appropriate, and taking into account the interests of producers and consumers. All States share the responsibility to promote the regular How and access of all commercial goods traded at stable, remunerative and equitable prices, thus contributing to the equitable development of the world economy, taking into account, in particular, the interests of developing countries.

Article 7. Every State has the primary responsibility to promote the economic, social and cultural development of its people. To this end, each State has the right and the responsibility to choose' *its means and goals of development, fully to mobilize and use its resources, to implement progressive economic and social reforms and to ensure the full participation of its people in the process and benefits of development. All Sat tes have the duty, individually and collectively, to co-operate in order to eliminate obstacles that hinder such mobilization and use.

Article 10. All States are juridical equal and, as equal members of the international community, have the right to participate fully and effectively in the international decision-making process in the solution of world economic, financial and monetary problems, inter alia, through the appropriate international organizations in accordance with their existing and evolving rules, and to share equitably in the benefits resulting there from.

採取此種措施的國家，給予適當的賠償，要考慮到它的有關法律和規章以及該國認為有關的一切情況。因賠償問題所引起的任何爭論均應由實行國有化國家的法院依照自由選擇方法的原則尋求其他和平解決辦法。

　　每個國家，不論政治、經濟和社會制度的任何差異，有權進行國際貿易和其他方式的經濟合作。任何國家不應遭受純粹基於此種差異的任何歧視。每個國家在進行國際貿易和其他方式的經濟合作時，可自由選擇其對外經濟關係的組織方式，和訂立符合其國際義務及國際經濟合作需要的雙邊和多邊協議。

　　各國有義務利用種種安排及在適當情況下締結長期多邊商品協定，對國際貨物貿易的發展作出貢獻，要照顧到生產者和消費者的利益。所有國家共同有義務促進一切在穩定、有利和公平的價格上交易的商品的正常流進和流出，從而有助於世界經濟的公平發展，並要特別顧到發展中國家的利益。

　　每個國家有促進其人民的經濟、社會和文化發展的首要責任。為此，每個國家有權利和責任選擇其發展的目標和途徑，充分動員和利用其資源，逐步實施經濟和社會改革，並保證其人民充分參與發展過程和分享發展利益。所有國家有義務個別地和集體地進行合作，以消除妨礙這種動員和利用的種種障礙。

　　所有國家在法律上一律平等，並作為國際社會的平等成員，有權充分而有效的參加──包括通過有關國際組織並按照其現有的和今後訂定的規則參加──為解決世界經濟、金融和貨幣問題作出國際決定的過程，並公平分享由此而產生的利益。

　　最後，該憲章更指出各國對於國際社會所應承擔之共同責任為[25]：

---

[25] 各國對於國際社會所應承擔之共同責任如各國經濟權利與義務憲章第29條與第30條所述：

Article 29: The sea-bed and ocean floor and the subsoil thereof, beyond tile limits of national jurisdiction, as well as the resources of the area, are the common heritage of mankind. On the basis of the principles adopted by the General Assembly in resolution 2749 (XXV) of 17 December 1970. All States shall ensure that the exploration of the area and exploitation of its resources are carried out excursively for peaceful purposes and that the benefits derived therefrom are shared equitably by all

1.國家管轄範圍外的海床洋底即其底土，以及該海域的資源，是人類共同繼承的財產。根據1970年12月17日聯合國大會第2749(XXV)號決議內通過的原則，所有國家都應保證，對該海域的探測和對其資源的開發要專門用於和平目的，並在考慮到發展中國家的特殊利益和需要的情況下，由所有的國家公平分享由此所得的利益應由一項共同協議的普遍性的國際條約訂立一項適用於該海域及其資源的國際制度，包括一個實施該制度的各項規定的適當國際機構。

2.為了今代和後世而保護、維護和改善環境，是所有國家的責任。所有國家都應根據此項原則制定它們自己的環境的發展政策。所有國家的環境政策應對發展中國家當前的和未來的發展有所增進，而不發生不利影響。所有國家有責任保證，在其管轄和控制範圍內的任何活動不對別國的環境或本國管轄範圍以外地區的環境造成損害。所有國家應進行合作，擬訂環境領域的國際標準和規章。

　　所以，我們可以從「各國經濟權利與義務憲章」發現它對國家權力之垂直分配建立了下列幾項原則：

（一）主權權利原則

　　每個國家有依照其人民意志選擇經濟制度及政治、社會和文化制度的

States, taking into account the particular interests and needs of developing countries; an international re genre applying to the area and its resources and including appropriate international machinery to give effect to its provisions shall be established by an international treaty of a universal character, generally agreed upon.

Article 30: The protection, preservation and enhancement of the environment for the present and future generations are the responsibility of all States. All States shall endeavor to establish their own environmental and developmental policies in conformity with such responsibility. The environmental policies of all States shall enhance and not adversely affect the present and future development potential of developing countries. All States have the responsibility to ensure that activities within their jurisdiction or control do not cause damage to the environment of other States or of areas beyond the limits of national jurisdiction. All States should co-operate in evolving international norms and regulations in the field of the environment.

不可剝奪的主權權利，不容任何形式的外來干涉、強迫或威脅[26]。

（二）主權權利規範原則

1. 每個國家對其全部財富、自然資源和經濟活動享有充分的永久主權，包括擁有權、使用權和處置權在內，並得自由行使此項主權。

2. 每個國家有權按照其法律和規章並依照其國家目標和優先次序，對在其國家管轄範圍內的外國投資加以管理和行使權力，任何國家不得被迫對外國投資給予優惠待遇[27]。

3. 經濟合作之平等與自由原則：每個國家，不論政治、經濟和社會制度的任何差異，有權進行國際貿易和其他方式的經濟合作。任何國家不應遭受純粹基於此種差異的任何歧視。每個國家在進行國際貿易和其他方式

---

[26] 各國經濟權利與義務憲章第1條：

Every State has the sovereign and inalienable right to choose its economic system as well as its political, social and cultural systems in accordance with the will of its people, without　outside interference, coercion or threat in any form whatsoever.

[27] 各國經濟權利與義務憲章第2條：

(1)Every State has and shall freely exercise full permanent sovereignty, including possession, use and disposal, over all its wealth, natural resources and economic activities.

(2)Each State has the right:

(a)To regulate and exercise authority over foreign investment within its national jurisdiction in accordance with its laws and regulations and in conformity with ifs national objectives and priorities. No State shall be compelled to grant preferential treatment to foreign investment;

(b)To regulate and supervise the activities of transnational corporations within its national jurisdiction and take measures to ensure that such activities comply with its laws, rules and regulations and conform with its economic and social policies. Transnational corporations shall not intervene in the internal affairs of a host State. Every State should, with full regard for its sovereign rights, co-operate with other States in the exercise of the right set forth in this subparagraph;

(c)To nationalize, expropriate or transfer ownership of foreign property, in which case appropriate compensation should be paid by the State adopting such measures, taking into account its relevant laws and regulations and ail circumstances chat the State considers pertinent. In any case where the question of compensation gives rise to a controversy, it shall be settled under the domestic law of the nationalizing State and by its tribunals, unless it is freely and mutually agreed by all States concerned that other peaceful means be sought on the basis of the sovereign equality of States and in accordance with the principle of free choice of means.

的經濟合作時，可自由選擇其對外經濟關係的組織方式，和訂立符合其國際義務及國際經濟合作需要的雙邊和多邊協議[28]。

4. 促進經濟發展原則：各國有義務利用種種安排及在適當情況下締結長期多邊商品協定，對國際貨物貿易的發展作出貢獻，要照顧到生產者和消費者的利益。所有國家共同有義務促進一切在穩定、有利和公平的價格上交易的商品的正常流進和流出，從而有助於世界經濟的公平發展，並要特別照顧到發展中國家的利益[29]。

5. 各國平等原則：所有國家在法律上一律平等，並作為國際社會的平等成員，有權充分而有效的參加——包括通過有關國際組織並按照其現有的和今後訂定的歸責參加——為解決世界經濟、金融和貨幣問題作出國際決定的過程，並公平分享由此而產生的利益[30]。

---

[28] 各國經濟權利與義務憲章第4條：

Every State has the right to engage in international trade and other forms of economic cooperation irrespective of any differences in political, economic and social systems. No State shall be subjected to discrimination of any kind based solely on such differences. In the pursuit of international trade and other forms of economic co-operation, every State is free to choose the forms of organization of its foreign economic relations and to enter into bilateral and multilateral arrangements consistent with its international obligations and with the needs of international economic co-operation.

[29] 各國經濟權利與義務憲章第6條：

It is the duty of States to contribute to the development of international trade of goods, particularity by means of arrangements and by the conclusion of long-term multilateral commodity agreements, where appropriate, and taking into account the interests of producers and consumers. All States share the responsibility to promote the regular How and access of all commercial goods traded at stable, remunerative and equitable prices, thus contributing to the equitable development of the world economy, taking into account, in particular, the interests of developing countries.

[30] 各國經濟權利與義務憲章第10條：

All States are juridical equal and, as equal members of the international community, have the right to participate fully and effectively in the international decision-making process in the solution of world economic, financial and monetary problems, inter alia, through the appropriate international organizations in accordance with their existing and evolving rules, and to share equitably in the benefit's resulting therefrom.

參、國家權力之水平分配

　　國家之間權力之水平分配在現在這個以國家為主體及中心的國際社會裡，仍然保持有它的重要性存在；特別是對特定事件所保有的大多數權力，仍然是在國家的階層在運作時，國家之間權力的水平分配，就顯示出並特別的重要性。在前面我們所論及的是國家權力之垂直分配，特別是指國家權力之如何在國際社會與在其下之各國的「疆域社會」（Territorial Community）之間的分配權力。在這裡我們所要分析的是在國際社會中所存在的各個單一的「疆域社會」，並在彼此之間因為彼此平等的國際地位之下，彼此的權力在水平方面是如何分配區隔的，是以什麼樣的準據為依歸？以哪些標準來作劃分的，就是接下來要敘述研究的重點。

　　前面關於國家權力之垂直分配，其考量中心在於國際社會的全面性的、繼續不斷地對於領域、資源以及人民的控制區劃與分配。而在國家權力的水平分配方面，所考量的中心則是在於一個國家針對一些特定的人員、事務、財產……之主張擁有制定法律、適用法律……之能力或資格。而且這裡所強調的重點是指那些「特定的」人員、事物、財產、活動或利益，而非全面性的繼續不斷地控制領域社會內之人員、事物或財產。如此，這在傳統的國際習慣或使用方面，或明白而具體的說在國際法方面即是指的所謂的管轄權問題。在目前的相互依賴地國際社會裡，國家與國家之間所進行的「跨國互動」（Transnational Interaction），已經在加速的進行而有巨大地成長，國家與非國家組織之間的互動，也在國際社會中進行跨國的互動，而對國際社會中國家權力的水平分配，有了深遠的影響。

　　所以從當前國際社會中所進行的「跨國互動」的情事來看，誠如前國際法院法官傑賽普（Philip C. Jessup）所言：「跨國法將更適合來描述及更能切合當前國際生活的現實」（"Transnational Law" would be more fitting in description and more in tune with the realties of contemporary international life.）。下列幾項事實就更能反映出國際社會中的「跨國互動」情形，也因此而發生國際社會中各國迫切地發現有必要制定法律、適用法律（或稱

執行法律），乃至於司法審判跨國性人員、事務、財產、活動或利益方面的法律糾紛[31]：

一、一名美國軍人在日本進行訓練演習時，以手榴彈發射器自背後射殺了一名日本婦女。

二、哥倫比亞的國民在哥國生產古柯鹼而且走私到美國去。

三、在中美洲生產香蕉的兩家巨型美國公司，彼此為了將對方逐出營業而進行拚命的競爭。

四、一艘比利時的船隻當停靠在新澤西州的澤西域的碼頭時，控以謀殺罪。

五、一家本國與外國的鋁塊生產商彼此簽訂協議，限制鋁塊的輸入美國。

六、墨西哥國民投機牟利以偽造美國的綠卡運送其他墨西哥人進入美國。

七、美國海岸防衛隊在巴哈馬島領域外十二浬登上一艘美國人所擁有的船隻，發現船上有半噸的大麻，因而逮捕了包括牙買加以及巴哈馬國民的水手。

八、外國國民以英國新娘之先生的偽造身分進入美國；他們有意並意圖在海外的美國領事館作不實的陳述，而以這些不實的陳述獲得簽證，並藉由詐欺的手法獲得外國人登記許可證。

九、在一件刑事案件裡，一個居住在巴黎的美國公民，未能回應一個在巴黎給他的傳票，要他代表美國作為證人。

十、一家總部設在美國的多國化學公司的殺蟲劑工廠的瓦斯漏氣，造成印度柏波市數千人的死亡與受傷。

十一、兩個西臺回教槍手指揮環球世界航空公司班機847號，上面載有乘客153人（其中有104人為美國人），被迫從雅典飛到貝魯特、阿爾及爾，再折回貝魯特，這些劫機者是上帝派的成員，當釋放人質的談判在進

---

[31] Lung-chu Chen, An Introduction to Contemporary International Law, (New Haven, Conn: Yale University Press, 1989), pp.232-233.

行之後又加了十二個亞邁爾成員，他們是溫和派的西臺組織人員，所有的
人質就在談判地點被釋放，但是有一名美國海軍陸戰隊人員被殺。

　　十二、四名巴勒斯坦恐怖份子在靠近埃及港口之公海上劫持了一艘載
有八十名旅客及水手的義大利郵輪艾契爾勞羅號，劫持者在殺害了一名美
國旅客之後，向埃及政府投降以換取安全通過的承諾。四架美國戰鬥機在
北大西洋公約組織設在西西里島上科米索的空軍基地。義大利當局監禁了
劫持者但是允許被認為是劫持行為主謀的那個人，登上南斯拉夫的飛機離
開羅馬而前往布爾格萊德（之後，那人被缺席審判而且被認定有罪）。

　　十三、裝備有手榴彈及自動武器的恐怖分子，在羅馬尼亞及維也納的
飛機場的分類入境櫃臺，毫無選擇性的向群眾開火射擊，殺害了18人（內
有3名美國人）並傷害了百餘人。在維也納，一名恐怖分子在與機場的安
全警察交互開火後獲得生還。

　　十四、一名穿著偽裝的美國陸軍少校在東德的蘇俄軍事基地附近，被
一名蘇俄衛兵射殺至死。

　　十五、一名美國藥物管制局的人員在從事於調查毒品走私至美國的行
動中被綁架，後來在墨西哥被殺。

　　十六、一名蘇俄的海員兩次在靠近路易西安娜州紐奧良的密西西比河
的一艘蘇俄的穀物貨船跳水，但是每次都返回船上。美國政府官員認定蘇
俄海員要回自己的家之後，就允許該船離境。

　　在以上的哪些事件裡，哪一個國家或哪幾個國家，對哪些事件可以制
定法律及適用法律？在選擇適用法律時，有哪些限制？當超過一個國家有
權對某一特定事件或同一個人可制定及適用法律時，要如何解決管轄權競
合的問題？有哪些因素值得我們考慮在內的呢？從跨國的層面來看，在這
裡所使用的「管轄權」是不侷限於民事管轄權或刑事管轄權，也不限於所
謂的司法管轄權。管轄權是一個擁有多重內涵的名詞，要看它適用於不同
的場合，不同的背景之下，可以有不同意義的解釋，但是如果僅有就國家
權力的水平分配而言，管轄權所要考慮的課題就是一個國家對於一些特定
事件制訂與適用法律的能力，這類事件有可能發生在一個國家的疆界之
內，也有可能發生在一個國家的疆界之外，它們也有可能發生於一個國家

國民的身上，也有可能發生在不包含該國國民的身上。

　　照這種的見解推論下去，管轄權的問題會涵蓋所有的那些活動，只要它們是與制訂法律與適用法律有關，它也不僅包含政府的司法當局，同時還包含立法與行政當局（含括它的行政機關在內），在此涵意之下，管轄權當然包括「美國法律協會」（American Law Institute）所編訂修正版中的「美國外交關係法法律整編」（Restatement of the Law, the Foreign Relations Law of the United States）所定性的三個基本概念的管轄權成分：「立法管轄權」（Jurisdiction to Prescribe）、「判決管轄權」（Jurisdiction to Adjudicate），以及「執行管轄權」（Jurisdiction to Enforce）[32]。當我們論及國家針對某一特定事件所能處理的能力，一般來說即是涵蓋上述三種管轄權的能力或資格。而且必須更進一步的指出，對於法律的制訂與適用的能力即意涵著具有對於某一特定之事件得以實際上的透過所制訂之法律加以判決的能力，以及國家對於判決之結果，有執行之能力，以使判決之結果得以實現。雖然對於國家權力的水平分配，我們以「立法管轄」、「判決管轄」及「執行管轄」來加以研析，但不必諱言的由於現代之民主國家，為了實現國家權力的均衡分配的目的，所成立之民主政府，其根本架構即是奠基於三權分立原理的制衡政府。也就是說國家權力的水平分配透過具有「檢視與平衡」（Check and Balances）精神的「分權原理」（The Principle of Separation of Powers）將國家權力均衡地分配於「立法權限」（Legislative Competence）、「司法權限」（Judicial Competence）、「行政權限」（Executive Competence）上面，而在實現國家權力水平分配的目的下，即是國家對於某一特定事件所牽涉到的人員、事物、財產、活動與利益具有前面所述及的「立法管轄」、「判決管轄」及「執行管轄」。而這樣的區分遠比僅就「功能性」（Function）的區分加以界定，要來得更加地具有正式性與結構性（Structural）。

　　一般來說，一個獨立的國家假定每一國家在其本身的領域主權所及的範圍內行使並管轄權，而其管轄權之行使也僅侷限於其領域之內。而此國

---

[32] §402 comment of The Foreign Relations Law of the United Sates, Restatement of the Law (third).

家領域之不可穿透性，即意味著一個國家可以拒絕容許另一個國家在其領域內的「政府活動」（Government Activities）。但是，原則上雖然如此，一個國家也並不全然地容許在某些特定的情形，基於平等互惠的原則彼此均容忍對方可在特定的先決條件下，給予所謂的「域外管轄權」（Extra-Territorial Jurisdiction）；當然，此種「域外管轄」成立大前題是必須在國際法上有其慣例或條約的根據，方才成立[33]。長久以來，國際法針對國家的管轄權之規範，所常見的是著重在國家的「適用法律」（Apply the Law of State）。也就是說，在傳統國際法的發展過程中，每當論及有關國家之管轄權的一些問題時，一般所考量的問題就是一個國家如何適用其本國的法律？其條件為何？範圍為何？而往往當一個國家的法院在適用其本國的法律如刑法或行政法之時，因為要考量到個人的行為或公司……等法人的行為，在某些情況下或許會牽動其他國家的利益，此時國家管轄權的行使，就會因為其他國家管轄權的被捲入，而使得問題變得不再如以往那樣的單純；特別是在國際社會的互動比以前要來得越益密切、國家與國家之間的交往及活動也遠比以前來得頻繁與複雜時，國家的單純的適用法律之行為，就不再那麼單純。如此，無論怎麼說，當我們在研析國家權力的水平分配時，所要考量的國家管轄權之行使，就不能應只考量某一個單一國家管轄權的行使，而更應考量到超過一個以上的國家在行使其本身之管轄權時，所應注意到一些基本原則及其例外之情形。當然在研析國家管轄權的基本原則及其例外之前，有些最基本的概念，必須要有清楚的認識。例如說，國家管轄權是指在國際法之下一個國家依照其本國法治理人民及其財產之權力。而這樣的權力最基本的來說包括：（一）制定法律或法規之權力，就是所謂的立法管轄權；（二）執行上述法律或法規的權力，就是所謂的執行管轄權。而後者的執行管轄權更可再細分為執行的行政權力與司法權力。再者，管轄權也可以與其他國家的管轄權同時共生共存，就是所謂的「共同管轄權」（Concurrent Jurisdiction）；或者它可以是「專屬管轄權」（Exclusive Jurisdiction）。而且它可以是民事的管轄權，也可以

---

[33] 丘宏達著，現代國際法，臺北，三民書局，民國84年，頁654。

是刑事的管轄權。國家管轄權的基本原則即在辨明在其主權領域內的哪些人員、事物、財產、活動或利益，在執行一國的法律時是隸屬於一國法律的範疇之內，以及因此可以依照它的程序來加以執行。而且一般來說，國家管轄權的基本原則除了是要將其領域內的人民來加以規範，或者是要決定如何規範的程序以外，它們並不考量國家法律的實質內容。今天我們常可以經由一個國家的法院或其他政府機關，來區別國家管轄權的制定法律與執行法律。

一、國家管轄權實現之傳統基礎：蓮花號案分析

「國際判決」（International Adjudication）是經常不斷的；而在國際法而言，並沒有多少問題在權威的司法意見裡能夠獲得那麼廣泛的回響。「蓮花號案」（The S.S. Lotus Case）[34]，卻是例外。該案例特別對「立法管轄權」有所闡釋。該案是「常設國際法院」（Permanent Court of International Justice）在20世紀裡所作出的一個具有「里程碑」（Landmark）地位的著名判決。該案的情形及內容大致如下：法國的一艘船隻與土耳其的一艘船隻在公海上發生碰撞，結果土耳其船隻沈沒，同時也導致了八名土耳其人喪生。當法國的船隻在土耳其的港口靠岸時，土耳其當局即將兩艘船隻碰撞時擔任法國船隻的觀測官，加以逮捕並以殺人罪起訴。其後該觀測官被判決有罪，且被判刑。法國對土耳其將其國民之逮捕、審判及判刑表示反對。而土耳其堅持在該碰撞的發生之情形下，土耳其有權適用它自己的法律。結果經由協議，法國與土耳其雙方同意將該案提交常設國際法院。常設國際法院所面對的問題是：依照國際法，在該案的情形下是否有一原則禁止土耳其適用它本身的刑法對法國觀測官起訴。

該案的判決是：由於發生在土耳其船上的結果，土耳其可以對法國觀測官行使「刑事立法管轄權」（Prescriptive Criminal Jurisdiction），因為那樣的結果並不被習慣國際法所禁止。該判決的重要性在於法院的承認個

---

[34] The "Lotus" Case (France v. Turkey), P.C.I.J., Series A, No. 10(1927).

人的生命價值捲入到兩個國家之間的紛爭，也因此而製造出數個國家之間「國家價值」（State Values）之相互競爭的緊張態勢；而特別重要的是法院從個人的觀點出發而賦予了個人國籍所屬國家的權力，得以建立「刑事管轄權」（Criminal Jurisdiction）；另外，對於國家獨立所作的限制，並不能被預先假定。但是，所可惜的是法院並未澄清為什麼國際法已經發展出了對於國家管轄權獨立的限制。再者，法院也未探求那些限制被發展出來所要表現的價值與利益在哪裡；相反的，法院並不預先假定國家的獨立性及自主性之存在，而一開始就假定國家並具有完全的自主性。國家也不可在它的領域以外執行其管轄權。

常設國際法院在對蓮花案的判決書，一開始即宣稱：一國在對他國領土上運作其權力，包括本國法律的執行，是被禁止的。該判決書明白指出：「現在由國際法加諸於國家之上的第一也是最重要的限制，即是在欠缺一個相反的允許的法規存在之下，一國不得以任何形式在他國的領土內行使其權力。就這個意思而言，管轄權當然是具領土性的。除非藉由從國際習慣或公約發展出來的一項允許的法則，否則的話，一國不得在其領土外運作其管轄權」（Now the first and foremost restriction imposed by international law upon a state is that - failing the existence of a permissive rule to the contrary - it may not exercise its power in any form in the territory of another state. In this sense jurisdiction is certainly territorial; it cannot be exercised by a state outside its territory except by virtue of a permissive rule derived from international custom or from a convention.）[35]。當然，前述判決文中所論及之觀點，僅僅只是法官在判決主文中所「加註之無直接關聯之註解」（Dictum），並不是針對本案中所涉及之直接問題之解決。

大體而言，一個國家很少會在未得到「主國」（Host State）同意之前，即會進入地主國以行使其管轄權。當然，蓮花號案的情形，並未違反此原則；土耳其並未進入法國的領域來逮捕法國籍的觀測官，土耳其在該案的情形是土耳其當局並未在法國的主權領域內行使它的管轄權，因此，

---

[35] 同前註，頁18-19。

土耳其在該案中所行使之管轄權，並未侵犯到法國的管轄權。與此案例相關而有必要值得研究的問題是一個國家在其本國領域內要將其管轄權適用在與外國管轄權有重疊部分的個人或公司的事物、財產、活動或利益上，此部分重疊的管轄權會有衝突或競合的情事發生，諸如此類的問題，應該如何解決方為妥善，才是值得我們來深思研究的問題。因為這一類的「立法管轄」的國家實際上並未實體地穿越他國的疆界進入他國主權領域的範圍。所以這一類的問題，總結的來說，其基本的癥結點之所在就是一方面是一個國家主權之「獨立自主」與另一個國家的主權之「不可穿越性」（Impermeable）之間的相衝突的問題。只可惜國際法院在蓮花號案中對此問題並未加以任何探討，也就無結論可言。

其次，常設國際法院在蓮花號案發現法國與土耳其似乎是在從事一個法理學上的爭執。這話怎麼說呢？毫無疑問的是二者似乎是都接受「國際法所允許的是那些它不禁止的」（International law permits what it does not forbid.）。如果這個法理被認為是可以接受的，那麼土耳其的立場，在辯稱法國的舉證責任必須顯示國際法業已發展出一項原則，來禁止土耳其的作法，就是正確的。但是，法國卻主張：1.根據國際法，任何「域外管轄權」的行使都是「如無相反規定，即顯無爭議的」（Prime facie）被禁止的；2.針對此原則，僅有很少的例外是被承認的；3.土耳其的行使管轄權之行為，其未落入任何已建立的例外情形規定範圍之內[36]。在提出這些概念性的問題之後。常設國際法院卻開始去避開了這些問題之核心，而指出，事實上土耳其一點都沒有行使所謂的域外管轄權。法國觀測官的致人溺斃之行為，是發生在土耳其船隻上的結果；而此「發生在土耳其船隻上的結果」被法院類比為發生在土耳其的土地上的事故[37]。所以，事實上法院對於蓮花號的案情是認為土耳其在本案中僅是對於發生在土耳其領域內的行為或是在土耳其領域內發生效果的行為行使其管轄權，而非如法國所認為的，土耳其在蓮花號的災難事件上是行使了「域外保護權」。

---

[36] 同前註，頁22。
[37] 同前註，頁25。

　　我們在這裡不必去考量在蓮花號中，常設國際法院決定了什麼。我們可以注意到：所謂「一艘船隻是船旗國的領域」大致上是概念式的隱喻；也許為了某些目的是可以被接受的，而在其他的情形或許就不能適用了。事實上，今天國際社會已不再接受常設國際法院的判決已在1958年的「公海公約」明確的予以推翻了，而在1982年的「聯合國的第三次海洋法公約」也再次的確認了「公法公約」的規範。而該公約是指出在遇到蓮花號的類似情形時，賦予「船旗國」（Flag State）或是當事者（被告）國籍所屬之國「刑事管轄權」（Penal Jurisdiction）[38]。但是這個蓮花號案例至少驗證了習慣國際法的規範──一個國家得以行使其管轄權，唯有在以下的幾種情形：1.依據領域原則；2.依據國籍原則；3.在特別的情形，為了保護國家的特別利益〔即所謂的「保護原則管轄」（Protective Principle Jurisdiction）〕[39]。而在蓮花案的判決，常設國際法院似乎有意地規避了決定一個國家是否可基於以上的三個基礎以外的理由來行使管轄權；特別是在該案中，土耳其事實上意欲以一般所稱之「被害人屬性原則」（The Passive Personality Principle）[40]。此原則大體上是指一個國家對於一個外國國民在該外國的土地上的行為，導致該國的國民成為被害者時，該國可以適用本身所制定的法律，對該外國人行使管轄權。常設國際法院未對以上的問題提出解答，亦未對國際法的其他管轄權之基礎，例如：「普遍原則管轄」（Universality Principle Jurisdiction）之是否能在本案中適用，加以解釋或說明，是令人遺憾之處。

　　簡單扼要的說，傳統國際法有關一國管轄權之規範，基本上來說，仍是所謂的「白紙黑字法律」（Black-Letter Law）的訓示性規定，似乎並沒有多大轉圜的餘地。目前有關國家管轄權的規範，依照傳統國際法的觀點來看，不外有下列四種：1.基於領域；2.基於行為者的國籍；3.基於保護原則（仍存有爭議）；4.基於普遍原則。但是，國際社會發展的結果，

---

[38] 見1958年日內瓦公海公約第11條及1982年聯合國海洋法公約第97條。
[39] 見前揭註34，頁22-24。
[40] 同前註，頁14-15。

上面這樣的分類，業已不足以說明所有管轄權的問題，國家對於行使管轄權的國際法基礎，確實不敷需要。其實。主要的爭執點還是在於有關國家領域可以涵蓋多大範圍的問題。也就是說，當一個國家意圖將它本國的法律適用在一個外國國民在其自己的領域範圍內的行為而該行為對於要適用其法律的「制定法律國家」（Prescribing State）有所影響，或者是該外國人的行為僅有部分在「制定法律國家」之領域內完成，或者是在其領域內發生影響。其次，也有一些國家對於使用「國籍原則」為基礎的管轄權，有所爭論，特別是在有關「整合性之多國籍公司」（Inter-Corporate Company）的母子公司、分支公司、附屬公司……等情形，容易造成國家間管轄權爭議問題。同時，也有一些國家並未能對何種「國家利益」（State Interest）歸類於所謂的「保護原則」的範疇之內。另外，也有一些國家在某些案例的情形下，拒絕「被害人屬性原則」作為國家管轄權之基礎。更重要的是，目前國際社會對於所謂的「普遍原則」有共同同意的定義原則或有共識的歸類。

　　然而，不論怎麼說，我們來探討「立法管轄權」的規範基礎以及為了決定如何的在具體事例裡加以適用及其範疇，是相當地具有啟發性，值得我們去研究。因為那些現有的規範多半是由習慣法經由國家實踐，及公法學家的意見演進而來。它的內涵及其分類並非是在某一個時間點，由些許國家集合在一塊，所深思熟慮或是具特別目的所形成的規範。因此，可以推論出，這些規範之形成，我們找不出有任何全盤性地對國家管轄權之國家實踐，作出具體的研究，也說不上任何一個國家行使其管轄權時，遭遇到其他國家外交上挑戰的紀錄。以上的這些情形或許可以說明有些國家在行使其管轄權時，有充分的理由，正當化之行使行為，但是在其他的情形，或其他的國家在相同的情形下，卻無法對其管轄權之行使，予以正當化。

　　另外，由於國際社會的成員繼續不斷地增加，現在已達一百八十餘國，如果每一個國家均依其本國法的規定，以決定其管轄權；無可否認的，必然會發生許多管轄權方面的衝突。因此，有必要由國際法來規範國家管轄權之範疇，在這一方面，國際法有關國家管轄權的規範，通常會考

慮到下面四個目的[41]：第一、在國家推行其政策行使管轄權與國家避免干擾其他國家推行其政策行使管轄權之間，取得一個平衡，用以保障國家之間的主權平等與獨立；第二、承認國家之間有互相依存的關係。使其在追求共同目標方面能有些行使管轄權；第三、對於兩個或兩個以上的國家均可以行使的「共同管轄」事件，調合其間的權利；第四、保護個人不受到不合理管轄權的行使，此種情形可能來自於兩個或兩個以上國家對個人強行加上相互衝突或重複的義務。而且，在決定國際法上對於國家之行使管轄權，其最基本的原則應該是該國家在與其要行使管轄權的對象之間，必須要有足夠的聯繫關係。然而，直到目前為止，我們不得不承認國際法對於國家的管轄權相關問題，並未能夠發展一套詳盡且確切的原則。特別是國際法在國家管轄權方面的主要規範，較有具體規範的，似乎僅是刑事管轄權方面，對於民事方面的管轄權，似乎是乏善可陳；在此方面對於國家管轄權的規範，則仍然是在持續發展之中。此外，多數國際法學者認為一個國家如果行使所謂的「執行管轄權」，則不論是刑事案件，抑或是民事案件，均應該遵照國際法的規範去執行。尤其是下面幾件事例更應特別注意[42]：一個國家除非得到他國之同意，不得在他國行使執行管轄權，例如派人到他國逮捕嫌犯；而在立法管轄權的行使方面，國家的立法也受到國際法規範的限制，違反國際慣例或條約的立法，會引起他國抗議或國際組織的制裁，例如過去南非有關歧視有色人種的法律，就曾遭到聯合國的制裁。

二、決定國家管轄權之基本原則

國際法的基本論點乃是依據國家所牽涉的利益之性質與目的，以及如何與他國的利益取得平衡，來決定國家管轄權的問題。一般來說，國家行使管轄權的利益與行為（Transaction）、發生地點、事件、涉及的個人及國家的正確利害關係有關，在此等因素的考量之下，國際法的規範決定國

---

[41] 見前揭註33，丘宏達書，頁650。

[42] 同前註。

家管轄權的原則，一般有下列幾種[43]：

　　1.領域原則（Territorial Principle）：在國家領域發生的任何事，國家當然有主要的利害關係，而應行使其管轄權；2.國籍原則（The Nationality Principle）：國家對於具有其國籍的個人、物或法人，有重要利益；因此，可以對其行使管轄權；3.被害人屬性原則（The Passive Personality Principle）：國家為保護其人民，對於加害其人民的外國人，行使管轄權；4.保護原則（The Protective Principle）：對於威脅到國家存在或其正常運作的行為，雖然行為在國境外發生且行為人並非其國民，為保護國家的利益，也可以行使管轄權；5.普遍原則（The Universality Principle）：若干舉世譴責的行為，不問在任何地方發生，或任何國籍的行為人，任何國家均可以對其行使管轄權。

　　由於以上五種原則之重要性，特別是各個管理權原則對於各個國家管轄權之實踐有相當重大之影響，因此，特別有必要分別加以研究、分析，以釐清各國在適用上所可能遭遇的困難。雖然在傳統國際法對於國家管轄權之適用，在規範上長久以來，可以從各國的實踐上來審視，領域原則與國籍原則是兩個最常被國際上會在遇到國家管轄權的爭議問題上所普遍依賴的最基本之國家管轄權之基礎。但是，由於自19世紀以來國家與國家之間交往或發生關係之密切，在國家管轄權方面所遇到的紛爭，已經不是像以往一樣的簡單基礎的基本原則之適用即可解決；領域原則與國籍原則作為解決國家管轄權議題的解決基礎，已有「力有未逮」之感，而無法成功的或具體的適用在國際案例上。因此，國際社會乃有其他基本原則，如被害人屬性原則、保護原則及普遍原則之出現，以協助領域原則及國籍原則在國家管轄權方面之適用。而在理論上及實際上，此五種基本原則均有必要分別加以研究與釐清或檢討之必要。

（一）領域原則

　　自從民族國家在國際社會興起之後，各國對於國家主權的行使與維

持，是方興未艾，也成了國際法的主要內容之重要課題。於此，表徵國家主權的國家管轄權即成了國際社會爭議的核心焦點。而國際法所認定國家管轄權之基本原則很自然的則以「領域原則」作為國家制定法律規範在其領域範圍內之人員、事件、與財產之管轄基礎。以上之結論，毫無疑問的是因為國家之領域為國際法認定「國家之所以為國家」（Statehood）之基本要素之緣故。一個國家有權對其領域範圍內之人員、行為、財產，以及利益而制定法律、行使管轄權，從國際法來看是「不證自明的」（Self-Evident）。我們更可以說國際法不僅「允許」國家可以基於「領域」為基礎來實現其管轄權，而且國家之此種實現的權利更是被認定是「無須證明的公理」（Axiomatic）。我們更可以進一步的指出，那種權利是沒有例外，也沒有限制的。特別適當一個國家對於在其領域內自己國民的行為在未涉及到任何其他國家的利益時而適用其本身的法律，更是不會有問題的。

　　甚至於即使是對外國國籍的人或外國的財產，一個國家（國家領域）對之行使領域管轄權也從未受到質疑。在那種情形之下，不錯，一個國家依據領域為基礎來行使其管轄權，或許會對一個擁有他國國籍的人之行為或財產有所規範而使得該「國籍國」之利益有所影響。但是，國際法制體系在通常體系之下並不會給予所謂的「國籍國」之利益有太多的注意力。在上述的那些情形之下，「國籍國」有時候會質疑或挑戰「領域國」的行使其管轄權，以行使其法律，或堅持在刑事訴訟程序之進行，必須要能夠「公平審判」（Fair Trial），或者會堅持「領域國」必須以合乎國際標準的公平及其他要素來「審判」「國籍國」之國民。但是，不論怎麼說，「國籍國」都沒有辦法反對「領域國」的適用其本身之法律。

　　在當前之國際法制體系下，外國人會被視為是外國機構的延伸（Extension of Foreign Instrumentality）或是外國的「外交使節團」（Diplomatic Mission）而被認為在某些意義上是外國的延伸；但是國際社會長久以來所採取之標準是上述的國家「主權」或其「獨立自主權」（Autonomy），一旦與「領域國」之相同權利發生衝突時，「領域國」之權利優先於「國籍國」。

　　何以國際法制體系會認定「領域國」之權利要優先適用呢？基本上，長久以來，國際社會即秉信當一個外國人在進入一個國家之領域或是在一個國家之領域內購買財產或是「帶入財產」進入領域國，這些情形一般來講僅是在「領域國」同意之下或者是設定一些前提條件之下，方可以進入「領域國」或在「領域國」內購買財產或「帶入財產」進入「領域國」。所以，總括來說，現行國際法制體系的規範其理念是當一個外國人之所以能夠進入「領域國」或在「領域國」置產，是有一個基本的假定——「領域國」之同意外國人之入境或置產是負有或定了前提條件的——則外國人必須接受「領域國」法律之拘束的。在過去，確實可以發現有些國家對於外國人的入境，並不堅持他們必須遵守「領域國」的法律[44]，但是這樣的情形，演變的結果卻造成了帝國主義在這些國家的殖民（Colonize），使這些國家在根本上喪失了「主權國家」的地位，根本上就變成了帝國主義國家的「殖民地」。談不上所謂的「領域管轄權」。

　　領域原則也一直被「船旗國」（Flag State）提起引用作為支持他規範登上船隻或航空器上之活動的依據[45]。舉例來說明，以「蓮花號案」（The Lotus Case）為例，「常設國際法院」（permanent International Court of Justice），就把土耳其的船隻「虛擬」（Assimilate）成土耳其之領域，來正當化土耳其對於發生在該船隻上的行為行使管轄權。在此案例中，把船隻——蓮花號當作是「船旗國」的「領域」這一點很明顯的是「法律的虛構」（Legal Fiction）；但是不論是否同意船隻或航空器之「虛擬」成一國領域內，大體上而言，這在處理兩國之間船隻或航空器上關於「管轄權」的問題，有它實際上的「方便」之處。然而，我們不得不承認航行於公海上之船隻或「航空器」飛航於公海之上空，這類情形，船隻或航空器並不在任何國家之領域內。

　　船隻或航空器的本身是一個有限定範圍，自我包容的領域空間，原本

---

[44] 滿清末季，外國人在我國境內，不但可以不遵守「領域國」之法律。尚且更可以享有所謂的「治外法權」（Exterritoriality）之特殊待遇。

[45] 見前揭註32。

就應該受到規範或相當程度的法律的拘束。為了管理與規範的方便起見，「船旗國」原本就對該特定之船隻或航空器擁有某種程度之掌握，因此，對於該特定之船隻或航空器，由「船旗國」予以制訂相關法律而實現其「立法管轄」（Legislative Jurisdiction），就基本上而言，也沒有什麼不合理的。如果要將「船旗國」對該特定之「船隻」或「航空器」的「統治」或是管理予以「正當化」（Justify）或合理化（Reasonable），其中的一個方式可以完成上述目的，就是把它們「定性」（Characterize）成該「船旗國」之領土，那麼就可以將該特定之「船隻」或「航空器」視為「漂浮島嶼」（Floating Island），因而屬於「船旗國」。但是，這樣的「虛擬」化，也有其一定的限制，在這樣的情形下，「船旗國」之得以「立法管理」亦或是實際上的管理與規範，也僅侷限於登上該船隻或航空器上之人員及在那所謂「漂浮島嶼」上的期間而已[46]。「船旗國」與登上其船隻旅客之關係，並不因此而帶給它所有的權利（特別是立法管轄權），來規範其旅客任何「出現」（Presence）、國籍或永久居留的「領域國」之管轄基礎。再者，當船隻以停泊在另一個國家的港口內或在另一個國家的「領水」內的時候，「船旗國」就不再具有「專屬領域主權」（Exclusive Territorial Sovereign）或「主要領域主權」（Primary Territorial Sovereign）[47]。當然，有關將船隻「虛擬」成國家之領域，是否應該像「蓮花號」法案之包括「效力原則」（Effective Principle）在內，仍然是一個「有待解決的問題」（Open Question）。

確實，「領域國」之得以執行管轄權是「不證自明的」（Self-Evident），而「領域國」之管轄權是否應該是「專屬的」問題，就不是那麼的清楚了。如果說「領域國」之管轄權必須是「專屬的」，這就意味著對其他國家管轄權之運作會是有所限制，而這些限制即是對於那些「其他國家」的「自主」（Autonomy）的限制，形成對於國際法制體系長久

---

[46] 國際海洋法公約第92條第1款指出船舶航行應僅懸掛一國之旗幟，而且除國際條約或本公約明文規定的例外情形外，在公海上應受該國的「專屬管轄」。本條規定與此處所述法理相同。

[47] 參考「美國外交關係法法律重述」第502節及第512節，並參考U.S. v Flores, 289 U.S.137 (1933)。

以來所建立之國家本質上所具有之基本性質之挑戰。而且，更進一步來說，如果說每一個國家有理由來拒絕其他國家法律之「無形的」入侵其領域，這在國際社會的現實運作是不切實際而且幾乎可以說是接近沒有什麼實質上的意義與價值。但是，我們不得不承認或許有一些比較好的理由來說明為什麼「領域國」應該夠資格反對在其領域內之人民、活動以及利益來適用其他國家的法律。或許可以這麼說：讓其他國家在「領域國」之領域內執行其管轄權，是對「領域國」法律制度合法性與自主性之負面的反映。而且也或許必須承認，「領域國」管轄權之是否容許他國「入侵」，是包含「人類價值」（Human Value）因素的考量在內：其他國家的法律也許是獨斷的或是不公平的；此時，如果在「領域國」之領域內，來適用其他國家的法律，會造成對「領域國」內居民之間的待遇有所區分，形成在「領域國」之領域內的人民之平等保護的凌亂、混雜與損害。而且，更進一步來說，在一個國家之領域內，適用「額外的」（Additional）國家的「額外的」法律，會對「領域國」境內的人民造成「雙重負擔」（Dual Burden）。例如說，兩個國家會對同一人要求其負擔賦稅以及徵兵義務，或者是兩個國家的「立法管轄權」之執行，會有相衝突的時候；如此一來，即會對此特定之個人造成不可能的兩難情形，以及法制上的紊亂。

　　對於「領域國」的管轄權之「專屬」與否，在國際法學界，長久以來，一直有兩派不同學者的觀點存在。一些學者認為：在原理上來說，「領域國」的管轄權具「專屬」性質。基於這樣的觀點，在原則上，容許其他國家在「領域國」行使「域外管轄權」（Extra-territorial Jurisdiction）是不被允許的，因為那樣是會成立一個「假設」，就是會讓國際社會的其他國家誤以為某特定國家承認其他國家可以在其領域範圍內，執行其他國家之管轄權。換句話說。國際法制體系長久以來所建立之「領域國」之領域管轄權不容侵犯原則，如此一來，即被其他國家在其領域內，對其他國家人民行使管轄權所「穿透」（Penetration），因此，如此的「假設」自然會被詮釋成「領域國」的領域管轄權，並未受到其他國家應有之尊重。該「領域國」在這樣的情況下，依照傳統國際法之規範，有權行使其「領域管轄權」，如有損害並得請求救濟。此乃因為「領域國」之行使「領域

管轄權」乃是主權行為之合法實現，「領域國」有權保護自己所應且必須的權利，因此，「領域國」有權禁止外國人進入它的領域，或者是只能依照它所規定的條件進入[48]。而對此「領域管轄權」行使之任何例外情形，當然是有這方面法律規則之發展而產生，但是值得注意的是任何「特定範疇的例外」（Categorical Exception）之法律規則如果發展了出來，就必須是一般性的或普遍性的或者是基於國家與國家之間的互惠性的；更重要的是這些發展出來的例外法則，仍然必須受到「領域國」之「最高利益」（Paramount Interests）的拘束[49]。

　　而關於「領域管轄權」之是否「專屬」「領域國」所享有，則有另外一派截然不同的觀點，此派學者認為，對於「國家自主」（State Autonomy）乃至於對於所有國家之自主之附加限制，包含對於國家依其自由意志所行使管轄權之附加限制，這是不能夠被「假設的」。國際社會中所發展出來的以國家為中心的國際法制體系，為了保障國家之利益及其價值，確實有發展出來一些對於國家管轄權行使的限制條件；但是所應該了解的是，任何對於國家行使管轄權所作的「挑戰」，必須有義務或責任提出證明，特定國家所行使之特定的管轄權，是被國際法所禁止的。當然，這裡我們必須要承認，「領域國」可以行使它們的管轄權，但是除非國際法對其他國家禁止了它們的管轄權之行使，否則的話，其他國家也可以行使它們的管轄權。說的更明白一點，論理到最後上述兩派學者的觀點，似乎並不全然的對立，兩派似乎都接受：基於某些理由，一個國家的管轄權，可以在他國的領域內行使，但是其他的理由則不被允許。但是，這樣的話，亦似乎是失之過於簡單。因為如此一來，會有一些不甚清楚的後果衍生出來，那就是，哪些理由可以讓「領域國」允許其他國家在其領域內行使所謂的「域外管轄權」？而且如果其他國家在「領域國」境內行使「境外管轄權」之結果與「領域國」之「領域管轄權」發生衝突的時候，哪一個國家之管轄權得「優先」（Prevail）行使呢？針對這類問題，

---

[48]　Nishimura Ekiu v. UnitedStates,142 U.S. 651, (1892).

[49]　「域外刑事管轄權」（Extraterritorial Criminal Jurisdiction）之行使可謂是明顯之例外法則。

國際社會所發展出來的下列幾種管轄權基本原則可以配合領域原則作為判斷之標準。

（二）國籍原則

　　早期的國際社會依據習慣法原理所建立起來的國際法制體系承認一個國家有權對具有其國籍之國民，不論其是否居住在其領域內，可以「制定法律」以行使國家之管轄權。或者，以更精確的說法來說明：因為前面曾經指出，對於一個國家獨立所附加之限制，是不能夠被「假設的」，國際法制體系一方面已經承認而且強調在國際體系內所存在之「國家體制」（State System）內，國籍是「國家之所以為國家」（Statehood）觀點之延伸，那麼國際法制體制就沒有任何理由來拒絕將「國籍」作為制訂法律，以行使管轄權之基礎。這樣的理由似乎可以充分說明前面「蓮花號」案例中，法院所要解釋的「船旗國」在公海上對於登上其船舶之人民，擁有管轄權而適用其法律，這樣子看起來似乎是那麼的合法而不證自明。但是值得注意的是國際法制體系，對於國家之依據「國籍原則」所行使之管轄權，並沒有發展出任何限制，甚至於國家對於其國民在其他國家領域內所完成之行為，所欲行使其管轄權，也沒有發展出任何限制[50]。

　　前面曾經提到過關於國家之管轄權是否為「專屬」，有兩派不同的說法。換句話說，國家管轄權之是否「專屬」的問題，乃是在討論「國籍國」（Nationality of State）與「領域國」二者之間有關「管轄權」之關聯性。一派學者將以國籍為基礎之管轄權視為獨立之基礎，與領域管轄權之以「領域」為基礎之管轄權相平行而對等；也就因此找到他自己在「國家體制」內之價值而予以「正當化」（Justification）。而另一派學者則將以領域為基礎之管轄權，視為主要以及「初步的」（Prima Facie）基礎，也就是大致上成為「專屬性」的管轄權。雖然如此，他們也承認可以將以國籍為基礎之管轄權當作例外之情形。兩派學者的觀點都認為領域國不會也

---

[50] 問題之發生，有可能是國籍國與領域國在雙方均要對相同一行為人行使管轄權時，發生「國家價值」（State Value）之競合時。

應該不會反對國籍國為它本身之國民制定法律來管轄其國民。即使國籍國之國民在領域國之領域內，也沒有問題。國際法制體系之發展，其結果雖然承認領域國之自主性即領域之「不可穿透性」（Impermeable）導致於一項國際法規則──一個國家之官方（政府）行為不得在他國領域內行使──但是，這樣的國際法規則並不至於擴張到──外國法律不得在領域國境內來適用[51]。這樣的推論解釋在國際法制體系內是不適用的。

當然，無須否認的是，領域國或許會反對國籍國的「某些法律」，適用到居住在領域國境內之國籍國的國民身上。領域國之所以會對某些法律之適用在其領域內，在一些特殊情形下是可以理解的。例如說，國籍國對居住在其領域內之國籍國國民要求履行服兵役或納稅之義務，或者更明顯的例子是領域國發現國籍國法律如果適用在領域國內，會在領域國內造成政治上之煽動或不安（如：二次世界大戰時希特勒針對其旅居國外之僑民所制訂之某些法律）。但是，不論怎麼說，大致上來講，領域國的可能會以國家利益為理由來反對國籍國對領域國境內國民之法律的適用（或可稱之為國籍國立法管轄權之適用），尚未發展成一種「國際法制規範」（International Legal Norm）。所以，至此，我們可以了解到兩種主要的基礎作為國家行使「立法管轄權」：1.領域原則管轄權；2.國籍原則管轄權。在國家行使「立法管轄權」這方面，國際法制規範尚未能找出任何理由或基礎來反對或限制上述兩種原則作為國家立法管轄權之基礎。換句話說，國際社會的共識是國際法承認領域與國籍為「國家之所以為國家」的兩個基本要素而成為具有「國家價值」（State Value）的兩大要素，足以支持國家立法管轄權之基礎。在領域原則管轄權與國籍原則管轄權這兩種情形下，我們發現到它們各自在國家立法管轄權上面的「國家價值」，我們沒有理由對領域國或國籍國兩者之中的任何一個加以否定。

我們把國家之管轄權基礎放在國籍原則上作為獨立之國家管轄權的基礎，平行於領域原則之作為國家管轄權之基礎；或是把國籍原則當作領域

---

[51] 國際法制體系發展之結果，國籍國在領域國領域內適用其國籍原則之所以不會被領域國反對，主要的是每一個領域國，有同等的機會與權利適用國籍原則之管轄權。

國「專屬管轄權」之例外，就通常情形來看，並沒有什麼大不了的關係。但是，不同觀點之認定在碰到領域國與國籍國均行使管轄權而有所衝突之時，就會導致不同的結果了。如果有人一開始就認定——原則上領域國具有專屬權利來行使其管轄權——而接受它，把它當作不證自明的公理，而認定國籍國之行使管轄權為一種例外情形，那麼很自然的就會得到下面三種推論[52]：1.以國籍為基礎之管轄權為「次級的」（Secondary），一旦與領域為基礎之管轄權有所衝突時，就必須對領域國讓步；2.領域國具有挑戰管轄權適當與否之「適格地位」（Standing），藉著挑戰國籍關聯之真實性與否；與3.領域國得以抗拒某些國籍國之立法規範（(1)jurisdiction based on nationality is secondary, and in case of conflict bows to the jurisdiction of the territorial state; (2)the territorial State has standing to challenge on exercise on jurisdiction by challenging the authenticity of the link of nationality; (3)the territorial state may resist certain prescriptions by the state of nationality.）。在這樣的觀點之下，在承認國籍對「國家之所以為國家」之主要關聯地位及「國家價值」之餘，基於國籍原則而獲得之國家管轄權，便是對於領域國之領域管轄權的例外。但是，不幸的是這樣的例外，在原理上卻很難有其他的例外被接受。舉例來說，基於國籍以外的基礎來行使「域外管轄權」（Extraterritorial Jurisdiction），卻被認定是「初步的表面證據」（Prima Facie）違法的。任何國家行使那樣的管轄權必須「負擔舉證責任」（The Burdon of Proof）來提出證明，指出國際法已經成立了對於領域國專屬管轄權的另外一個例外，而且領域國也可以具有資格來挑戰那樣的以國籍以外作為基礎之管轄權的行使。

　　除了國家基於國籍原則所獲得的立法管轄權以外，國際法似乎在事實上認定了「國家域外管轄權」之立法規範實際上是「初步的表面證據」而被禁止的（當然，亦有很少的例外情形，後面會提及）。雖然這樣的管轄權之行使在原則上是與領域國之領域管轄權之專屬性有所冒犯，但是，大

---

[52] 這是從法理上及邏輯上自然推論之結果；也是某些學者為了解決領域原則與國籍原則在適用上遇到「衝突」時，所妥協下之結果。

致上來說除了被管轄對象之個人是在領域國境內未獲得領域國之同意而被逮捕外，領域國一般來說並未反對[53]。就像「蓮花號」案例的情形，通常的情形是當事人個人之國籍國會以該個人所應受到國籍國之「外交保護權益」（Diplomatic Protection），受到侵犯而提出抗議，主張該特訂「立法管轄權」的國家之立法對具有其國籍之國民「拒絕正義」（Denial of Justice）而證明該抗議是基於對人類價值與國家價值之尊重。但是話又說回來，通常情形與在原則上來講，似乎是應該由領域國才具有資格提出抗議，而且就基本國際法原理的立場來看，領域國之「適格」（Standing）應該比國籍國之適格來得更具優勢。

雖然如此，在實際上這並非是國際社會中國家實踐的常例。從有紀錄的各國案例來看，領域國之是否反對其他國家之「立法管轄權」，尚未多見。這樣的情形，我們或許可以解釋成領域國在事實上其管轄權並沒有受到太大的侵犯或十足的影響。或許也可以從另一個角度來解釋這樣的情形，就是領域國認為可以將證實其領域管轄權是有法理依據的問題交給國籍國去處理，因為一般情況來說，都是國籍國會向領域國提出「立法管轄權」之要求，此時當然由國籍國來解釋或說明其管轄權之基礎在哪裡，要比較容易來解決管轄權歸屬的問題。當然，在碰到其他的一些情況，例如在行為的當事者並不具有任何國家國籍的人（所謂的無國籍之人）而根本沒有國籍國之存在時，或者是就算有國籍國的存在，但是它卻沒有採取任何的行動時，這似乎就會使得領域國有更加堅強之理由來認定其國家管轄權之不可侵犯性。在上述的情形，就如同沒有任何國家主張對受到影響之個人提供外交保護的情形一樣，領域國籍會間接地以在其領域內管轄權之專屬利益為其國家利益之理由，來證明它對特定的受影響之個人具有專屬管轄權。

---

[53] 最有名之一件案例是1960年之以色列情治人員在阿根廷綁架前納粹頭目艾克曼（Adolf Eichmann）至以色列接受審判，阿根廷起初要求以色列釋回艾克曼，並向聯合國安全理事會控訴以色列之行為侵犯了阿根廷的主權。最後，阿根廷同意接受以色列之道歉。

（三）保護原則

　　另一個雖然不如領域原則及國籍原則之普遍的為一般國際法學者所接受的「立法管轄權」之基礎為所謂的「保護原則」。雖然它被接受的普遍性不及領域原則及國籍原則，但是一般說來也是一個可以被接受作為國家管轄權的一項原則。其所以沒有那麼普遍的被接受，其主要原因即是因為它是個「有限的概念」[54]。為了保護某些國家的「國家利益」，國際法制體系業已接受了一個國家有權對在另一個國家領域內之外國人之行為行使其管轄權。這些外國人之行為至少包括下列幾項，外國人從事「間諜行為」（Espionage）而影響國家安全者、外國人從事偽造貨幣或官方文書或在其領事官員前作偽證，而對政府功能之完整性有影響者、不受歡迎的人或物（例如企圖違反國家之移民法或海關法）對於領域穿透的不可侵犯性；但是所要強調的是：不是要保護對於國家的政治冒犯（例如對於國家或國家元首之毀謗）。對於有些或所有的這些「保護管轄權」（Protective Jurisdiction）來加以研究，那看起來所有的或某些「保護管轄權」的這些案例，似乎是領域的延伸，因而領域國有權對於那些對其領域內會發生嚴重之影響或似乎非常有可能發生嚴重影響的行為，執行「保護管轄權」。

　　但是如果將所有的這樣的例子歸類為「領域效果」（Territorial Effect）的案例，將又會擴大以及曲解了前述的「保護管轄權」之「有限概念」。在這方面適有更充分及更具有說服力的理由來支持下面的一個結論：國際法制體系中尚未發展出一個禁止那樣的管理權運作的「國際法規範」（International Norm）。或者，至多也只能說目前所發展出來之「國際法規範」是將「保護管轄權」之概念，當作是領域國的「專屬管轄權」（Exclusive Jurisdiction）之附加的一個例外。領域國以及法律所要適用的個人之國籍國承認制訂法律的國家在應用「保護原則」之情形時，有相當強大與重要之「國家利益」。而且，更進一步來說，所有的國家都具有那樣的重大利益而希望能夠有「權力」去保護它們以及去為它們犧牲；但

---

[54] 見「美國外關係法法律重述」第402節及其評論。

是，雖然如此，在一定的程度之下必然是基於「互惠原則」（Reciprocal Principle）之基礎，如果其他國家也為了它們本身之「國家利益」，要求以「保護原則」行使「立法管轄權」，則原先這些國家，不論是領域國也好，亦或是「國籍國」也好，自然也會考量自身之「國家利益」，作為彼此「管轄權」相互衝突時，解決問題之參考。

另外，領域國與國籍國在通常的情況下，對於其保護原則所產生之「保護管轄事件」，並沒有太大的利益與興趣去對那些個別的「個人犯行」（Individual Action）去行使法律上的起訴行為，或者，也沒有辦法去有效的採取法律行動。雖然有些當事者的「犯行」（侵犯某一國之國家利益之行為或不行為）將無法予以處罰或者是予以因心生畏懼而予以防止其未來之再度發生。凡此種種似乎是加強了以「保護原則」作為「立法管轄權」之基礎的國家，行使其「立法管轄權」；而且，如此一來，也減少了領域國或國籍國藉由所可能提出的反對或抗議。所以，在這樣的情況下，任何一個國家以「保護原則」作為其行使「立法管轄權」之國際法依據，並不會對領域國或國籍國之「法律制度」（Legal System），有任何負面的反應。

（四）被害人人格屬性原則

我們回顧「蓮花號」案例的情形，土耳其主張國際法並未禁止土耳其對於任何一國之人侵害到土耳其人之行為行使其管轄權。比較遺憾的是「常設國際法院」並未對土耳其之主權作出明確的判斷[55]。現代我們基於國際法制體系所發展出來的國際法規範的原理來看，如果我們一開始就假定國際社會承認國家的自主權（The Right of State Autonomy），那麼對其他國家之主張，否定任何國家之意圖行使「域外管轄權」者，該等其他國家就必須要負舉證責任，以證明任何國家僅依賴「被害人人格屬性」（Passive Personality）作為管轄權之基礎，以及被害者為那些主張「立法管轄權」國家之國民者，兩者均已被國際法所發展出來的「規範」

---

[55] 見前揭註34。

（Norm）拒絕那樣的「管轄權之行使」（Exercise of Jurisdiction）[56]。換句話說，我們如果從領域國之「專屬管轄權」開始來論斷，則主張享有依據被害人人格屬性原則「立法管轄權」之國家，就必須要能夠證明國際法業已將此原則發展成為「立法管轄權」之基本原則，而被當作是領域專屬性的一項「附加例外」（Additional Exception）。在過去，一般而言，國際法制體系並未對於一個國家在尋求對加害其僑居國外之國民的加害人「行使管轄權」之「國家利益」，給予多大的正面價值的肯定[57]。那樣的「國家利益」尚不被視為「國家之所以為國家」之重要要素或「國家之所以為國家」之延伸。

　　一個國家之國民如果居住在其他國家，或者目前本人在其他國家，該特定之個人是夠資格來主張他可以享有所在地（領域國）法律之保護（當然那些法律必須是合乎國際標準的公平正義），相反地，此等國民居住在國外之國家，反而不得主張對此等國民行為行使「立法管轄權」。而領域國是當然夠資格來抗拒或厭惡其他國家在其境內行使「立法管轄權」。從另一個角度來看這個問題，領域國之所以如此主張，自然是反映出它的法律是足夠來保護它領域內之居民（當然包含外國人在內）。就大多數的違反法律之規定者而言，被害者國籍的國家自然也會對那些違反本地法律的行為加以處罰。在這裡我們也可以看得出來，不但領域國會在一般情形下反對其他國家共享管轄權，而且會特別拒絕讓它境內的居民，必須去與外國人打交道而冒著讓它的居民去與所不了解的具外國國籍的人去周旋，而處於不利的地位。最嚴重的是，如果容許外國在領域國內行使以國籍原則為基礎之「立法管轄權」，那麼每個領域國之國民如果成為不小心地加害者而非被害者，則每一個居住在領域國境內的具有外國國籍之被害者則在法律之適用方面即處於一種優勢地位，如此，則對每一個領域國境內之國民，相當不利；因為領域國國民不必也不可能去了解到領域國以外之所有

---

[56] 這裡所用的「被害人人格屬性」是指具該人格者其特質具有被動性，而成為其他國家之國民所採取主動性攻擊者之對象。

[57] 見「美國外交關係法律重述」第402節報告者（Reporter）註解3。

其他國家之法律。

　　如果容許任何一個國家依照「被害人人格屬性原則」之理論，來尋求管轄權之結果，領域國未必是僅有的被侵犯到管轄權的國家。這話怎麼說呢？因為如此一來，那樣的他國之立法規範將會使得領域國境內的任何一個與外國國民打交道的領域國國民受到外國法律之拘束；而且那樣的「個人」也會與它自己的國籍國發生相牴觸的自我矛盾之情形。因此，舉例來說，當一個國家將它「被害人人格屬性」之法律適用到乙國領域內的甲國國民身上時，乙國將會拒絕該國法律之適用；因為這樣會侵害的乙國之「領域利益」（Territorial Interest），而甲國也會保護它自己的國民，反對那樣的不妥當的管轄權之行使。在絕大多數的國際案例，反映出「被控者」國籍之國家也是領域國，也因此可以用任何一個理由：國籍國或領域國之身分來抗拒「被害人人格屬性」為基礎之國家尋求其管轄權[58]。

　　常設國際法院在「蓮花號」案例，雖然巧妙地避免了國際法有關管轄基礎原則的觀念上的左右為難的困境以及特別的法律問題的解釋與說明。但是無須諱言的，國際法制體系以及一些公法學家的主張，在權衡之下已經宣稱「被害人人格原則」在一般情況下，不能夠被接受成為國家管轄權之基本原則[59]。作者認為：對於「被害人人格屬性原則」之不適合作為國家管轄權之基本原則，應該是主要的由領域國來提起；但是顯而易見的是在國際實踐上，反對該原則之適用，已變成了「外交保護」的一部分，而且是由「被控者」（也就是加害者）的國籍國以基於「被控者」之「拒絕正義」（Denial of Justice）為理由，提出來反對「被害人人格屬性原則」之適用。

（五）普遍原則

　　針對一些比較特別的犯罪行為，國際法制社會業已承認關於國家管

---

[58] 例如，在「蓮花號」案例，法國就以該船觀測官之國籍國，以及船旗國（類比為領域國）之地位來反對土耳其之適用「被害者人格屬性原則」之管轄權。

[59] 參見「美國外交關係法法律重述」第402節 Michael Akehurst 以及 Ian Brownlie 等學者之主張。

轄權之適用「普遍原則」[60]。理論上來說，我們可以將此「普遍原則」在國家管轄權上之適用，視為國家管轄權之「附加基礎」（Additional Basis），或者將之視為領域國「專屬管轄權」之一個例外情形加以處理。也有些學者比較喜歡將國家管轄權之以普遍原則為基本原則之建立，認定是國際法制體系對於一些特定犯行的國際法規範原則之確定。因為針對某些特定之行為或活動，國際社會有一致的共識，就是那些特定的行為或活動，影響國際社會的穩定、秩序、繁榮與發展至鉅。因此，國際法制體系在這方面所發展出來的國際法規範，就是允許各國有權根據普遍原則所建立的國家管轄權，依照其本身之「自主權」制定法律，以行使立法管轄權，來追訴那些為國際社會所不容許發生之特定犯行。

所以，基於普遍原則所獲得之「國際管轄權」是指的一項犯罪行為，是被國際社會所公認的侵犯了國際社會「各國所共同享有之公共利益」（Common Interests of States）。因為不論其犯罪地在哪一個國家之領域內，此類犯行會被認定為「萬國公罪」（Delict Jure Gentium）；因此，所有的國家對這類犯行，均有管轄權，而有權行使管轄權，加以逮捕、審判以及懲罰。在過去幾百年來，這類犯行構得上被稱為「萬國公罪」之種類，大概有所謂的海盜行為及販賣奴隸。及至現代，販賣奴隸之行為業已不復存在。但是，時至20世紀行將結束之際，回顧20世紀國際法之發展歷程，令人怵目驚心的是兩次世界大戰的發生，以及各地時有所聞的各種大小規模的戰爭，似乎從未中斷過。因此，從19世紀以來乃至整個20世紀，國際社會及企圖進行戰爭之消弭工作，乃至於即使不能阻止戰爭之發生，也意圖對於戰爭行為之啟動、進行……等加以規範。對於引發戰爭者，成立戰犯法庭加以治罪，凡此則構成了國際法在戰爭方面的發展，形成了所謂的「戰爭法」。因此，在進入21世紀之際的今天，或許也只有兩種依「普遍原則」之國家管轄權的情況存在，亦即「萬國公罪」之海盜罪及戰爭罪。其他的情形，並不必然會造成國際社會所有國家之「共同利

---

[60] 參見「美國外交關係法律重述」第404節。原則上，適用普遍原則為基礎之立法管轄權並不侷限於刑法之犯行。針對某些犯行一國亦可侵權行為之民事法律，而提供民事上之救濟。

益」（Common Interests）之被侵害而行使「普遍管轄權」。回顧過去的歷史，發展國際社會都渴望見到從事海盜行為者與奴隸販賣者之犯行，受到嚴厲的懲罰，期盼能收到遏止之效。更進一步來看這兩種犯行，可以發現這兩種犯行在通常的情況下，雖然並不會在「真空狀態」下；但是卻也不會發生在任何國家的領域內，而且不會有任何國家之領域管轄權，會因為其他國家之行使依「普遍原則」為基礎之「普遍管轄權」。再者，從另外一方面來看，從事海盜行為者以及奴隸販賣者之國籍國，在一般的情形下，在事實上也無法有效的規範海盜的活動，所以也通常不願去反對任何國家依「普遍原則」去行使「普遍管轄權」。而且，在正常情形下，不會有任何模糊不清的聲稱，「普遍管轄權」之行使，對海盜行為者或奴隸販賣者有任何的「拒絕正義」或者是侵犯了他們的任何基本人權。

其次，我們再論戰爭罪之情形，關於懲罰戰爭罪的「普遍性管轄權」，在1949年的「日內瓦改善戰地軍隊傷病者情況公約」（Convention of the Amelioration of the Condition of the Wounded and Sick in Armies in the field.）已經加以認定，於武裝衝突之「國際人權法外交會議」（The Diplomatic Conference at Geneva on the Reaffirmation and Development in Armed Conflicts.）中所通過的第一及第二議定書所補充。此外，對於非「萬國公罪」與戰爭罪的其他罪行，發生於不同的情況，有不同的考量因素。例如，對於販賣毒品、女人與小孩及偽造貨幣等，都已在國際公約的範疇中加以規範。

肆、結論

一、國家權力之理論是建立在國家權力之垂直分配與水平分配的基礎上。國家權力之垂直分配可以從聯合國大會的三個決議案看出：1.關於天然資源之永久主權決議；2.建立新國際經濟秩序宣言；以及3.各國經濟權利義務憲章。而國家權力之水平分配，則可從決定國家管轄權之五項基本原則看出：1.領域原則；2.國籍原則；3.被害人人格屬性原則；4.保護原

則；以及5.普遍原則。

　　二、國際法上對於管轄問題之決定，乃是根據國家所牽涉到的利益之性質與目的，以及調和與他國之利益，來決定管轄問題之歸屬。在考量事件之性質、發生之地點、行使管轄權後之利益與影響，以及所涉及之個人與行使管轄國家之間的利害關係之各種因素之下，國際法上決定國家行使管轄權之基本原則，有下列五種：

　　（一）領域原則：在國家領域內所發生的任何事件，對國家而言，有其主要之利害關係，自應行使其管轄權。

　　（二）國籍原則：國家對於具有其國籍之自然人、法人，有其重要之利益，自得對其行使管轄權。

　　（三）被害人人格屬性原則：國家為保護其人民，因此對於加害其人民之外國人，自可行使管轄權。

　　（四）保護原則：對於威脅到國家之生存或其正常運作之行為，雖然行為發生在領域外，而且行為人並非其國民，為保護國家之利益，亦可行使管轄權。

　　（五）普遍原則：若干國際社會所共同譴責之行為，因為損害到國際社會之共同利益，不問事件在何處發生，亦不問行為人國籍，任何國家均可行使管轄權。

第八章　國家之國際責任

第一部分：關鍵概念與名詞界定

1.國際責任

「國際責任」（International Responsibility）係指一國在其管轄之下，不法「損害」了外國或外國人，所應負擔之賠償或補救的責任。國際責任的目的在確使違反國際責任之國家，得以受到國際法之「制裁」。基本上，不論是在哪一種法律制度之下，任何不遵守其法規範的情況，必然會引起「責任」的發生；在國際社會也是一樣，國家如果不遵守國際法的規範，就會發生國家在國際法上的責任問題，此即為國家之國際責任。

2.國際責任之免除

排除「國際不當行為」所引起之國家所應承擔之「國際責任」之問題，聯合國國際法委員會於1979年所通過的「國家責任條款草案」規定下列六種情形，責任國所應承擔之國際責任可以排除：（1）同意；（2）對國際不當行為之相應措施；（3）不可抗力與意外事件；（4）危難；（5）必要情況；及（6）自衛。不過在此我們應該也要注意到，依同意、不可抗力與意外事件、危難、與必要情況，排除一個行為之不正當性時，不妨害由於該行所造成損害賠償之任何問題。茲將「國家責任條款草案」所列出之六種情形，分別說明如下：

（1）同意
國家同意他國對其觸犯不符合對該國義務的行為，如一國同意他國派軍進入其領土。但如果有關的國際義務是基於一般國際法強制規則（jus cogen），則同意並不能排除國家行為的不當性（wrongfulness），因為此種規則不能由國家間合意排除其適用。

（2）對國際不當行為之相應措施

對國際不當行為可以採取相應措施（countermeasures）。但此種措施不得包括武力的使用，通常在國際法上稱為報仇（reprisal）。

（3）不可抗力與意外事件

由於不可抗力或超過其所能控制的未能預見事件，導致的不符合其國際義務的行為，其不當性就被排除。但如有關國家促成對實質上不可能情勢的發生，就不能免責。

（4）危難

由於構成國家行為的個人在並無其他辦法的極度危難之情況下，為拯救自己或委託其照顧的人之生命所造成一國不符合其國際義務的行為，可以免責。

（5）必要情況（state of necessity）

如為維護國家基本利益所遭遇嚴重和立即危險的唯一方法之行為，且此行為對於應負義務的國家的基本利益，不造成嚴重損害，則此種行為可以免責。但在下列情況下仍應負責：「①如果國家的行為不符合基於國際法一般強行規則下的國際義務；或②如果國家的國際義務是不符合一個條約明示或默示的規定，而該條約排除了對該義務引用必要情況之可能；或③如果有關國家促成必要情況的發生」。

（6）自衛

如果一個行為構成符合聯合國憲章下的合法自衛措施，就排除了一國不符合其國際義務之不當性。

*3.*國家違反國際責任之後果

（1）受害國可以要求對其從事國際不當行為的國家（以下稱為責任國停止此種行為、釋放和歸還有關人員或此種行為的標的；給予責任國國內法所規定的救濟；恢復原狀及保證不再重複此種行為。如果不能恢復原狀，則應給以金錢補償，其價值應相當於未違背國際義務前的狀況（第2部分第6條）。

（2）受害國得根據相互原則（reciprocity）停止對責任國的相對義務或與被違反的義務直接有關的義務（第2部分第8條）；但此一規定不適用於多邊條約，如任何締約國不履行該多邊條約會影響到其他締約國的權利或該約的義務是為保護所有締約國的集體利益（第2部分第11條）。此外，牽涉到外交和領事的豁免權或一般國際法強制規則，受害國也不得停止（第2部分第12條）。

（3）受害國以報仇的方式，可以停止對責任國的其他義務，但不得與國際不當行為的嚴重性有明顯的不成比例的情況（第2部分第9條），並且也受上述（2）多邊條約的限制。此外，在用盡國際法上和平解決爭端程序後，才能採取報仇方式。但受害國可以採用臨時措施（interim measures）在其管轄範圍內以保護其權利，直到有管轄權的國際性法庭或和平解決爭端程序決定是否可以採取臨時性措施為止（第2部分第10條）。

（4）如果國際不當行為構成國際罪行，則責任國以外的國家均有義務不承認此種罪行造成情勢的合法性；也不得協助或援助責任國以維持此種罪行造成的情勢（第2部分第14條）。

*4.*國際責任之構成條件

任何國家對於該國的每一國際不法行為應負國際責任，這是國際法上的一項原則。然而，任何國家的行為只有符合國際不法行為的構成條件，即必須具備其主觀要素和客觀要素，才可能在法律上引起責任。所謂主觀要素，是指某一行為可歸因於國家；所謂客觀要素，是指該行為違背了該國的國際義務。如果一國的行為符合這兩方面的要素，就構成國際不法行為，從而引起該國的國際責任。

（1）構成國際不法行為之主觀要素

構成國際不法行為的主觀要素，是該行為可歸因於國家而成為該國之國家行為；而認定某一行為是否為該國之國家行為，又只能按照國際法而不是按照國內法來判斷。按照國際法，國際不法行為既有屬於一國之國家行為，也可能是一國參與或介入他國所犯的行為；對於前者，該行為所引

起的國際責任，應由行為國負責，而在後者的特殊情況下，則可以例外地由另一國負責或由它們共同負責。

（2）構成國際不法行為之客觀要素

一國的行為要能構成國際不法行為，還必須具備該項行為是違背國際義務這一客觀要素，即必須符合下列的要件：①該國之行為不符合國際義務對它的要求；②該義務必須是國際法所公認的合法的國際義務；以及③違反該義務之結果使得他國的利益遭受損害。

5.卡爾伏條款

「卡爾伏條款」（Calvo Clause）為阿根廷法學家C. Calvo所創，為許多中南美洲國家接受，他們在與外國人或外國公司簽訂契約時，往往在契約中規定此項條款。根據該項條款，外國人或外國公司因契約所引起的任何問題，放棄本國政府的保護或協助。該條款之目的在使因契約引起之法律爭端，歸締約國法院審理，排斥「國際仲裁法庭」的管轄，並防止享有特許權的外國人或外國公司，向其本國請求外交保護。

卡爾伏條款之所以被中南美洲國家普遍接受，乃是因為19世紀末到20世紀初，「當地國」（Host State）內政治情勢不穩，時常發生侵害外國人之事件，由於對當地司法制度缺乏信心，外國人時常拒絕利用當地國法律所提供的救濟辦法，而向本國政府請求保護。在卡爾伏看來，外交保護制度不啻成為強國侵略弱國的武器，因而提出限制外交保護與利用當地救濟辦法的學說。其次，自由與獨立的主權國家，在平等的基礎上，享有不受他國任何形式干預的權利；以及外國人無權主張本國人未享有的權利和特權；因此，他們在當地所受之損害，只能向當地國法律尋求救濟。

關於卡爾伏條款的檢視，可以歸納如下：

（1）該條款的目的若是規定外國人在損害發生後，必須利用當地救濟辦法，則正合於國際法上用盡當地救濟的原則，應該是有效的。
（2）該條款的目的若是在於企圖停止一國行使外交保護權，或規定外國人放棄其請求本國保護的權利，則是無效的。
（3）該項條款目的若是在規定一國不得干預，明顯是違反國際法的案

件，則亦為無效。

　　總而言之，卡爾伏條款既不能限制國家保護在外僑民的權利，也不能免除國家保護境內外國人的義務。

6.用盡當地救濟原則

　　一國在根據「拒絕正義」（Denial of Justice）為理由而向國際法院提出損害賠償要求之前，受害人必須「用盡救濟手段」（Exhaustion of Local Remedies）。國際法規定：任何國家非至其僑民用盡一切當地救濟手段而無效果時，不得逕以「拒絕正義」為理由從事干涉或提出損害賠償之要求。此項規則的主要意義是：被害僑民非至向被告國的最高法院或主管機關提出請求而無結果時，尚不能構成「拒絕正義」。

　　關於「用盡當地救濟手段」，有以下幾項例外之情形：

（1）如果當地法院顯然不能判決給予賠償，或當地救濟手段被認為是不適當的，可無須請求當地救濟；

（2）如果當地沒有公正的機關可以請求，亦可無須請求救濟；

（3）如果外僑所受的傷害，是由於當地政府的行為所造成，且顯然不受當地法院管轄，亦無須使用當地救濟手段；

（4）有關國家放棄「使用當地救濟」的條件，例如爭議國家同意將爭議交付仲裁，其本身是否就是默示地放棄「用盡當地救濟手段」尚不明確。

第二部分：專題研究與論述

■專題一：國際責任之基礎

壹、前言

　　國際法制體系為了使國際社會能夠維持和平與安定，並進而促進繁榮與發展，特別給予國際社會的主要成員——國家，相當程度的優惠便利之處。舉例來說，為了保護它的領域完整，特別承認各個國家之主權至高無上及獨立自主而不受侵犯之權利，並得憑自由意志去行使其主權國家所享有之各種權利。當然，這樣的結果之下，國際法制體系下之各個國家同意於國際法制體系下之生存與發展之同時，能夠享受國際法制體系所提供之穩定與保障，各個國家自然就必須要肩負起國際法制體系所要求之法律責任。而這裡面各個國家所被期盼之法律責任，主要的就是各國必須要對它自己的行為影響到國際社會中的其他成員，如：其他國際法人（聯合國等國際組織，即為一例）以及國際社會整體來負起它的責任。這就像「常設仲裁法院」法官胡伯（Max Huber）在1925年的「摩洛哥西班牙屬區索償仲裁案」（Spanish Zone of Morocco Claims Case [1925]）中所指出的：「責任是一個權利的必然推論的結果。所有具備國際性質的權利，都包括國際責任」（Responsibility is the necessary corollary of a right. All rights of an international character involve international responsibility.）[1]。

　　國家之國際責任乃是起自於一個國家對於一個國際義務之違反。那樣的國際義務有可能會是源自於「習慣國際法」或是一個國際條約的義務。而那樣的國際義務之違反，必須是由於可歸責於國家之行為。而對此責任之履行，一般來說是由國家的名義來執行；它必然是以代表國家的身分或

---

[1]　See Spanish Zone of Morocco Claims Case (1925) 2 RIAA 615.

是代表其受害的國民，來要求他國履行其國際責任。但是，就像每一個國家會為它自己來決定，是否要另一個國家因為明顯的違反國際義務，而請求其履行國際責任。就因此種國家之自由裁量的結果，針對某一國家雖然是很清楚的違反國際義務，但是，受害國卻未必會要求違反國際義務的國家，去履行其國際義務。除此之外，就因為大致上各個國家自己會來決定「習慣國際法」的適用範疇，它們也會為它們自己做決定，而認為什麼時候國家之國際責任會存在。而一般所指國家之國際責任，乃是指國家與國家之間的責任而言。個人所受之不法侵害，必須由其國籍所屬之國家，基於保護僑民的權利，以外交保護的方式，同侵權國提出交涉，或向國際法院提起損害賠償之訴訟。換言之，受害的個人，是經由其本國政府向責任國提出損害賠償的要求，則該事件則轉變成兩個國家之間的問題。其國際法制體系針對國家之國際責任，建立了三個基本原則，以備各國在發生問題時參考適用[2]：第一、必須要有一個「不法」之事實引起一個國際法上的責任；而此國際法上的責任也僅能存在於兩個國家之間，或是一般性之國際責任。再者，此國際責任乃是因為「習慣國際法」或「國際條約」所附加於各個國家所必須要承擔的。第二、國際責任之違反，乃是因為各該國家之「作為」（Positive Act）或沒有履行其國際責任。例如：「國際法委員會」（International Law Commission）所草擬之「關於國家責任條款草案」（Draft Articles on State Responsibility）第1條即開宗明義的指出本原則：「一個國家之每一個『國際不當行為』，即涵蓋有國際責任」（Every internationally wrongful act of state entails international responsibility.）[3]。

---

[2]　Sam Blay, Ryszard Piotrowicz, and B. Martin Tsameny:eds.,Public International Law (Melbourne, Australia: Oxford UniversityPress,1997), pp.212-213.

[3]　Article 1 of the Draft Article on Sate Responsibility.

貳、國際公約規範之嘗試

一、規範國際責任之背景

國際法上的任何問題，都沒有像國際責任那樣意見紛紜，至今尚無法在國際間達成一致的協議[4]：如1930年海牙國際法編纂會議曾討論國際責任，但是未達成具體的協議，聯合國國際法委員會也在繼續研究這個問題。目前國際間只在一些比較特殊的問題上，例如外空物體所生損害的責任與賠償，業已達成協議；其餘至多也僅是在草案的階段而已。例如：哈佛大學在1929年草擬的「國家在其領土內對外國人或其財產造成的損害賠償責任公約草案」與1961年草擬的「國家侵害外國人的國際責任公約」。而比較具體也比較有影響力的亦只有聯合國國際法委員會在1979年所通過之「關於國家責任條款草案」（Draft Articles on State Responsibility）可以供各國作為參考之標準。

國際公約或公約草案也有規定國際責任的，例如[5]：1907年「海牙陸戰法規及慣例公約」第3條即規定：「凡交戰國若違犯前述章程中之各款，如有損害則須賠償，即其軍中人等違犯之一切行為，該國亦須負責」。1930海牙國際法編纂會議第三委員會議曾決議：「國家的任何機關未能履行該國的國際義務，以致危害境內外國人的生命或財產，便發生國際責任」。「國家的國際責任，包括對損害的賠償義務，只要損害係因為履行其國際義務所引起」。1967年1月27日所簽訂的「關於各國探測及使用外太空包括月球與其他天體之活動所應遵守原則之條約」，規定締約國對其政府或民間團體從事太空活動負國際責任，並對其發射至外太空之物體，對其他締約國的自然人或法人引起損害時，亦負有國際責任[6]。

---

[4] 見楊國棟，「國際責任」，於丘宏達主編，現代國際法，臺北，三民書局，民國79年，頁422。

[5] 同前註。

[6] 同前註，及文中附註15如下：「關於各國探測及使用外空包括月球與其他天體之活動所應遵守原則之條約」，第6條規定：「本條約當事國對其本國在外空，包括月球與其他天體之活

二、國家責任條款之草擬

　　1949年聯合國國際法委員會第一屆會議就將國家責任選定為十四個國際法專題之一，以便編纂成公約草案；到1955年第七屆會議時開始工作。但在1956年至1961年期間，委員會因忙於其他工作，因此僅就國家責任問題不時舉行一般性的意見交換。1962年第十四屆會議時委員會決定工作範圍，以研究國家責任的一般方面為主[7]。

　　1970年委員會的第二十二屆會議中決定，將工作分為三個方面[8]：

　　（一）國際責任的起源；

　　（二）國際責任的內容、形式與程度；

　　（三）國際責任的履行（Implementation; mis en oeuvre）。

　　依據聯合國國際法委員會1979年所通過的「關於國家責任條款草案」（Draft Articles on State Responsibility，以下簡稱「國家責任條款」）第1部分國際責任的起源第19條規定[9]：

　　（一）一國的行為如構成違背國際義務，即為國際不當行為，不論所違背的義務之主題為何。

　　（二）一國所違背的國際義務對於保護國際社會的根本利益至關緊要，以致整個國際社會公認違背該項義務是一種罪行時，其因而所產生之國際不當行為構成國際罪行。

　　（三）在第2款規定的限制下，並根據現行國際法規則，國際罪行除了別的以外，可以由於下列各項行為而產生：

動，不論係由政府機關或非政府社團進行，負有國際責任，並應負責保證本國活動之實施符合本條約之規定……」第7條規定：「凡發射或促使發射物體之外空，包括月球與其他天體之本條約當事國，以及領土或設備供發射物體用之當事國，對於此種物體或其構成部分在地球、氣空或外空，包括月球與其他天體，加於另一當事國或其自然人或法人之損害應負國際責任。」見第一屆立法院，「立法專刊」，第三十九輯（第四十五會期），立法院秘書處編印，頁21-26。

7　丘宏達，現代國際法，臺北，三民書局，民國84年。

8　丘宏達，現代國際法，臺北，三民書局，民國84年，頁721。

9　丘宏達，頁717-718。

1.嚴重違背對維持國際和平與安全，具有根本重要性的國際義務，例如禁止侵略的義務。

2.嚴重違背對維護各國人民的自決權利，具有根本重要性的國際義務，例如禁止以武力建立或維持殖民統治的義務。

3.大規模地嚴重違背保護人類，具有根本重要性的國際義務，例如禁止奴隸制度、滅絕種族和種族隔離的義務。

4.嚴重違背對維護和保全人類環境，具有根本重要性的國際義務，例如禁止大規模污染大氣層或海洋的義務。

（四）任何國際不當行為之按照第2款的規定，並非國際罪行者均構成國際不法行為。

在國際法上對國家違反國際義務的行為，有稱國際非法行為（An Internationally Unlawful Act）[10]、國際不法行為（International Illegal Act[11]或I'acte illicite[12]）、國際侵權行為（International Tort）[13]等。但依據上述「國家責任條款」第1部分第19條第1項規定國家違背國際義務的行為即為國際不當行為（International Wrongful Act），而又分為兩種：一種是構成國際罪行（International Crime）的國際不當行為，另一種是並非國際罪行的國際怠忽行為（International Delict），後一行為相當於國內法上的民事責任[14]。

對於國家違背國際義務造成的國際罪行，國家責任條款第2部分國際責任的內容、形式與程度（Contents, Forms and Degrees of International Responsibility）[15]的規定，後果較為嚴重。該部分第15條規定，除了一般違反國際義務的後果外，其他國家對國際罪行有下列義務：

---

[10] Malcolm N. Shaw, International Law, 2nd ed,. (Cambridge, England：Grotius Publications Ltd.,1986), p.406.

[11] 如王鐵崖主編，國際法，北京：法律出版社，1981年出版，頁123。但也有將英文International delinquency譯為國際不法行為的，如奧本海國際法，上卷，第一分冊，頁251。

[12] 蘇義雄著，平時國除法，臺北，三民書局，民國70年，頁361。

[13] Brownlie,p.434.

[14] 參閱「國際法辭典」，頁552，國家責任條。

[15] 此部分共十六條，條文及評註見YILC, 1985, Vol. 2, PartI,頁4-15。

（一）不得承認國際罪行造成情勢的合法性。

（二）不得對觸犯國際罪行的國家任何援助或協助，以維持此等罪行造成的情勢。

（三）對其他國家提供互助以實現上述二項義務。

參、國際責任之意義、種類與性質

一、國際責任之意義

國家因為行為或不行為，並且違反國際法或條約義務，致造成外國或外國人的損害，便引起了國家之國際責任（State Responsibility），或直接稱之為國際責任。

國際責任發生的根據有下列兩說[16]：一是主觀（過失）責任說，以格勞秀斯為代表，認為須有違反國際義務的事實，而且其違反須由於過失（如疏忽、不慎、遺忘等），才引起責任；一是客觀（危險）責任說，以安吉樂提（Anzilotti）為代表，認為不問有關國家有沒有過失，只要有違反國際義務的事實，而事實又和損害有必然的關聯，就引起責任。過失以私法原則的主觀說為根據，以過失為引起責任的要件，注意心理因素，所以遇到國家採取行為時，不易辨明它有沒有過失；客觀說雖然較易適用，並可使外國和外僑的安全獲得保障，但無條件的給予外國和外僑這種保障，也不見得完全妥善，所以又有折衷說。折衷說主張，於決定國家責任的根據時，應以客觀說為主，以主觀說為輔，只於國際侵權行為發生後國家不行為時，才適用主觀說。

國家之國際責任，原有廣義和狹義的範圍[17]：廣義的指國家應負的一切國際責任，狹義的僅指國家於其管轄權的範圍內，由於不法的行為或不

---

[16] 陳治世，國際法，臺北，臺灣商務印書館，民國79年，頁321。

[17] 同前註。

行為，致外國或外僑遭受損害時，就有給予補救或賠償的責任。一般國際法指的是狹義的國家責任。

　　國家違反國際法義務的行為具有多種，例如干涉他國內政、破壞他國領土完整或主權獨立、未適當注意保護境內外僑等是。國家違反條約義務的行為亦復不少，例如非法以武力威脅他國或對他國使用武力、妨害公海自由、殘害人群等是。無論是違反國際法或條約的義務而行為或不行為，也不問依其國內法是否構成國際責任，只要已構成國際責任，責任國就必須予以救濟或賠償；所以國家之國際責任，是國家有違反國際法的行為時所應賠償給行為受害者的一種制度[18]。

二、國際責任之種類

　　一般來說導致國家所負之國際責任之違法行為與不行為，種類頗多。因此，違反條約、不履行契約義務、對他國公民造成傷害等，莫不導致國家在國際法上之責任。

　　一國所負之國際責任，並不以其政府機關和官員之法定行為或不行為為限；其越權行為、無權行為以及不代表政府的境內個人之行為或不行為，也可引發國家之國際責任。這種廣義的國際責任可依性質之不同而區別為「直接」和「間接」的兩大類。

（一）直接之國際責任

　　一國對一切足以代表國家者、或由國家授權者之公職行為或不行為，所應負之責任，稱為「直接責任」。例如[19]：

1.**立法機關**：舉凡由議會所通過與該國國際法義務相反之立法，不通過為執行條約義務所必須之法律，不修改或不廢除與條約相牴觸之法律，致使他國遭受損害時，所導致國家所應負之國際責任。

2.**行政機關**：舉凡行政機關對外國人給予差別待遇、警察對外國人施以暴

---

[18] 同前註。

[19] 同前註。

力、非法逮捕或拘禁外國人等所導致國家所應負之國際責任。

3. 司法機關：舉凡使外國人在居留國不能充分利用當地之司法制度，以致造成所謂「拒絕正義」（Denial of Justice）──包括拒絕外國人利用法院、司法制度不健全、判決顯然不公平（例如，含有仇外、排外之心理）等，所導致國家所應負之國際責任。

4. 國家元首、政府高級官員及其他政府官員及機關，或經政府授權之人民等所作之公職行為或不行為，以致引發國家所應負之國際責任。

（二）間接之國際責任

所謂間接的國家之國際責任乃是指下列情事發生時，國家所應負之國際責任[20]：凡不是以國家名義，而是未經授權的政府官員、人民，甚至於境內之外國人，以私人身分所作之行為，對外國或外國人造成損害時，國家所負之責任屬於間接性質之國際責任。對此種行為，國家的責任限於在事前應盡到「適當之留意」（Due Diligence）加以防止其發生，以免損害他國之權益。如果仍然發生，則國家應於事後不僅懲罰行為人，並且要能夠防止同樣情事的再度發生；而且，應該給予適當之途徑，使外國所受之損害能夠獲得合法之救濟。否則，間接責任將可以變成直接責任。因為在國際法下，國家對於不可歸因於國家之個人行為，也負有一定之義務；若不履行此種義務，則亦會引發國家責任。例如[21]早在1933年美國控告巴拿馬的「羅逸士索償案」（Noyes Claim Case）中，由於羅氏所受之傷害係私人行為之所致，巴拿馬本無責任。但美國指控巴拿馬未能保護羅氏，以致羅氏受到傷害；因此，美國向巴拿馬索償。而在另一索償案中，美國人范尼斯之死（Fanes）被墨西哥人殺害，美國要求墨西哥賠償。在法理上，仲裁法庭並未課墨國為范尼斯之死而負責任；而是由於墨西哥未能逮捕和懲罰那些行兇之墨西哥人，因此，法庭裁定墨西哥應負國際責任。

---

[20] 同前註，頁322。
[21] 同前註。

三、國際責任之性質

　　國家的行為或不行為，如果違反了國際法之規範，致使外國或外國人民受到損害；依照國際法的規定，這個國家應負救濟與賠償之責任，受到損害之國家則享有要求救濟與賠償的權利，此即所謂「國際責任」。因此，國家之國際責任，乃是指「國家對其國際過失行為必須要負起責任」，而且此項行為須違反國際法[22]。

　　至於損害救濟與賠償之獲得，顯然應視案件之情況而定；在通常的情況之下，受害國經由外交交涉以求獲得精神上之賠償（Reparation）。例如[23]：一國之尊嚴或榮譽受到損害，如果應負責任的國家作出正式道歉，或保證同一事件將不會再發生，一般認為受害國已得到了適當的賠償。但是，我們要注意，金錢賠償（Pecuniary Reparation）與精神賠償不同。有時，外國或外國人民在物質上受到損害時，則需要給予金錢賠償；在許多實例中，關於國家之國際責任與賠償數額問題大多由國際仲裁法院裁決[24]。

　　引起國家負擔國際責任的過失有各種不同的情形[25]：例如，一國不履行條約義務，致使他國人民受到損害，這個國家可能須負違反條約的責任。總之，引起國家負擔責任的原因不外出於：1.行為（An Act），或2.不行為（An Omission）。

　　至於國家應否負擔國際責任，須依照國際間公認的標準來衡量[26]：國際法就是國際間公認的一項標準。一國的行為或不行為，依照國際法來衡量其是否合法或犯過失，以及國家所犯的過失嚴重到何種程度。如果依此標準來衡量一國的行為或不行為之是否合法，那就不會引起國家之國際責任的問題。例如[27]：國際法一致承認每一個國家都有權拒絕他國人民入

---

[22] 沈克勤編著，國際法，臺北，學生書局，民國80年，頁303。

[23] 同前註。

[24] 同前註，頁304。

[25] 同前註。

[26] 同前註。

[27] 同前註。

境，因而一國人民請求前往他國而被拒絕，其國籍所屬國不得提出任何權利要求。同樣的理由，凡國際法所許可國家行使之管轄權，當一國行使該項管轄權時，自然也不會引起國家責任。

有關國家之國際責任的各項規則正在演進當中，聯合國國際法委員會對於這個問題也在繼續研究之中，也許將來演進到個人可能要對其不法行為負國際責任，國家要為其違反國際法而成為「國際罪行」（International Crimes），須受到國際制裁。

在就實際案情以確定國家之國際責任的時候，必須要明確了解國際法與國內法的界限。在下列兩例中是可以明顯看出二者的界線之所在[28]：（一）一國違背或不履行國際行為規範，將可引起國家之國際責任；（二）一國因其官員所犯之過失行為而引起之國際責任，不得以該官員依國內法無權所為之過失為藉口，而推諉其所應負之國際責任。

關於前面第一例[29]：一國之行為或不行為必須是違反或是不遵守國際法的規定，始構成國家責任。國家絕不會因為違反國內法而發生國際之責任問題。一國如違反國際法，不得以其行為不違反國內法為理由，而拒絕其所應負之國際責任。聯合國國際法委員會通過的「關於國家之國際責任條款草案」第4條規定：「只有國際法可以認定一國的行為為國際不當行為；這種認定不因國內法之認定同一行為是合法行為而受影響。」

關於前面第二例[30]：任何國家均不得以其官員所犯之過失行為，依照國內法的規定，認為超越其職權範圍，或其不具有是項職權，而拒絕其所應負之國際責任。由於國際法在國際社會適用時優先於國內法，縱使官員依國內法規定不具有是項職權，但是，如果依照國際法規定，該國應負國際責任時，則不能以國內法為理由而逃避其國際責任。

---

[28] 同前註，頁305。

[29] 同前註，頁306。

[30] 同前註。

肆、結論

國際法權威案學者史塔克教授指出，在國家領域內或管轄下的行為或不行為，必須同時有下列三種情形，才會引起國家之國際責任：1.必須是違反國際法的或是違反條約的；2.是可以轉嫁或歸責於國家的；3.必須是造成損害的。如果是私人的行為或不行為，雖然違法，又造成了損害，而不能歸責於國家時，仍是私人的責任，不構成國家的國際責任。所謂轉嫁責任或歸責於國家，是指政府機關或官員違反國際法或條約，對外國僑民造成損害時，在學術上便說國家應為這損害對該外國負責。這就表示，政府機關和官員違法的過失行為，移轉給國家。所以，轉嫁是使政府機關或官員的過失與國家違法和責任發生關聯；因此，只有在政府機關或官員有違反國際法義務或條約義務的行為，而且可以轉嫁給國家時，才產生國家之國際責任。

縱使政府機關或官員的行為或不行為，違反國際法或條約，如果並未造成外國或外國人的損害，仍然沒有產生國家之國際責任。外國所受的損害可以是直接的，也可以是間接的。唯有在對外國造成直接的或間接的精神或物質的損害，責任又可以轉嫁給國家時，才產生國家之國際責任問題。另外，政府機關或官員之行為或不行為，儘管已造成外國人的損害，如果並不違反國際法或條約，也仍然不構成國家之國際責任。因為事件仍屬國內管轄範疇，不屬於國際法範疇。相反的，違反國際法或條約的行為或不行為，即令以國內法為依據，仍然產生國家之國際責任；因為國家不得以其憲法或其他本國法之規定為藉口，來逃避它應承擔之國際責任。

決定國際責任時，不必追查行為人有無過失或故意，從國際實踐來看，許多國際條約或仲裁案例，從未承認過失或故意為引起國家應當承擔其國際責任之要件。在某些特殊情況下，例如，暴民之殺害外僑之情形，如果是有當地國政府之默許，則政府之故意或過失是相當明顯的，其為國家所引起之責任，更是無法推卸，而無庸質言的。

■ 專題二：國際責任之理論

壹、前言

　　國家由於它的國際不法行為違反其國際法之義務，而所引起的國際責任，是一種法律責任。這種法律責任，既與國際關係中一國對別國發生不禮貌或不友好行為而並非國際不法行為所產生的責任根本不同，又和國家由於某些國際法未加禁止的行為，所產生的損害性後果，應負賠償的責任也有所區別[31]。

　　國家是國際法上權利和義務的主要承擔者，所以國際責任的基本主體是國家，但是這並不排除國家以外的其他國際法主體如國際組織等的國際責任問題。

　　引起國家之國際責任的國際不法行為，首先，是指國家的機關和代表國家或被授權行使國家權利的人所為之行為；其次，也包括在國家及其政府縱容下，未經授權的私人所為的行為[32]。傳統國際法通常把前者稱為直接責任（原始責任），而把後者稱為間接責任（轉嫁責任）。事實上，國家無論對前者的作為或對後者的不作為，都必須承擔國際責任[33]；而對受害國來說，不論是國家本身或者本國人民受到損害，受害國都有權向侵害的國家追究責任。所以，嚴格地說直接的國家責任和間接的國家責任並沒有實質上的區別，而是在負責的程度上有所不同而已。

---

[31] 王鐵崖等著，王人傑校訂，國際法，臺北，五南圖書出版公司，民國81年，頁144。

[32] 同前註。

[33] 同前註，頁145。

貳、國際責任之構成要件

任何一個國家對於該國的每一國際不法行為均應負起國際責任，這是國際法上的一項原則。然而，任何一個國家的行為只有在符合國際不法行為的構成條件，即必須具備其主觀要素和客觀要素，才可能在法律上引起責任[34]。所謂主觀要素，是指某一行為可歸因於國家；所謂客觀要素，是指該行為違背了該國的國際義務[35]。如果一國的行為符合這兩方面的要素，就構成國際不法行為，從而引起該國的國際責任[36]。

一、構成國際不法行為的主觀要素

構成國際不法行為的主觀要素，是指該行為可歸因於國家而成為該國之國家行為；而認定某一行為之是否為該國之國家行為，又只能按照國際法而不是按照國內法來判斷。按照國際法，國際不法行為既有屬於一國之國家行為，也可能是一國參與或介入他國所犯的行為[37]：對於前者，該行為所引起的國際責任，應由行為國負責，而在後者的特殊情況下，則可以例外地由另一國負責或由它們共同負責。

（一）國際不法行為可歸因於一國而成為該國之國家行為的情況，主要有以下幾個方面[38]

*1.*國家機關和經授權行使政府權利的其他實體機關所為之行為。一國的任何國家機關，不論是屬於制憲、立法、行政、司法或其他權利的所屬機關，不論其擔任國際性或國內性職務，也不論在國家組織中處於上級或下級地位，以及國內地方政治實體機關和雖非國家或地方政治實體正式

---

[34] 同前註。

[35] 同前註。

[36] 同前註。

[37] 同前註。

[38] 同前註，頁146。

結構的一部分，而經該國的國內法授權行使政府權利的實體機關，只要在有關事件中以上述各種資格行事所作出的行為，都視為該國的國家行為。

國家、地方政治實體或經授權行使政府權力的實體機關，如以此種資格行事時，即使在某一特定事件中逾越國內法規定的權限或違背關於其活動之指示，其行為依照國際法仍應視為國家的行為。

2. 實際上代表國家行事的人之行為。經確定一個人或一群人實際上是代表該國行事的行為，以及該個人或該一群人在正式當局不存在，和有理由行使政府權力的情況下而實際上行使這些權力所作的行為，都應視為國家的行為。

3. 別國或國際組織交由一國支配的機關所為之行為。別國或國際組織交由一國支配的機關，如果是為行使該支配國的政府權力而行事，即使這些機關是別國或國際組織的機關，但其行為應視為支配這些機關的國家的行為。反之，如果這些機關不受所在國的支配，而在該國領土內進行活動所作的行為，則不應視為該所在國的行為。

4. 叛亂或革命起義運動之行為。在一國領土或其管理下的任何其他領土內的叛亂或革命起義運動的機關的行為，依照國際法不應視為該國的行為。當叛亂或革命起義運動已導致在現存國家的一部分領土或在管理下的領土內組成一個新國家時，其行為應視為該新國家的行為。

5. 非代表國家行事的人之行為，不應視為國家之行為。但國家對於行使此類行為是否應該承擔責任，須視具體情況而定。國家元首、政府首腦、外交代表等在國外的私人行為，雖然不屬於國家的行為；但由於他們的特殊身分和地位，使他們享有外交特權和豁免，所以即使是私人行為，如果損害外國的利益，一般仍應由他們所屬的國家負責。至於其他個人損害他國利益的私人行為，則不應歸責於國家。如果國家縱容或唆使個人或一群人肆意侵犯外國的權益，則該國應負國際責任。

（二）一國參與或介入他國的國際不法行為，主要有以下幾個方面[39]

1. 如一國對他國的援助或協助，如果是為了使接受援助或協助的國家犯國際不法行為，則發生兩項不同的國際責任。一方面該項援助或協助本身就構成國際不法行為，應由援助國或協助國承擔其國際責任；另一方面，接受援助或接受協助的國家，也應對其本身的國際不法行為承擔其國際責任。

2. 一國因受他國脅迫而犯某一項國際不法行為，不論其實施脅迫的根據如何，也不論其脅迫的手段是使用武力或武力威脅方式，或者採取經濟壓力或其他方式，只要是由於實施脅迫，使他國不得不違背自己的意願而犯國際不法行為，則脅迫國須對該國際不法行為承擔主要國際責任；而受脅迫的國家如果超過實施脅迫所要求的範圍，或者對脅迫不難抵抗而未加抵抗，或者事實上是按照自己的意志行為，則也應負擔國際責任。

3. 一國在其受他國指揮或控制權支配的活動領域內犯國際不法行為時，行使指揮或控制權的支配國，應負國際責任。但這並不妨礙犯國際不法行為的國家，按照一般規則所應負的正常國際責任。這種情況，通常發生在以下幾類的國家之間的關係中，即：國際附庸關係、國際保護關係、聯邦國及其成員邦之間的關係，占領國與被占領國之間的關係等等。

二、構成國際不法行為之客觀要素

一國的行為要能構成國際不法行為，還必須具備該項行為是違背這一客觀要素，即必須符合下列的要件：[40]該國的行為不符合國際義務對它的要求，而不論這項義務是來源於國際習慣、條約或其他。具體言之，這項義務必須是國際法所公認的合法的國際義務，是對該國有效而不是失效的國際義務，而且違反這項義務的結果，會使他國的利益遭到損害。這樣，

---

[39] 同前註，頁147。

[40] 同前註，頁148。

一國的行為才是違反國際義務的國際不法行為。

其次，我們應該指出[41]：國際不法行為可以包括「國際罪行」（International Law）在內，但是，國際罪行與一般國際不法行為又有區別。一切違背國際義務的行為，均是國際不法行為。但並非一切國際不法行為都是國際罪行。構成國際罪行的特點在於它所違背的不是一般的國際義務，而是違背對於維護國際社會的根本利益至關緊要的國際義務，並被國際法確定為違背這類義務的行為便構成一種罪行。按照國際法，國際罪行主要是由以下的國際不法行為所形成的，即[42]：（一）嚴重違背關於維持國際和平與安全的根本性的國際義務，如禁止侵略和禁止侵略戰爭的義務等；（二）嚴重違背關於維護各國人民的自決權的根本性國際義務，如禁止以武力手段建立或維持殖民統治的義務等；（三）嚴重違背對保護人類的根本性的國際義務，如禁止販賣奴隸、種族滅絕和種族隔離的義務等；（四）嚴重違背對維護或保護人類環境的根本性的國際義務，如禁止大規模污染大氣層或海洋的義務。一國的行為如果違背上述各方面的具有根本性的國際義務，便構成國際罪行，必須承擔嚴重的國際責任。

參、違反國際條約或契約義務之國際責任

條約所規定締約國的義務，一國如未能履行，以致他國在條約上的權利受到損害，即引起國家之國際責任，違約國負有賠償損害之義務。「常設國際法院」在邵作工廠案（Chorzow Factory Case）中即確認：「違反（國際）協定就包含了給予足夠賠償的義務，這是國際法的原則；賠償……是未能適用一個條約的不可缺少的補充物，不必在條約中明白規定[43]」。但是，條約是否違反，必須決定於約文中的規定；因此，有時一

---

[41] 同前註。

[42] 同前註，頁149。

[43] Chorzow Factory Case(Jurisdiction),P.C.I.J., Ser. A, No.9, at 21(1927)引自Friedmam.,p.328.

方聲稱的違反條約，可能是純粹約文的解釋問題[44]。

　　國家違反與外國人或外國公司簽定的契約，不一定引起國際責任，受害人必須先利用當地法律提供的救濟辦法；如果有「拒絕正義」的情事發生，始引起締約國的國際責任。因此，締約國因違反契約所引起的責任，與契約本身無關，則國家不是違反契約上的義務，而是違反國際法上的義務[45]。通常關於契約的履行與解釋所引起之爭議，必須根據締約國的國內法，而不是國際法來解決；此外，契約是外國人自願締結的，自然有遵守締約國法律的義務，同時在締約之前，則必須考慮締約國履行契約的可能，以及在締約國國內法上可以利用的救濟辦法。基於這些理由，外國人在締約國違反契約時，必須先利用締約國國內法提供的救濟辦法[46]。

　　「卡爾伏條款」（Calvo Clause）為阿根廷法學家卡爾伏（Carlos Calvo）所創，為許多中南美洲國家接受，他們在與外國人或外國公司簽訂契約時，往往在契約中規定此項條款。根據該項條款，外國人或外國公司因契約所引起的任何問題，放棄本國政府的保護或協助。該條款之目的即在使因契約所引起之法律爭端，歸締約國法院審理，排除「國際仲裁法庭」的管轄，並防止享有特許權的外國人或外國公司，向其本國請求外交保護[47]。現試舉「北美浚河公司案」（North American Dredging Company）說明[48]：美籍北美浚河公司在1912年與墨西哥政府簽訂契約，疏浚Salina Cruz港，該契約第18條規定：「在墨西哥境內，關於本契約之履行有關之一切事項、締約當事人、僱工和在契約下從事其他工作的人，得直接或間接視為墨西哥人。關於與本契約有關之履行有關之事務和利益，除墨西哥法律授予本國人者外，他們不得主張，亦不得享有任何其他的權利，或行使此項權利的辦法，亦不應享有任何墨西哥人所未享有的權利。因此，他

---

[44]　I. A. Shearer, Starke's International Law, 11th ed., (London: Butterwoths, 1994), p.256.

[45]　同前註。

[46]　Herbert W. Briggs, The Law of Nations, 2nd ed, (N.Y.: Appleton-Century-Crofts, 1952), p.664.

[47]　J. G. Starke, An Introduction to International Law, 6thed., (London: Butterworth, 1967), p.259.

[48]　United States (North American Dredging Co.Claim) v. United Mexican States, United States-Mexico, General Commission, 1926, Opinions of Commissioniers (1927), 21.

們被剝奪了外國人享有的權利，並且無論在何種情況下，任何與本契約有關的問題，均不容許他國外交代表的干預」。該條款相當地表現了「卡爾伏條款」之模式。

卡爾伏條款之所以被中南美洲國家普遍接受，乃是因為19世紀末到20世紀初，「當地國」（Host State）之政治情勢不穩，時常發生侵害外國人之事件，而且由於對當地司法制度缺乏信心，外國人時常拒絕利用當地國法律所提供的救濟辦法請求救濟，而向本國政府請求「外交保護」。在卡爾伏看來，「外交保護」的制度不啻成為強國侵略弱國的武器，因而提出限制外交保護與利用當地救濟辦法的學說[49]。其次，自由與獨立的主權國家，在平等的基礎上，享有不受他國任何形式干預的權利；以及外國人無權主張本國人所未享有的權利和特權；因此，他們在當地所受之損害，只能向當地國法律尋求救濟[50]。

「國際仲裁法庭」對卡爾伏條款的效力，有不同的裁決[51]：有裁決無效的，因為個人無權簽定放棄本國政府行使外交保護權的契約；有裁決有效的，並據而駁回索償的請求，因為根據該項條款，受害人有利用當地救濟辦法的義務，而索償國在提起索償以前，並未用盡當地救濟辦法。前述的北美浚河公司案即其一例，索償委員會駁回美方的索償請求，因為北美浚河公司根據該條款，有用盡當地救濟辦法的義務，而在提起索償以前，並未履行該項義務。

關於卡爾伏條款的意見，可以歸納如下[52]：

一、該條款的目的若是規定外國人在損害發生後，必須利用當地救濟辦法，則正合於國際法上用盡當地救濟的原則，應該是有效的。

二、該條款的目的若是在於企圖停止一國行使外交保護權，或規定外國人放棄其請求本國保護的權利，則是無效的。

---

[49] Ibid., p.637.

[50] Hackworth, Vol. 5, p. 635.

[51] 見前揭註48。

[52] Lauterpacht-Oppenhem, International Law, Vol.1, 8thed. byH. Lauterpacht (London:Longmans, Green, 1955), p.345.

三、該項條款目的若是在規定一國不得干預，明顯是違反國際法的案件，則亦為無效。

總而言之，卡爾伏條款既不能限制國家保護在外僑民的權利，也不能免除國家保護境內外國人的義務[53]。

關於國家因債務所引起的責任問題，最常見的是國家繼承時，繼承國為避免承擔被繼承國的財政義務，即引起債務責任；其他還有一國政府未能償付貸款利息，或欠繳國際組織會費，引起債務責任問題[54]。

國家關於外國人購買公債所引起的責任問題，最常見的是發行國政府停付公債的本息。一般認為受害人必須先利用當地救濟辦法，而且依據1907年的「海牙限制以武力索取契約債務公約」的規定，受害人的本國政府不得以武力索取債務[55]。

至於一國保護其國民為他國債權人的權利，有下述三種不同的學說[56]：

一、派瑪斯頓（Palmerston）理論，為英國派瑪斯頓（Lord Palmerston）在1848年所提出的，他主張債權人的本國對不履行債務的國家，有權作外交上的干預，甚至可以作軍事干預。

二、德拉果理論（Drago Doctrine），為阿根廷外交部長德拉果在1902年首次提出的，其目的在禁止對債務國使用強制手段，包括採取武裝軍事行動；但是，他不反對作外交干預，或提交國際仲裁。德拉果主義建立在門羅主義的基礎上，以阻止歐洲國家向拉丁美洲國家使用武力來索取債務，因此，深受拉丁美洲國家的支持。1907年「海牙限制以武力索取債務公約」即予以採納，規定一國不得以武力代其國民向債務國索取債務，除非債務國拒絕接受仲裁，或執行仲裁裁決。目前，由於聯合國憲章規定會員國有和平解決爭端與禁止使用武力的義務，因此，其重要性在今日已大

---

[53] 見前揭註17，J. G. Starke書，頁260-261。

[54] 同前註，頁261。J. G. Starke書，頁261。

[55] 同前註。

[56] 見前揭註44，頁261-262。

為減小。

　　三、根據大多數普遍接受的理論，債務國的義務與一般國際協定規定下的義務完全相同；因此，如果債務國不履行債務時，沒有特別的規則，也沒有特殊的補償方法可以適用。

　　關於國家徵收外國人財產，或是將外國人財產國有化（Nationalization），所引起的國際責任，是成案中最常引起爭議的問題。例如戰後東歐國家的徵收法案、伊朗的石油國有化與埃及蘇伊士運河的國有化，都在國際間引起激烈的爭議[57]。在19世紀時，任何徵收外國人財產的行為，都可以明確地成為國際干預的根據；目前則由於國家控制著大部分的國民經濟與私人企業，以及戰後許多國家對不同企業實行國有化；在國際法上，國家根據國內政策，為公共目的而徵收外國人的財產，如果該項徵收對本國人與外國人沒有歧視，則難以視為是不合法的[58]。

　　根據國際慣例，有效徵收，必須滿足下述幾個條件[59]：
　　一、徵收必須沒有違反條約。不論徵收國是否有提供賠償，任何違反條約的徵收行為均是不合法的。1961年「哈佛草案」規定：「國家違反條約徵奪外國人的財產或其使用，係屬不法。」（第10條第1項）
　　二、徵收必須為公共目的或公共利益。例如，根據一項社會和經濟的改革計畫所作必要的徵收。「常設國際法院」在「邵作工廠案」中，確定徵收外國人之財產，必須基於公共目的（Public Purpose）之原則，1961年「哈佛草案」也有類似的規定，「國家徵奪外國人的財產或其使用，如果不是依照徵奪時普遍適用的有效法律承認之公共目的，係屬不法」。（第10條第1項）
　　三、徵收必須對外國人沒有差別待遇。任何對外國人有差別待遇的徵收都是不合法的。1960年古巴為報復美國政府削減古巴輸美蔗糖的配額，而國有化境內美國人所有的製糖企業，此項基於報復動機的國有化措施，

---

[57] 同前註。

[58] 同前註，頁257。

[59] 楊國棟，「國際責任」，收錄於丘宏達主編，現代國際法，頁439-441。

對古巴本國製糖業者不予適用，明顯地有差別待遇，美國最高法院認為是不合法的。

　　四、徵收國必須提供迅速的（Prompt）、適當的（Adequate）與有效的（Effective）賠償。如果徵收國提供的賠償，只有名義上的價值，不確定地遲延給付，不作肯定的承諾，或低於給予本國國民的賠償額，則是不合法的。在墨西哥政府徵收美國人土地、石油企業所引起的爭端中，美國政府並不反對墨西哥徵收外國人財產；但是堅持應提供公平和迅速的賠償。並表示無賠償的徵收財產不是徵收，而是沒收（Confiscation），如果只是表示在將來有給付賠償的意思，也是等於沒收。1962年12月14日聯合國大會通過的「關於天然資源之永久主權決議案」（Resolution on Permanent Sovereignty over Natural Resources）也規定基於公共事業、安全或國家利益的徵收或國有化私人企業，對企業所有人應提供適當的賠償。在不法徵收的場合，徵收國除了給予合法徵收所必須給付的賠償費外，還必須補償受害人所受的損害或損失。

肆、違反國際責任之後果

　　在正常情況下，當國家之作為或不作為構成了國際不當行為，則就國際法之規範來看，此時如果判斷是可歸因於該國，則該行為即違反了該國之國際義務[60]。此時該國之行為，即為國際不當行為；而不論該義務之起源為習慣法、條約或其他。只要斷定該國已違背了它的國際義務，則不論其國際義務之起源為何，均不影響該國因為它的國際不當行為之後果，那就是它必須履行其國際責任[61]。雖然，當一國就國際法之標準來看，它必須履行其國際責任，但是所面臨的問題是：如果應該履行國際責任之國家，不去履行；或者說，一個國家違反它的國際責任，其後果為何？在聯

---

[60] 見「國家責任條約草案」第3條。

[61] 見「國家責任條約草案」第17條。

合國國際法委員會所討論之國家責任條款草案第2部分——國家責任之內容、形式與程度中，對於國家違反國際責任之後果，有下列之規定[62]：

一、受害國可以要求對其從事國際不當行為的國家（以下稱為責任國），停止此種行為、釋放和歸還有關人員或此種行為的標的；給予責任國國內法所規定的救濟；恢復原狀及保證不再重複此種行為。如果不能恢復原狀，則應給予金錢補償，其價值應相當於未違背國際義務前的狀況。

二、受害國得根據相互原則（Reciprocity）停止對責任國的相對義務或與被違反的義務直接有關的義務；但此一規定不適用於多邊條約，如任何締約國不履行該多邊條約會影響到其他締約國的權利或該條約的義務是為保護所有締約國的集體利益（第2部分第11條）。此外，牽涉到外交和領事的豁免權或一般國際法強制規則，受害國也不得停止。

三、受害國以報仇的方式，可以停止對責任國的其他義務，但不得與國際不當行為的嚴重性有明顯的不成比例的情況，並且也受多邊條約的限制。此外，在用盡國際法上和平解決爭端程序後，才能採取報仇方式。但受害國可以採用「臨時措施」（Interim-measures）在其管轄範圍內以保護其權利，直到有管轄權的國際性法庭或使用和平解決爭端程序來決定是否可以採取臨時性措施為止。

四、如果國際不當行為構成國際罪行，則責任國以外的國家均有義務不承認此種罪行造成情勢的合法性；也不得協助或援助責任國以維持此種罪行造成的情勢。

伍、國際責任之承擔

一旦國際不法行為被確定，便會產生國家之國際責任的法律後果。這樣的法律後果在責任國與受害國之間，會形成一種新的法律關係。此種法律關係乃是指在責任國與受害國彼此之間，有一定的權利和一定的義務的

---

[62] 丘宏達著，現代國際法，臺北，三民書局，民國84年，頁493、728。

關係存在。而此種權利義務關係，依國際法上的比例原則而論，是相對應的，不論從質來衡量或是從量來斷定，均應如此。明白的說，責任國乃是因為它是觸犯了國際不法行為，因此必須承擔與該行為相對應之國際義務，而受害國則因此而享有相對應之國際權利。而在責任國拒絕履行其國際義務時，它就必須承擔其國際責任。而此種國際責任就國際法而言，乃是一種法律責任，是因為國際權利與國際義務關係之存在，而形成的國際法上的法律責任。國家在國際社會的任何形式之責任，均應以法律責任為基礎。雖然國際法上對於國家之國際責任之承擔，尚未有明確與統一之規定，國際法學者，亦無一定之見解；但是，大致上來說，國際義務是以下列兩種方式來承擔其國際責任。

一、限制主權

　　此為最嚴重的一種國家所承擔之國際責任。一般來說，它通常發生在一國以武力的方式對他國行使「侵略」之行為[63]，以致嚴重破壞了國際社會的和平與安全、侵犯了他國之主權與領土完整而犯下了「國際罪行」（International Crime）；在此情況下，國際社會認為該國必須承擔其國家主權被限制之法律責任。而主權限制之法律責任又可以分為：(一)全面限制主權；與(二)局部限制主權兩種方式。在全面限制主權這方面，最明顯的例證是[64]：第二次世界大戰結束後，同盟國為了懲罰法西斯侵略者和防止侵略勢力的再起，根據國際協定，在一定時期內，對德國和日本曾實行軍事占領和軍事管制，並由盟國管制委員會在這些國家行使最高權力，如當時美、蘇、英、法四國政府共同行使德國的最高權力，其中包括德國政府、司令部和任何州或是地方政府或當局所有的一切權力在內。這樣，就對當時的德國和日本的國家主權予以臨時性的最大限制。而局部限制主權之方式則有[65]：1947年締結的對義大利的和平條約，規定限制該國擁有的

---

[63] 關於「侵略」之定義，參見附錄之1974年12月十四屆聯合國大會決議第3314(XXIX)號。
[64] 見前揭註11，王鐵崖書，頁153。
[65] 同前註。

武裝力量的數量不得超過實行自衛所必須的限度；1951年以後，對日本也實行同樣的限制。此外，對某些國家也可以限制其軍事工業的發展，與不得參加反對戰勝國的軍事同盟等，這也是屬於局部限制主權的範圍。

二、賠償

在通常的情形之下，我們對於使用「賠償」（Reparation）這個字彙，應該要特別小心[66]。因為我們在討論到有關「賠償」這個問題的時候，必然會將主題擴大延伸到一些「損害」（Damage）的問題、「法律利益」（Legal Interests）的問題、「因果關係」（Cause of Action; Causation）的問題，以及其他牽涉到國家之「國際責任」之許多實質上的問題。因此，這絕非是附屬於國家責任的一個子題而已。而「賠償」在這裡使用時要注意到，不要與另外的字彙如「補償」（Indemnity; Compensation）混淆。雖然，也有人在使用上並不加以區分，而加以混用。但是理論上來說「賠償」一詞所指的範圍，應該是比較廣義的。通常是指當權利受到侵犯而至損害時，為了承擔國際責任，所作的各種行為。如果要更仔細的來說，是指作為原告的受害國所期盼作為責任國之被告，所要採取的一切措施，例如：補償的支付款項（或恢復原狀）、道歉，對於應負責任之個人的處罰、採取措施以預防「違反責任」（Breach of Duty）的再度發生，以及任何其他形式的「滿足」（Satisfaction）均屬之；而「補償」則是用在描述「賠償」的狹義解釋——僅指對於錯誤所造

---

[66] See generally Garcia Amador, Yrbk.ILC (1956),ii, 209-14; ibid.(1958), ii. 67-70; ibid.(1961), ii. 2-45; and in 94 Hague Recueir (1958, II), 462-87; Schwarzenberger, International Law,(3rd edn.),i.653-81; Cheng, General Principles of Law, pp.233-40; Briggs, pp.742-7; Eagleton, 39 Yale L. J. (1929), 52-75; Kozhevnikov (ed.), InternationalLaw(2nd. ed.), l30-3. See further Whiteman, Damages in InternationalLaw, 3 vols. (1937-43); Reitzer, La Reparation comme consequence de l'acte illicite en droit international (1938); Personnaz, La Reparation du prejudice en droit international public (1938); Ralston, The Law and Procedure of International Tribunals (1926), 241-69; id., Supplement (1936),115-34; Jimenez de Arechaga, in S ∮ rensen, pp. 564-72; Przetaczilik, 78 P RGDIP (1974), 919-74; Verziji, International Law in Historical Perspective, vi. 742-71.

成的損失價值之金錢上的支付而已。[67]現將其重要的幾項賠償形式，分別
加以說明如下：

（一）道歉

道歉（Apology），是由犯有「國際不法行為」之責任國，因為對於
受害國造成了精神上的損害，以「謝罪」之方式來表明予以受害國精神上
的賠償。例如[68]責任國的機關或官員等對受害國元首、高級官員的侮辱或
在公共場合損害國旗、國徽等。通常道歉是由責任國的外交機關或駐外機
構向受害國作口頭或書面方式的表示，事態嚴重時偶爾也有派出道歉專使
的情況；在某些情況下，也有採取由責任國軍隊向受害國國旗或使館致敬
的方式。

（二）恢復原狀

恢復原狀（Restitution in kind）乃是為了要完成賠償的目的，而由裁
判庭（Tribunal）來給予「法律上的恢復原狀」（Legal Restitution）——
以法律上的「宣告」（Declaration）之方式，宣稱一個觸犯國際條約之行
為或是行政、立法或司法上的行為是無效的。恢復原狀大致上可以再仔
細的加以分為「外在之恢復原狀」（Restitution in Integrum）與「特定之
恢復原狀」（Specific Restitution）兩種。「外在之恢復原狀」是指恢復
到「不當行為」之前而未受損害之情事，例如：履行所未履行之國際義
務、停止不當行為或撤回不合法之行為……等；可以把它當作是「滿足」
（Satisfaction）的另一種方式的表達。而「特定之恢復原狀」是一種例外
情形。絕大多數的訴訟請求、國際公約及合意提送仲裁等情事，大都是
要求「金錢價值」（Pecuniary）之訴訟而已[69]。部分學者以及偶爾政府機

---

[67] Ian Brownlie, Principles of Public International Law, 4th ed., (Oxford, England: Clarendon Press, 1990), p. 458.

[68] 見前揭註62，丘宏達書，頁729。

[69] See also the General Act for the pacific Settlement of International Dispute 1928, Art. 32. A revised General Act came into force on 20 Sept.1950, 71 UNTS, p.101.

關或者是裁判庭會主張要求「特定之恢復原狀」；但是，我們當然必須要
了解到此種「特定之恢復原狀」有其法律上的一席之地；我們也不得不承
認，要以任何確定之方式來使用它時，所必須附加之先決條件卻是一件不
容易的事[70]。當然，在很多的情形之下，要尋求哪一種方式的救濟，還要
看那個國家的政府，它的「內在實力」（Internal Competence）[71]。簡單的
說，「恢復原狀」是正常形式的「賠償」（Reparation），即實物返還之
意，而「補償」（Compensation; Indemnity）只是在無法恢復原狀時才能
替代。但是，在某些特定的情形之下，是不可以用「補償」來「恢復原
狀」的，例如：占領他國之領土的「不當行為」，必須撤走方能算是「恢
復原狀」。有時受害國了解到恢復原狀的困難或幾乎不可能時，同意以金
錢價值作「賠償」來替代恢復原狀。因此，恢復原狀固然是賠償的基本方
式，但是在國際實踐上，仍有許多案例必須以金錢補償之方式，來解決
「國際責任」所引起的問題。

（三）補償

　　關於「補償」（Indemnity; Compensation）之作為責任國承擔國際責
任之一種賠償方式，可以作如下之說明：[72]

　　國際不法行為引起別國物質上的損害，負責的國家應給予受害國以物
質上的賠償，這是國際法的一項規則。物質上的賠償，一般採取兩種方
式。一種是直接負責恢復被損害事務的原狀，如歸還非法沒收或徵奪的財

---

[70] See especially Mann, 48 BY (1976-7), I-65at 2-5; Verziji, International Law in Historical
Perspective, vi. 742; Walter Fletcher Smithclaim(1927), RIAA ii. 913 at 918; Whiteman, Damages,
ii. 1409; Central Rhodope Forests (1933), RIAA iii. 1405 at 1432; Ann. Digest, 7 (1933-4),no
39 at p.99; Whiteman, ii. 1460 at 1483. In the latter two awards restitution was not considered
appropriate for practical reasons. See further Whiteman, iii. 1581-2; and cf. the Interhandel case,
ICJ Reports(1959),6;See also BP Exploration Company (Libya) Ltd. v. Government of Libyan
Arab Republic, ILK 53, 297 (1973) (restitutio in integrum not favoured);Texaco v. Government
of the Libyan Arab Republic, ILR 53, 389 (1977) (restitutio affirmed as aprinciple); Liam-Co.
v.Government of Libyan Arab Republic, ILR 62-140 (1977) (restitutio not favoured).

[71] 見Ian Brownlie書，頁462。

[72] 見前揭註11，王鐵崖書，頁154-155。

產，恢復被非法移動的邊界界標或非法毀壞的邊境建築物，修復被不法行為損壞的外交使團的館舍等……其中把被徵奪的國家歷史文物和藝術珍品歸還原主國，更具有特別重要的意義。另一種方式是由責任國向受害國支付一定的物資，其中又可分為貨幣支付和實物支付兩種。貨幣支付是給予受害國以一定數量的金錢賠償，在實踐中。這種支付方式使用最為普遍。在恢復原狀確實不可能的情況下，往往用貨幣賠償來代替，有時可以在採取恢復原狀的同時，給予物質賠償，而在物質賠償中又可以包括實物和貨幣兩種支付形式。第二次世界大戰後，1947年簽訂的對義、匈、保、羅、芬的五國和約中，都規定了「賠償和返還」責任條款。「返還」責任，就是恢復原狀，即規定上述國家應將所有被徵奪或用其他不正當方式從所屬國家領土內移走的一切財產、物資及其他文化物品歸還原主國；與此同時，和約又規定，上述國家應對各受害國承擔不同數量的物質賠償。強調實物賠償是這些和約中關於賠償責任的一個重要特點。關於賠償的限度問題，一般認為，賠償應以不超過所受損害的事物恢復原狀的限度為宜。但有另一種意見則認為，賠償應當是具有「懲罰性的損害賠償」，即可以與實際損害沒有直接關係，或者大於實際損害的賠償。還有一種意見認為，在一定的情況下，賠償應低於實際損害。第二次大戰後，對保加利亞、羅馬尼亞、匈牙利和芬蘭四國的和約，都明確規定，是實際損害的「一部分賠償而不是全部賠償」。可見，對於賠償的限度問題，國際法上沒有統一的規則，國際實踐也並不一致；因此，這個問題只能根據實際情況來解決。在發生戰爭或自然災害的情況下，一國政府給予受害的外國人，以人道主義的物資救助，不應視為賠償。同樣地，一國在實行國有化或徵用外國企業時，所給予之適當的補償，也不應視為賠償。因為在這兩種情況下的國家行為，是合法行為而不是國際不法行為；因而不應與違背國際義務的國際不法行為所引起的國家責任混為一談。

（四）滿足

滿足（Satisfaction）是一個一般性的名詞，在國際法上並沒有一個精確的定義。從最廣泛的定義來看，它是使用在國際法下，描述責任國使用

任何一種形式的國際法所許可之對於受害國所作的救濟措施，來使責任國有機會補救，對於受害國的不當行為所造成之損害。此形式之賠償適用在對於「非物質損害」（Non-material Damage）、國家尊嚴之道德損害以及國家之「國格」（National Personality）受到損害時，來使用它是最妥當的賠償方式。在當前的國際法原則的理論與國際實踐上，對於「滿足」這種方式的承擔「國際責任」之考量，必須侷限在下列幾個方面[73]：1.官方的「遺憾」（Regret）與道歉（Apology）之表示；2.懲罰犯錯的官員；以及3.對於行為之「不合法特質」（Unlawful Character）的「正式承認」或「司法宣告」（Judicial Declaration）。

　　在依照「仲裁判斷」（Arbitration Award）之前例下，「國際法院」（The International Court of Justice）在1949年的「哥甫海峽案」（Corfu Channel Case, Merits, ICJ Reports, 1949, p.35）即已主張：「一個行為之『不合法特質』的司法宣告，在它的本身即已經是妥當的滿足」（A judicial declaration of the unlawful character of an act constitutes in itself appropriate satisfaction.）[74]。且從另外一例亦可看出，可以說明前面所述一國的「正式承認」亦可構成責任國之負擔國際責任，而此種「正式承認」即符合「滿足」之作為賠償的一種方式。例如[75]：1960年以色列情治人員將躲在阿根廷的納粹戰犯艾克曼（Adolf Eichmann）劫持前往以色列審判，阿根廷抗議以色列侵犯其主權，將此案提交聯合國安全理事會。6月23日安全理事會通過決議，宣告此種行為影響一個會員國的主權因而造成國際摩擦；假如再重複的話，會危及國際和平與安全。因此決議要求以色列根據聯合國憲章及國際法規則作適當賠償。同年8月3日以阿兩國達成協議由以色列正式承認行為不當，並向阿根廷正式道歉；且宣布願接受安全理事會的決議，而結束此一糾紛。

---

[73] See Mohammed Bedjaoui, ed., International Law: Achievementsand Prospects, (Dordrecht, Neitherlands: Martinus Nijhoff Publishing, 1991), p.370.

[74] See Corful Channel Case, Merits, ICJ Reports, 1949, p.35.

[75] 見前揭註62，丘宏達書，頁72。

陸、國際責任之免除

　　一般來說，在正常情況下，一個國家之行為（包括作為與不作為）並未遵守其國際義務時，這是一個「國際不當行為」（International Wrongful Act），將會導致這個國家之承擔其國際責任。但是，國際實踐告訴我們，在某些特別的情況下，一個依照正常情況所可以推論出來的國際責任，卻因為符合某些條件所構成之特別情況，其「不當」是可以被排除的。這些構成特別情況的「特別條件」，依傳統國際法所形成之國際實踐有[76]：不可抗力；緊急避難；自力救濟；及正當防衛，以及當代國際法所演繹出來之同意；與對抗措施。

　　茲分別說明如下[77]：

一、不可抗力

　　不可抗力包括兩種情形：自然事件及非自然事件，非自然事件必須符合下列三個條件：

　　（一）事件之發生，非違法行為國所能預見。

　　（二）事件之發生，非違法行為國所能控制。

　　（三）事件之發生，非由於違法行為國所促成。

　　不符合上述三條件之非自然事件，不屬於不可抗力，基於此，則非違法阻卻事由。

二、緊急避難

　　所謂緊急避難是指一個國家為避免當前直接之危害，而侵害第三國法益之行為。緊急避難並非針對危害加以反擊，而是把危害加諸於「無辜」之第三國，而有異於正當防衛。此外，緊急避難並非國際法上之制裁，而

---

[76] 見黃異，國際法，臺北，啟英文化事業有限公司，民國85年，頁179-181。

[77] 同前註；而第五及第六點見王鐵崖書，頁150。

僅是國際法所允許的一種排除危險的方法。

　　緊急避難本可使用武力，但基於禁止使用武力原則之規定，緊急避難已不得再使用武力。在國際社會中曾發生過的緊急避難，如：英國為避免其在法國境內之軍事行動遭受影響，於1944年4月17日至同年6月20日間禁止外國使館對外之通訊。法國（1945）、高棉（1970）、奈及利亞（1973）及烏干達（1973）曾因防止偽鈔之流入，而檢查外國之外文郵袋。

三、自力救濟

　　若一個國家未依國際法在其領域內保護外國法益或不能行使此種保護時，則法益所屬國家得在該國領域內採取必要之保護措施。由於此種措施在外國領域內為之，因此，顯然與外國之領域管轄權有所衝突。但國際法認可此種行為，而排除其違法性。

　　自力救濟的例子如：一國派遣軍隊至他國領域內保護其僑民或撤出其僑民、或派遣人員至他國領域內自劫匪手中救出其僑民。

　　除上述者外，自力救濟尚包括下列情形：一國在其領域外，未依國際法保護外國法益或不能為此種保護時，法益所屬國家得採取必要措施，以保護其法益。例如：美國籍船舶Virginius在古巴內亂期間運送人員、武器及給養給叛亂團體，西班牙在公海上拿捕Virginius。

　　基於禁止使用武力原則，自力救濟不得以武力之方式行使之。

四、正當防衛

　　所謂正當防衛是指一個國家對於當前以及直接之侵害行為之反擊行為。

　　正當防衛有異於戰爭，因在後者之情形中，在相關國家間停止和平關係，而在前者則否。正當防衛亦有異於報復，因為在前者係以排除不法行為為目的，而後者則是以合法請求獲得滿足為目的。此外，正當防衛是阻卻違法事由，而戰爭及報復則是制裁方法。採取正當防衛，可使用武力；

正當防衛不受禁止使用武力原則之限制，雖然聯合國憲章禁止使用武力，但憲章並未排除以武力方式來行使正當防衛。

五、同意

一國以有效方式表示同意他國實行某項與其所負義務不符的特定行為時，該行為在對該國的關係上，便排除了不法性，但以該行為不逾越該項同意的範圍為限。而且，特別重要的是，一國表示同意他國的行為不適用於依據一般國際法基本規則所產生的義務；因此，任何國家不得援引所謂已獲得有關國家的同意，而使得其行為與整個國際社會所承認的基本行為規則相背離。

六、對抗措施

對抗措施是針對他國所犯國際不法行為的一種反應，而使一國不得不採取某種不符合自己對他國原已承擔的國際義務的行為。對抗措施是由對方國家的一般國際不法行為所引起的，因此受害國也限於相應地採取非武力的行動方式，如經濟制裁或斷絕邦交等對抗行為。

柒、結論

國家因為其不當行為、不法行為或違法行為必須承擔其國際責任。國際責任之構成條件有二。第一，須該行為可歸屬於特定國家；第二，須客觀的存在有引起國際責任之「行為」或「不行為」。而此等行為或不行為，基本上造成了違反國際法上的義務。再者，重點是行為或不行為必須要能夠確定主體必須是可歸屬於國家，也就是必須確定國家為行為或不行為之可歸責性。其次，國家行為包括立法、司法、行政機關，中央、地方各級機關及以公務員地位從事代表國家之公務行為。

個人或法人之行為，原則上不歸屬於國家，但是涉及國際違法或不法

行為時，若國家未盡相當注意或與國家機能有關，則可歸屬為國家行為。所謂「相當注意」是指，國家對於可能發生之國際違法行為或不法行為，必須要能夠做到事前預防或事後充分救濟，否則國家即須承擔國際責任。另外，民間企業團體或個人若是接受國家委託、雇用執行國家任務，則其作為視同國家行為，其行為若是違反國際法義務，則可歸屬為國家行為。

國家內部發生內戰或革命時，其反叛團體行為，原則上不歸屬為國家行為。然而，國家若未能善盡相當注意，以防止或阻止反叛團體違反國際法義務，則仍應承擔國家之國際責任。另外一方面，反叛團體若是能夠成功取得政權或是建立新國家，則其內戰期間或革命期間之國際違法行為，可「追溯」而歸屬為國家行為，該新政府或新國家必須承擔其國際責任。

■ 專題三：國際責任之實踐

壹、前言

國家之行為，造成了有可能承擔國際責任時的相關國際法原則性之規範加以探討研析。針對國家承擔國際責任之構成條件、國際責任如何承擔、承擔之方式以及國際責任之各種排除情形加以研究，而且更對1979年所通過之「國家責任條款草案」加以釋析。然而，我們固然不能忽視理論上之研究，而國家在國際社會中所承擔之國際責任，亦不可忽略，理論與實踐必須相互配合，萬萬不可偏廢。因此，對於國家在國際社會中之「不當行為」、「不法行為」與「違法行為」，所造成之國際義務之違反，並因而導致國家之國際義務之承擔，必須要加以確實探討。而國際社會中所發生的最常見之國際責任問題，乃是在於：一、外國人待遇之問題；二、徵收外國人財產之問題。在這兩大類問題之下最易形成國家之國際責任承擔問題。為什麼要承擔？理由安在？如何承擔？以什麼樣的方式承擔？如果不承擔，其後果為何？有無任何補救的措施？各國是如何將國家之國際

責任之國際法原則、理論……付諸實踐的？這些都是相當重要的問題。可以將上述這些問題來驗證前面所述的國家之國際責任的各項原理與理論。現在分別對外國人之待遇；及徵收外國人財產這兩大類問題，加以分析探討如後：

貳、外國人之待遇

一、外國人之入境與出境

　　對於在國家境內並非其國民的外國人之入境的問題，國際社會中有四種主要的看法[78]：

　　（一）國家有義務允許所有外國人之入境。

　　（二）國家有義務允許所有外國人之入境，但在一定的前提條件之下，可以拒絕某些種類的外國人入境。例如毒品癮者、患病者及其他不受歡迎者。

　　（三）國家必須允許外國人入境，但對此允許可以附加某些條件。

　　（四）國家可隨其自由意志而完全隨意地拒絕外國人入境。

　　就目前的國際實踐而言，可說第一種看法從來就沒有被接受為國際法的一般規則。就國際法理論而言，大部分國家都主張其可隨意拒絕外國人之入境，宣稱這種不合資格的決定權乃是國家主權行使之結果。英國及美

---

[78] Malcolm N. Shaw, *International Law*, 2nd ed., (Cambridge, England: Grotius Publications Ltd., 1986)，頁314：其原文如：

Four principal opinions have been held regarding the admission of aliens into countries not of their nationality:

a. A state is under a duty to admit all aliens.

b. A state is under a duty to admit all aliens, subject to the qualification that it is entitled to exclude certain classes, for example drug addicts, persons with diseases, and other undesirables.

c. A state is bound to admit aliens but may impose conditions with regard to their admission.

d. A state is fully entitled toexcludeall aliens at will.

So far as state practice is concerned, it may be said that the first view has international law.

國法院也認為拒絕外國人之入境，為「領域主權」之下的一項重要附屬權力，除非一國受到條約的拘束，否則該國在國際法下並沒有允許外國人入境之義務，也沒有任何不能驅逐他們的權利。國際法也並沒有就允許入境之外國人的停留期間，對國家予以任何限制[79]。

　　國際法中未規範各國允許外國人入境的義務，受到各國移民法的支持；它顯示出任何國家都可以自由的允許外國人入境。但大部分國家在實踐上，也都保留了以某些特定的理由，來驅逐被該國視為不受歡迎之外國公民的權利[80]。例如：大部分國家也要求所有入境者或某類入境者，在抵達邊境前，事先取得在其護照上加蓋核准入境之印章，稱之為簽證；以證明該護照業已被抵達國之海外代表所核簽，且該護照持有人符合入境之資格。然而，在各國實踐上，縱使是簽證持有人也有可能被驅逐出境；簽證並不必然地代表著當然允許入境的保證。各國經常與他國協議對該國公民取消簽證之要求，或對旅行者允許免簽證入境，簽證及入境許可通常都會附加一些限制，例如：像對於允許停留期間之長短及有關當地聘雇薪資等。

二、外國人之法律地位

　　當一個外國人一旦進入一個國家的領域範圍之內，原則上，他當然是與該國之公民享有相同的法律地位及法律管轄。但是，往往在大多數的情形之下，外國人幾乎都被當地國放在一個「不平等」的地位，或者會受到當地國對他們加諸於某些限制的情形。在通常的例子是，他們會被限制擁有房地產之權利、職業選擇的限制以及某些方面之投票權的限制。國際聯盟之經濟委員會（The Economics Committee of the League of nations）就對於外國人之待遇依照下列幾個方式，加以分類[81]：

---

[79] 同前註。

[80] 同前註。

[81] 見陳錦華譯，Stark's國際法，頁442。Stark's書之原文如下：

In 1924, the Economic Committee of the League of Nations classified the treatment of aliens abroad under the following headings:

a. Fiscal treatment, for example, in respect of taxation.

（一）財政待遇，例如課稅方面。

（二）關於執行專業、工作或財產的權利。

（三）關於像定居、擁有財產及公民特權和豁免權等事項的待遇。

（四）允許入境及移民的條件。

關於第一點，除非具有外交豁免權，否則定居之外國人不能免於一般的公民稅賦或關稅義務。先前的英國及美國判例，也確認所有國家在國際法下，都有權對在其管轄權範圍內屬於其外國人的資產課稅。

關於第三點，外國人免於在其定居國內任何強制性的軍役義務，除非是他們聲明放棄這種免服役特權。但是，這個規則並不使他們免於在當地警方的強制服務，或顯然為了維持公共秩序或鎮壓突發暴動為目的之強制服務。在第二次世界大戰期間，大部分交戰國家都會要求定居當地的外國人從事某種對戰爭有幫助的強制服務，甚至將自願加入戰備軍當作執行公民責任義務之另一選擇。

當然，我們都同意外國人可以享有其國籍所屬國外交保護之權利。因此，大致上來講，一旦外國人在當地國遭受不合理的待遇或歧視性之待遇，外國人可以因此而回其國籍所屬國，請求救濟或保護。雖然如此，但

---

b. Rights as tothe exercise ofprofessions, industries, or occupations.

c. Treatment in such matters as residence, the holding of property, and civil privileges and immunities.

d. Conditions of admission and immigration.

As to (a)useless Possessing diplomatic immunity, resident aliens are riot exempt from ordinary civil taxes or customs dues. Leading English and American decisions have also affirmed the right of all states at international 12 W to tax property physically within their jurisdiction belonging to nonresident aliens."

As to (c), aliens are exempt from any compulsory obligation to serve in the in armed forces of the country in which they reside, unless the state to which they belong consents to waive this exemption." This rule, however, does not prevent compulsory service in a local police force, or, apparently, compulsory service for the purpose of maintaining public order or repelling a sudden 'Invasions" During the Second World War most belligerent states compelled resident aliens to perform some kind of service connected with the war effort, even to the extent of making voluntary service in the armed forces an alternative to the performance of compulsory civilian duties. In certain instances, this was sanctioned by agreement or treaty between the stares concerned.

是從國際實踐上來審視，一個國家未必盡然會輕易地出面，行使對其國民之「外交保護」或是以其他方式對當地國進行干涉。

三、外國人待遇一般原則之適用

　　國家一旦准許一個外國人入境，外國人即和當地國之人民一樣在其管轄權之下，享受權利履行義務。以上是從外國人的角度來看。如果從該當地國之角度來看，該當地國即對該外國人所屬之國家負有義務，須對此人之人身、財產或其他利益給予一定之待遇或相當之保障。此一義務乃是就該國之國家行為而言，而並非就該國之私人所對該外國人之待遇而言。因此，當地國可能對其直接影響該外國人之行為（例如：徵用該外國人之財產）負責，或是對某一私人行為正常運作之反應，作為或不作為而負責（例如：保護該外國人對付罪犯；而該外國人國籍所屬之國家，可以使用外交保護或一切合法手段強迫該國履行此一義務）。理論上雖然如此，但是，在國際實踐上仍然有許多國家對於外國人之權利與義務均有所規定，國際法上也作出特別的規定，大體上來說，常見約有下列幾種情形[82]：

　　（一）除非有外交豁免權、條約或協定另有規定外，外國人必須繳納當地的稅或關稅，對於外國人在當地的財產（不論他是否常住在當地國），也可以課稅。這當然可能發生雙重課稅（double taxation）的問題，即外國人的本國也可以基於國籍的原則，向該外國人課稅。發生此種情況時，有關國家只有以條約解決。

　　（二）當地國可以限制外國人從事某種業務，如律師、醫生、公務員等。

　　（三）不得強迫外國人服兵役，除非外國人的本國同意。但有國家認為地方性的警察或維持公共秩序的服務則可以。

　　關於外國人的待遇，主要有以下幾個原則[83]：

---

[82] 見前揭註62，丘宏達書，頁117。
[83] 節錄自，王鐵崖書，國際法，頁305-309。

（一）國民待遇

　　所謂國民待遇是指給予外國人的待遇和給予本國人的待遇一樣，即在同樣條件之下，所享受的權利和承擔的義務相同。有些國際協定對國民待遇下了定義，以免產生解釋上的分歧。例如，1953年「日美友好通商航海條約」第22條規定：「國民待遇一辭係指在締約一方的領土內所給予的待遇，不低於對該方的國民、公司、產品、船舶或其他物品在相同情形下所給予的待遇」。

　　從國際實踐來看，給予外國人以國民待遇是有一定範圍的，而不是在一切方面都與本國人的待遇相同。首先，對外國人，一般都不給予政治權利，外國人在居留國不享有選舉權和被選舉權，不得擔任公職，也不承擔服兵役的義務。1928年的美洲國家間「關於外國人地位的公約」第3條規定：「外國人沒有服兵役的義務，但是設定住所的外國人，除非他們寧可離開該國，可以強制其在與本國公民同樣的條件下執行警察、消防或民警的任務，以保護其住所地免受非因戰爭而產生的自然災難或危害。」許多國家都在國內立法中規定，外國人不享有政治權利和不擔任政府職務。

　　除政治權利外，根據國內立法和國際實踐，一般都在互惠基礎上給予外國人以國民待遇。如1955年的「歐洲居留公約」第4條規定：「締約各方國民在其他各方領土內關於民事權利的享受和行使，無論是個人方面或財產方面，享有與國民待遇同等的待遇」。

　　根據有關國家間之協議，在互惠原則基礎上，還可以就某些方面的便利和照顧採取特別的規定，例如，為了避免兩國公民的雙重稅收，1973年7月20日美蘇兩國簽訂了關於稅收問題的條約，規定對在締約國對方領土上居留的國家職員、教師、科研人員、船員、飛行人員、大學生、實習生、專家、通訊員、新聞記者以及其他人員，相互提供稅收優惠。除一般民事權利外，在國際條約中，還經常規定對個人或法人在訴訟權利方面，給予國民待遇，即居住國不得對外國人或外國法人在訴訟時採取訴訟保全或其他限制措施。在這方面，外國人和法人也不能要求比本國公民或法人有更多的權利。

（二）最惠國待遇

所謂最惠國待遇是指給予某個外國的個人或法人的待遇，不低於或不少於給予任何第三國的個人或法人的待遇。聯合國國際法委員會「關於最惠國條款的條文草案」第5條規定：「最惠國待遇是授予國給予受惠國或與之有確定關係的人或事的待遇不低於授予國給予第三國或與之有同於上述關係的人或事的待遇」。給予最惠國待遇，一般都是透過簽訂雙邊或多邊條約，規定在哪些方面給予締約國的公民和法人最惠國待遇。

（三）差別待遇

所謂差別待遇是指外國公民或法人的民事權利，在某些方面少於或小於本國公民或法人，某種待遇只能由本國人享有，某種企業只能由本國人經營，某種職業只能由本國人擔任，某種財產只能由本國人占有；另一種情況是對不同國籍的外國公民或外國法人給予差別待遇。由於歷史、民族、地理等方面的原因，有些國家或國家集團之間的關係更密切一些，因而根據條約或習慣，給予對方國民或法人在某些方面以較優惠的待遇。例如，歐洲共同體的成員國對成員國的國民或法人和對非成員國的國民或法人的待遇就有一定的差別。相鄰國家間在關稅、人員往來和邊境貿易等方面，也常有一定的優惠待遇。但須指出的是，合理的差別待遇與根據種族、民族、性別等原因而作的差別待遇是不同的，後者是違反國際法原則的歧視待遇，是應該受到譴責的。

（四）關於「國際標準」問題

在某些西方國際法著作中有一種主張，認為外國人的待遇應該符合「文明世界」的「國際標準」或「最低標準」，即是說，如果當地的標準低於所謂「國際標準」，致使外國人的人身和財產受到損害，他的本國就可以要求他的所在國負責。

所謂「國際標準」，就是近代歐洲文明的標準，而近代歐洲文明的標準，就是西方資本主義國家的標準。隨著國際關係的發展，國際法的領域早已超越了歐洲的範圍，而包括世界上各種不同的政治制度、不同的文

化、不同的種族及不同的意識形態的國家。國際法本身已超出了所謂近代
歐洲而成為世界公認的國際法。在現代國際社會中，主權國家在對外國
人的待遇上有權按照本國的法律行事，而不能憑所謂的「國際標準」觀
念來追究它的國際責任。1933年12月26日的「關於國家權利和義務的泛美
公約」第9條即已提出：「國家在本國領土範圍內的管轄權適用於一切住
民。本國國民受到法律和本國當局的同樣保護，外國人不得要求不同於或
更多於本國國民所享有的權利」。

　　傳統的習慣法對於國家之國際責任，大致上可以認定是以美國為代表
之西方工業化的國家為主，他們的觀點如下：「每一個國家有權期盼外國
人應該遵守它的法律，他的行為不應該與所居住或停留的國家或社區的良
好秩序不能匹配。一個國家有義務來給予他個人及財產上相當程度的保
護；以致他所在的國家才有權期盼他依照當地的法律、國際法及他的國
與居住國之間的國際條約或國際公約來行事。如果外國人或者外國人所
在之當地國未能遵守這些要件，或許就會引起各種不同程度的責任；外國
人應有服從當地國法律之義務，否則就會受到被該國驅逐出境的情事，或
者兩者均有可能，而當地國則應該對該外國人負責，或者是對他國籍所
屬的國家負責」（The state has the right to expect that the alien shall observe
its law and that his conduct shall not be incompatible with the good order of the
state and of the community in which he resides or sojourns. It has the obligation
to give him that degree of protection for his person and property which he and
his state have the right to expect under local law, under international law, and
under treaties and conventions between his state and the state of residence.
Failure of the alien or of the state to observe these requirements may give rise
to responsibility in varying degrees, the alien being amenable to the local law
or subject to expulsion from the state, or both, and the state being responsible to
the alien or the state of which he is a national.）[84]。而傳統國際法對於國家所

---

[84] 見Louis Henkin, Richard Crawford Pugh, OscarSchachter, and Hans Smit, International Law, 3rd
ed., (St Paul, Minn.: West Publishing Co., 1993), pp. 679-680.

應承擔之國際責任，究竟是如何來認定，則以下列之標準為依歸：「國家所可能承擔之國際責任，不會因為一個外國人在其領域內受到身體上的傷害或金錢上的損失就引起。如果一個外國人因為受到當地個人之原因而受到傷害，對於他的救濟，通常是直接針對那個個人；而在缺乏國家本身針對那個傷害，有任何怠忽其責任的情事發生時，例如，國家未能提供一個救濟或是未能適用一個既有的救濟辦法，那麼，國家之國際責任並不發生。在當地救濟是可以使用的情形下，外國人除非是用盡了所有可供使用的救濟辦法，否則外國人是不能請求他的政府介入……這是假定存在有一個有秩序的司法及行政程序之國家。在理論上來說，對於一個外國人之未受到補償的傷害，構成了對他的國家之傷害，就因此會導致國際責任之產生」（We are here concerned primarily with responsibility of the state....It does not arise merely because an alien has been injured or has suffered loss within the state's territory. If the alien has scuffed an injury at the hands of a private person his remedy usually is against that person, and state responsibility does not arise in the absence of a dereliction of duty on the part of the slate itself in connection with the injury, as for example by failure to afford a remedy, or to apply an existing remedy....When local remedies are available the alien is ordinarily not entitled to the interposition of his government until he has exhausted those remedies. This presupposes the existence in the state of orderly judicial and administrative processes. In theory an unrepressed injury to an alien constitutes an injury to his state, giving rise to international responsibility.）[85]。

所以我們可以這麼說，如果一個外國人在當地國所享受到的法律上的保護、傷害的救濟……均與當地國之國民完全相同，那就沒有什麼正當化的理由，來讓外國人尋求其本國政府以外交保護或任何其他方式，來對該外國人給予額外的管道加以救濟。除非有其他任何實質的證據，證明當地國政府所給予外國人之待遇，低於國際法所認可之「國際最低標準」（International Minimum Standard）。但是，問題存在於如果當地國所給予

---

[85] 同前註，頁680。

外國人之待遇與其給予其本國國民之待遇相同；亦即該國家對外國人之待遇所採用者為「國民待遇原則」（National Treatment Principle）。理論上來說該當地國並未歧視外國人，因此，原則上而言，讓外國人國籍所屬之國家似乎沒有足夠之理由，以此為藉口而行使「外交保護權」。

　　當然，真正的問題是存在於當地國政府所給予其本國國民的待遇，在正常的情況下，似乎不應該低於「國際最低標準」。然而，如此一來，我們必須檢討何以當地國政府所給予其本國國民之待遇會低於「國際最低標準」，是國家經濟發展在事實上確實落後？抑或是當地國所給予其本國國民之公民權利及政治權利在法律上有所不足？這些都應該加以確實分析檢討，尋求補救之道。如果是經濟發展落後則應協助其經濟發展；但是如果是公民權利及政治權利之未充分給予，則應敦促該國促進民主化之發展。蓋人權無國界，各國人民所應享受之人權，不應該因其國籍所屬之不同而有不同。如此一來，一旦經濟發展達到國際一般標準，則國際社會之成員，不論哪一個國家其所採之「國民待遇原則」必然不會與「國際最低標準」原則有所衝突。

四、卡爾伏條款之適用

　　「卡爾伏條款」（Calvo Clause）或可稱之為「卡爾伏學說」。是旅居於歐洲之阿根廷歷史學家兼法律學家卡爾伏在目睹拉丁美洲各國與歐美各國之間，因為外國人或外國公司在南美洲各國內之投資，以及相關權利或待遇問題，經常引起歐美各國依據「外交保護」之名，向南美洲各國提出交涉，而引起拉丁美洲各國認為其內政上行使主權之結果，反而遭受歐美列強之「干涉」（Intervention），而發生「國際衝突」（International Conflicts）或是「國際責任」之嚴重問題。為了避免這類「國際衝突」或「國際責任」之一再發生，卡爾伏乃因此而提出所謂的「卡爾伏條款」。「卡爾伏條款」即是指：「任何一個外國人在與一個國家『接觸』（Contact）（例如，外國人在一國有投資或者一個外國人與當地國簽訂有契約時）的時候，如果一旦有『爭執』（Disputes）發生時，該外國人

必須同意將所有的爭執提交當地國的法院去解決，而放棄向該外國人國籍所屬的國家，以外交介入的方式，來解決他們之訴求」（In every state contract with an alien, the alien must agree to submit all disputes to the courts of the host state and renounce all claims to diplomatic intercession by the state of which the alien is a national.）[86]。

　　拉丁美洲各國在卡爾伏推動之下，開始接受「卡爾伏條款」，因為很顯然的，在「卡爾伏條款」的運作之下，其結果是對拉丁美洲各國相當地有利。因此，拉丁美洲各國政府在與外國公司或外國人簽訂契約常列有此一條款。拉丁美洲各國政府依此條款獲得若干特權。同時，使外國人民拋棄因該契約所引起之任何問題，而請求其本國政府保護或援助的權利。此項條款的締訂具有各種不同的方式，美墨求償委員會裁決「北美浚河公司案」（North American Dredging Company Case）中，列舉下列一例，頗具代表性：「在墨西哥境內，為履行本契約之一切有關事項，締約當事人、僱工或其他職位的所有人員，依此契約工作，得直接或間接的被視為墨西哥人民。除墨西哥共和國法律賦予其本國人民之權利外，他們對有關本契約之利益與工作，不得要求享有任何特殊之權利。因此他們被剝奪了外國人民所可享有的任何權利，且無論在任何條件下，亦不容外國外交人員干涉有關本契約的任何事項」。（The contractor and all persons who, as employees or in any other capacity, may be engaged in the execution of the work under this contract either directly or indirectly, shall be considered as Mexicans in all matters, within the Republic of Mexico, concerning the execution of such work and the fulfillment of this contract. They shall not claim, nor, shall they have, with regard to the interest and the business connected with this contract, any other rights or means to enforce the same than those granted by the laws of the Republic to Mexicans, nor shall they enjoy any other rights than those established in favor of Mexicans. They are consequently deprived of any rights as aliens, and under no conditions shall the intervention of foreign

---

[86] 同前註，頁701。

diplomatic agents be permitted, in any matter related to this contract.）[87]在「北美浚河公司案」中，該公司以墨西哥毀約而要求賠償23萬餘美金，後來經過美國政府提出交涉而成立之「美墨仲裁委員會」（U.S.-Mexico General Claims Commission），在其裁決書中決定不受理該案，其理由並非在於承認「卡爾伏條款」之效力，而是基於該公司並未符合國際法所要求之「用盡當地救濟原則」（Exhausion of Local Remedies Rule）。

「北美浚河公司案」對於有關「卡爾伏條款」之適用的相關問題，相當的具有代表性。該「仲裁委員會」在其裁決書中指明：「在審閱本條款（如前所引第18條）之整體來看，那是相當具有證據性的，就是它的目的在於拘束申請者；要使申請者受墨西哥法律之拘束，以及使用在它的法律所能提供的救濟辦法……但是，此一條款不會，而且也不能夠剝奪申請者的美國公民的資格，以及所有那些根據資格所能享有的所有的權利。而且也不能夠剝奪它在向墨西哥的法院及其他權責當局可供尋求救濟，而被拒絕或在國際法所用的『拒絕正義』之餘，同其本國政府請求保護的權利。而在那樣的情形，申請者之請求權就不是基於它的契約被違反而是它被『拒絕正義』」[88]。

---

[87] Article 18 of an agreement between The North Armorica Dredging Company and the Government of Mexico involved in the North American Dredging Co. Case (United States v. Mexico), General Claims Commission, 1926 [1927] Opinions of Commissioners 21, 22, 4 U.N. Rep.Int'1 Arc. Awards 26, 26-27 (1951), provided.

[88] In its opinion in the North American Dredging Co, Case, U.N. Rep, Arb. Awards at 30-32, the Commission stated: Reading this article [article 18 quoted supra] as awhole, it is evident that its Purpose was to bind the claimant to be governed by the laws of Mexico andto use the remedies existing under suchlaws....

But this prevision did not, and could not, deprive the claimant of his American citizenship and all that that implies. It did not take from him his undoubted right to apply to his own government for protection if his resort to the Mexican tribunals or other authorities available to him resulted in denial or delay of justice as that tennis used in international law. In such a base the claimant's complaint would be not that his contract was violated but that he had been denied justice. The hats of his appeal would be not a construction of his contract, save perchance in an incidental way, but rather an internationally illegal act.

What, Wherefore, are the rights which claimant waived and those which he did not waive in subscribing to article 18 of the contract?

　　然而，該「仲裁委員會」最後還是拒絕了申請求償的公司。在裁決書中，「仲裁委員會」說：「如果必須要來證明某些國家對於濫用保護權之害怕的合法性，以及那些國家在它們自己疆界內主權受到損害之嚴重性；這在此種權利被承認及執行的一些極端概念下即可顯示出來，而本案正好可以提供作為說明的例子。……本案申請者是根據契約的第18條作為其申請求償之基礎，就是申請者被排除了任何有解決以及履行此契約的向他的本國政府請求救濟之權。如果他有一個『拒絕正義』、『遲延正義』、重大之不公平或任何墨西哥違反了國際法之行為而導致他的損害；他或許就可以向他的政府提出請求，繼而他就可以向本委員會主張並呈現給本委員會。……雖然提交給本委員會的申請是基於條約第1條第1款所提起而主張是在本委員會之管轄權範圍內，但是，因為本案不是一個可以向他本國政府合法的提出申請救濟之請求案，因此在這裡，本案不得受理」[89]。

(a)He waived his right to conduct himself as if no competent authorities existed in Mexico; as if he were engaged in fulfilling a contract in an inferior country subject to system of capitulations; and as if the only real remedies available to him in the fulfillment, construction, and enforcement of this contract were international remedies. All these he waived and had a right to waive, (b)He did not waive any right which he possessed as an American citizen as toany matter not connected with the fulfillment, execution, or enforcement of this contract as such. (c)He did not waive his undoubted right as an American citizen to apply to his Government for protection against the violation of international law (intemationallyillegalacts) whether growing out of this contract or out of other situations. (d)He did not and couldnot affect the right ofhis Government to extend to himits protection in general or toextend to him its protection against breaches of international law. Buthe did frankly and unreservedlyagree that in consideration of the Government of Mexicoawarding him this contract, he did not need andwould not invoke or accept the assistance of his Government with respect to thefulfillment andinterpretation of his contract and the execution of hiswork thereunder....

[89] If it were necessary to demonstrate how legitimate are the fears of certain nations with respect to abuses the right of protection and how seriously the sovereignty of those nations within their own boundaries would be impaired if some extreme conceptions of this right were recognized and enforced, the present case wouldfurnishan illuminatingexample. The claimant, after having solemnly promised in writing that it would not ignore the local laws, remedies, and authorities, behaved from the very beginning as if article 18 of its contract had no existence in fact. It used the article to procure the contract, but this in any redress by application waste extent of its use. It has never sought to the local authorities and remedies which article 18 liberally granted it and which, according to Mexican law, are available to it, even against the Movement, without restrictions, both in matter of civil and of

　　「卡爾伏條款」之在拉丁美洲被廣泛採行，其結果多半引起各國抗議；而各國抗議之主要理由，即在於此種條款之被引用，其主要目的不僅在企圖剝奪外國人在「用盡當地救濟辦法」後，請求其本國予以保護之權利。而且，事實上主張公民個人（外國人）得以放棄尋求本國保護其在外國之權利；而此種在契約中放棄向本國尋求保護之條款，實際上即是一種變相的被剝奪原本在傳統國際法中，所賦予每一個人向其本國尋求「外交保護」之基本權利。從國際實踐來看，在涉及「卡爾伏條款」之相關國際案件當中，除了少數案例外，在通常之情形下，國際法院或國際仲裁法院之許多判決或裁決，均認為：「排除外國人向其本國尋求保護之契約，不具有法律上的效力」[90]。

　　對於此一爭議性相當高之「卡爾伏條款」，國際法學者史塔克（J. G. Stark）認為[91]：「1.只要那樣的條款是企圖要來全面性的放棄一個國家保

---

public law.

Under article 18 of the contract declared upon the resent claimant is precluded from presenting to its Government any claim relative to the interpretation or flilfillmentof thiscontract. If ithad a claim fordenial of justice, for delay ofjusticeor gross injustice, or for any other violation of internationa 1 law committed by Mexico to itsdamage, it might have presentedsuch a claim toits Government, which in turn could have espoused and presentedit here. Although the claim as presented fall. within the firstclause of Article I of the Treaty, describing claims coming within this Commission's jurisdictions it is not a claim that may be rightfully presented by the claimant to its Government for espousal and hence is not cognizable here....

[90] von Glahn, Law among Nations, 5th ed., (1986), p.246.
[91] 見前揭註81，頁274；J.G. Starke之看法如下：

Perhaps the better opinion as to the Calvo Clause may be summed up as follows:

1. Insofar as such clause attempts to waive in general the sovereign right of astute to protect its citizens, it is to that extent void.
2. But, to quote a statement of the British Government, 'There is no rule to prevent the inclusion of a stipulation in a contract that in all matters pertaining to the contract, the jurisdiction of the local tribunals shall be complete and exclusive'. In other words, it would be obviously improper for individuals to treat testate against which they seek redress as an inferior and untrustworthy country, and to apply for their government's intervention without making any claim in the local courts.
3. Where such stipulation purports to bind the claimant's government not to intervene in respect of a clear violation of international law, it is void.

護其境外公民的主權權利，則應該在此範圍內無效；2.但是，來引用英國政府的一段陳述：『並沒有任何法規來禁止在契約中納入一些規範與契約所有相關事務之條款，規定當地法院之管轄權是完全的與獨享的』，換句話說，外國人的對待應該尋求救濟之當地國為一個比較低下及不值得信賴之國家，而去請求他們自己政府的介入，而未能先在當地的法院提出任何請求，那是明顯的不妥當的；3.如果那樣的條款其規範之目的是在有關於當地國顯然違反國際法時，受害人的本國政府亦不得出面干預時，則該條款應屬無效」。（1. Insofar as such clause attempts to waive in general the sovereign right of a state to protect its citizens, it is to that extend void. 2. But, to quote a statement of the British Government, 'There is no rule to prevent the inclusion of a stipulation in a contract that in all matters pertaining to the contract, the jurisdiction of the local tribunals shall be complete and exclusive'. In other words, it would be obviously improper for individuals to treat the state against which they seek redress as an inferior and untrustworthy country, and to apply for their government's intervention without making any claim in the local court. 3. Where such a stipulation purports to bind the claimant's government riot to intervene in respect of, clear violation of international law, it is void.）因此，可以這麼說，依史塔克教授之看法，「卡爾伏條款」之使用於契約當中的目的，如果是要來禁止一個國家來保護它的海外國民，或者是要來解決當地國保護其領域內外國人之義務，則該條款無效。

最後，研判「卡爾伏條款」，我們可以發現，「卡爾伏條款」之目的是立基於下列兩個基本要素上[92]：「第一，卡爾伏主張，由於平等原則的理由，一個主權獨立的國家，應該可以享有免於任何形式的外國干

---

[92] 見Louis Henkin, Richard Crawford Pugh, Oscar Schachter, and Hans Smit, International Law, 3rd ed., (St Paul, Miim.: West Publishing Co., 1993)，頁684。

The basis of the objection, which was elaborated by Calvo, had two main elements. First, Calvo maintained that a sovereign independent State was entitled, by reason of the principle of equality, to complete freedom from interference in any form, whether by diplomacy or by force, from other States. Second, aliens were entitled to no greater rights and Privileges than those available to nationals.

預的自由——從其他國家之外交或武力之干預。第二，外國人並不能享有提供給本國人更多的權利及特權。」（First, Calvo main-tainted that a sovereign independent State was entitled, by reason of the principle of equality, to complete freedom from interference in any form interference in any form, whether by diplomacy or by force, from other States. Second, aliens were entitled to no greater rights and Privileges than those available to nationals.）因此，僅就「卡爾伏條款」之文義來看，它是要使當地國之國內法院能夠對於所有牽涉到外國人之爭執案件享有「專屬管轄權」（Exclusive Jurisdiction），而外國人如果有任何損害也只能夠向當地國的法院尋求救濟。再者，我們回顧「卡爾伏條款」所引起國際社會相當大的爭議，其爭議的背景乃是在於拉丁美洲各國對於那些歐美之「已開發中國家」（Developed Countries）之要求有關「外國人之待遇」問題，應符合「國際最低標準」的回應，是以「國民待遇原則」來對抗。而以「習慣國際法」（Customary International Law）之觀點來審視「國民待遇原則」之適用，拉丁美洲國家也並沒有錯。總括的來說，「卡爾伏條款」對於拉丁美洲各國的法制傳統所具有的影響，是反映在下列四項建議上[93]：「1.國際法要求當地國必須給予外國人『國民待遇』；2.本國法給予本國人之權利與特權，對於外國人也一體適用；3.當地國法院對於牽涉到外國人之爭執案件有專屬管轄權，因此，外國人不得尋求以外交保護的方式，作為其權利之救濟；4.對於解決與外國人之間的爭執事件，國際判決是不被准許的。」（1. international law requires the host state to accord national treatment to aliens; 2. national law governs the right and privileges of aliens; 3. national courts have exclusive jurisdiction over disputes involving aliens, who may

---

[93] The impact of the Calvo doctrine on the legal traditions of Latin American States is reflected in the following propositions; (a) international law requires the host State to accord national treatment to aliens; (b) nation al law governs the rights and privileges of aliens; (c)national courts have exclusive jurisdiction over disputes involving aliens, who may therefore not seek redress by recourse to diplomatic Protection; (d)international adjudication is inadmissible forth settlement of disputes with aliens.

therefore not seek redress by recourse to diplomatic Protection; 4. international adjudication is inadmissible for the settlement of disputes with aliens.）而拉丁美洲國家也確實在它們的國家實踐上拒絕「解決投資爭端際公約」（International Convention for Settlement of Investment Disputes）之適用，而且，在它們與其他國家所簽之「雙邊投資條約」（Bilateral Investment Treaty）中也多半堅持加入「卡爾伏條款」。

五、應受特別保護之外國人

　　1973年12月14日聯合國大會通過了「關於防止和懲處侵害應受國際保護人員包括外交代表的罪行的公約」（Convention on the Prevention and Punishment of Crimes against, Internationally Protected Persons Including Diplomatic Agents）[94]對於具有特殊身分而應受特別保護之外國人包含外交官員，有特別的規定。在該公約中指出「應受國際保護人員」是指：「1.一國元首、包括依關係國憲法行使國家元首職責的一個集體機構的任何成員、政府首長或外交部長，當他在外國境內時，以及他的隨行家屬；2.在侵害其本人或其辦公用館舍、私人寓所或其交通工具的罪行。發生的時間或地點，按照國際法應受特別保護，以免其人身、自由或尊嚴受到任何攻擊的一國的任何代表、官員或政府間性質的國際組織的任何官員或其他代理人，以及與其構成同一戶口的家屬」[95]。其次，依該公約第2條之規定每一締約國應將下列「故意」之罪行定為國內法上之罪行，以使對於觸犯者予以適當之懲處，阻遏此等罪行之發生[96]：

　　（一）對應受國際保護人員進行謀殺、綁架或其他侵害其人身或自由的行為：

---

[94] UNTS (United Nations Treaty Series),Vol. 1035, p.l67.

[95] Article 1 (1) stipulates a person is regarded as internationally protected where he Isa head of stator government, or foreign minister abroad, or state representative or official of an international organization.

[96] Article 2 stipulates that contracting states should make acts such as assaults upon the person, premises and transport of such persons a crime under their domestic law.

（二）對應受國際保護人員的公用館舍、私人寓所或交通工具進行暴力攻擊，因而可能危及其人身或自由；

（三）威脅進行任何這類攻擊；

（四）企圖進行任何這類攻擊；

（五）參與任何這類攻擊的從犯。

所以每一個締約國應採取必要措施，以確定其在下列情況下對第2條所列舉的罪行的管轄權：

（一）所犯罪行發生在本國領土內或在本國登記的船隻或飛機上時；

（二）嫌疑犯是指本國國民時；

（三）所犯罪行是對因代表本國執行第1條所規定的職務而享有應受國際保護地位的人員所犯時[97]。同時，為了防患於未然，本公約亦規定了各締約國應特別以下列方式進行合作，以防止第2條所列舉的罪行：

1. 採取一切切實可行的措施，以防止在各該國領土內策劃在其領土以內或以外實行這些罪行；

2. 交換情報，並協調為防止這些罪行發生而採取的適當行政或其他措施[98]。

而針對觸犯本公約之嫌疑犯之處理，於公約第5條、第6條及第7條均有明文規定。本公約第5條規定：

1. 境內發生第2條所列舉的任何罪行的締約國如有理由相信嫌疑犯已逃離其領土，應將有關所發生罪行的一切適切事實及可能獲得的一切關於嫌疑犯身分的情報，直接或經由聯合國秘書長送達所有其他有關國家。

2. 遇有對應受國際保護人員發生第2條所列舉的任何罪行時，擁有關於受害人和犯罪情況的情報的任何締約國應設法按照其國內法所規定的

---

[97] Each state is to establish its jurisdiction over these crimes when committed in its territory or on board ships or aircraft registered in its territory, or when the alleged off ender is a national or when the crimes have been committed against an internationally protected person functioning on behalf of thatstate.

[98] 見公約第4條。

條件，充分和迅速地將此情報遞送該受害人代表執行職務的締約國。

（1.The State Party in which any of the crimes set forth in article 2 has been committed shall, if it has reason to believe that an alleged offender has fled from its territory, communicate to all other States concerned, directly or through the Secretary-General of the United Nations, all the pertinent facts regarding the crime committed and all available information regarding the identity of the alleged offender. 2.Whenever any of the crimes set forth in article 2 has been committed against an internationally protected person, any State Party which has information concerning the victim and the circumstances of the crime shall endeavour to transmit it, under the conditions provided for in its internal law, fully and promptly to the State Party on whose behalf he was exercising his functions.）

　　而於第6條中規定：

*1.*嫌疑犯所在地的締約國確信情況有此需要時，應採取其國內法所規定的適當措施保證嫌疑犯留在其領土內，以便進行起訴或引渡。這種措施應該立即直接或經由聯合國秘書長通知：（1）犯罪地國家；（2）嫌疑犯隸籍的一國或數國，如為無國籍人士時，其永久居住地國；（3）有關的應受國際保護人員隸籍的一國或數國，或其代表執行職務的國家；（4）所有其他有關國家；（5）有關的應受國際保護人員充任官員或代理人的國際組織。

*2.*對任何人員採取本條第1款規定的措施時，此種人員有權：

　　（1）立即與其隸籍國，或有權保護其權利的其他國家，或如為無國籍人時經其請求而願意保護其權利的國家距離最近的適當代表取得聯絡；

　　（2）並由該國代表前往探視（1.Upon being satisfied that the circumstances so warrant, the State Party in whose territory the alleged offender is present shall take the appropriate measures under its internal law so as to ensure his presence for the purpose of prosecution or extradition 2.Any person regarding whom the measures referred to in paragraph 1 of this article are being taken shall be entitled: (1)to communicate without delay with the nearest appropriate representative of the State of which he is a national or which is otherwise entitled to protect his rights or, if he is a stateless person, which her requests and which is willing to protect his rights; and (2)to be visited by a representative of that State.）

更在本公約第7條中規定：「締約國於嫌犯在其領土內時，如不予以引渡，則應毫無例外，並不得不當羈延，將案件交付主管當局，以便依照本國法律規定的程序提起刑事訴訟」（The State Party in whose territory the alleged offender is present shall, if it does not extradite him, submit, without exception whatsoever and without undue delay, the case to its competent authorities for the purpose of prosecution, through proceedings in accordance with the laws of that State.）

參、徵收外國人財產

關於「徵收」（Expropriation）的國際法規範，一直是在「已開發中國家」（Developed Countries）與「開發中國家」（Developing Countries）之間存在著相當大的「尖銳的分歧」（Fierce Division）。它之所以會成為二者之間的極端對立，這中間當然存在著一項嚴肅的主題，那就是一個國家主權的行使，會影響到另一個國家主權的行使。舉例來說，當一個國家將其領域內之自然資源、金融機構或者公用事業予以「徵收」或「國有化」（Nationalization）的時候，它與外國人在當地國投資所簽訂之「特許合約」（Concession Contract），會發生尖銳而敏感的國際法問題。1964年的美國聯邦法院在「古巴國家銀行對訴薩巴提諾」一案中所說的話，至今三十餘年，卻仍然反映出這個問題之嚴重性，該段陳述適用在今天之情形，一如適用在三十五年前一模一樣。該判決文是這樣說的：「在今天對於限制一個國家的權力來徵收外國人財產方面的爭議，看起來似乎是那麼

樣的分歧」[99]。

　　而在一步探討「徵收」的相關國際法問題之前，似乎是有必要將容易被一般人混淆的「徵收」與「國有化」兩個概念加以釐清較為妥當。當然，很多人將其交互使用，並不特別加以區別，似乎也無大礙。但是，不論怎麼說，將「徵收」與「國有化」釐清，總是對問題的了解會有所助益。1962年的第十七屆聯合國大會之第1803號決議：關於天然資源之永久主權（Permanent Sovereignty over Natural Resources）——表明了在此二者之間可能是有所分別的。但是，遺憾的是該聯合國大會決議並未進一步的清楚解釋二者之間的差別究竟何在？大致上來說，二者都是將財產之所有權自個人移轉給國家，但是其先決條件則是其目的必須與公共利益有關。除了此一共同點外，一般而言，「徵收」僅涉及一項具體財產（如在一塊土地上建立一座公園），而其用途則很有可能與其在私人擁有時不一樣。「國有化」則是將整個同類的財產加以「徵用」（Taking），而其原來之用途並不改變；僅僅在受惠者方面由原來之所有人變成了社會大眾。也許區別二者之間的最重要關鍵乃是在於「徵收」與「國有化」所發生的政治與經濟背景有關。「國有化」大概是一個國家整個經濟制度的全面經濟改革或政治制度的全面政治改革的一部分。簡單的說，從國際實踐來看，在「國有化」的一些案件中，外國人要來證明一個國家的違反國際法，比在純粹的「徵收」案件中來得更為困難。

一、徵收與國有化之區別

　　一個國家可以「徵收」其領域內人民或公司之財產，當然也可以「徵收」外國人或公司之財產。但是，所經常引起之問題是「補償」（Compensation）的問題；而這裡所論及之「財產」應該包括「有形及無形之動產或不動產」以及「勞動、文學及藝術財產、財產之權利及利益等」[100]。再者，「徵收」除了通常的「財產接管」（Take Over）以外，

[99] Banco National de Cuba v. Sabbatino, 376 U.S. 398, 424 (1964)。
[100] 見丘宏達書，頁740。

任何的其他方式，使得財產所有人在事實上無法使用其所有之財產也構成「徵收」。1961年「哈佛國家侵害外國人之責任公約草案」（Harvard Draft Convention on Responsibility of States for Injuries to Aliens）第10條第3項第1款規定：「財產之徵收……尚包括不合理之干擾其使用、享受或處分其財產」[101]。

　　前面所提及的1962年之聯合國大會第1803號決議案，建立了國家對於自然資源之永久主權，並且明確指出：「收歸國有、徵收或徵用應以公認為遠較純屬本國或外國個人或私人利益為重要之公用事業、安全或國家利益等理由為根據。遇有此種情形時，採取此等措施以行使其主權之國家應依據本國現行法規及國際法，予原主以適當之補償。倘補償問題引起爭執，則應儘量訴諸國內管轄。但如經主權國家及其他當事各方同意，得以公斷或國際裁判辦法解決爭端」[102]。不難看出，這裡對於國家行使國有化

---

[101] 同前註，並可參考丘宏達書對Starrett Housing Corporation v. Iran之說明如下：

在史達里特建屋公司控伊朗（Starrett Housing Corporation v. Iran）一案中，美伊索償法庭在1983年12月19日的裁決中指出：

在本案中不爭的事實是伊朗政府並未頒布法律或命令將（公司的建房計畫）國有化或徵收。然而，國際法上承認國家採取的措施可能對財產權干預到一個程度變成無用而認為是被徵收；即使國家並未意圖徵收而且法律上產權在形式上仍屬於原來的所有人。

本案中至少在1980年1月底後，公司已被剝奪對其建房計畫的財產權有效使用、控制及利益。當時伊朗政府的房屋部派了一位臨時經理來管理公司的財產。這個措施是根據1979年7月14日伊朗政府頒布的命令，此種措施使公司被剝奪對其財產有效使用與控制的可能。法庭認為「一個政府掌握對財產的控制並不當然就認為此一財產已被接管而需要在國際法上予以賠償」。伊朗政府曾要求公司恢復其建屋計畫，但不得僱用美國人，法庭認為自由選擇管理人員是管理一個計畫的主要成分，而由伊朗上述命令的用語來看，管理計畫的最後權力是在房屋部。對因政府任命經理造成公司減少其持股及契約權利的價值，並無證據指出伊朗政府將予以賠償。基於這些理由，法庭認為伊朗政府對公司財產權的干預已使此等權利無用而應被認為已被接管（徵收）。

[102] 見1962年聯合國大會第1803號決議案第4條：

Nationalization, expropriation or requisitioning shall be based on grounds or reasons of public utility, security or the national interest which are recognized as overriding purely individual or private interests, both domestic and foreign. In such cases the owner shall be paid appropriate compensation, in accordance with the rules enforce in the State taking such .measures in the exercise of its sovereignty and in accordance with international Jaw. Inane case where the question, of compensation gives rise to a controversy, tile national jurisdiction ofthe State taking such measures

的權利的承認是一種有條件的承認，即一個主權國家實行「收歸國有、徵收或徵用」措施應符合以下三個條件：其一，採取這些措施的動機只能是為了「公共事業、安全或國家利益」；其二，採取這些措施的國家應該「依據本國現行法規及國際法予原主以適當之補償」；其三，倘補償問題引起爭議時，「應儘量訴諸國內管轄」或經當事各方同意的公斷或國際裁判辦法解決爭端[103]。從國際實踐中可以看出[104]：當今國際社會中國有化的權利作為國家對自然資源的永久主權的一種體現已得到普遍承認；尚有爭論的是：一種觀點認為這一權利是排他的、絕對的權利，故其法律適用只限於國內法。而另一種觀點認為，國有化權利就其享有權利而言是絕對的，而就其使用權利而言是有條件的，除了符合國內法外，還必須符合國際法規定的條件。換言之，爭論之所在，反映出開發中國家與已開發國家，對國有化權利承認上存在著差異，對國際法在國有化問題上的地位及作用看法不一。

　　然而，在國際投資的實踐中，開發中國家與已開發國家為了促進經濟、合作，共同創立一個良好的投資環境，對於涉及外國投資的國有化往往通過簽訂雙邊協議加以必要的限制，在此基礎上雙方對涉及外國財產的國有化問題採取同等態度。

二、徵收之起源及歷史發展

　　因為在20世紀之前有關於徵收之情事發生得相當少，因此，對於「賠償」的法律標準，並沒有引起太多的討論與爭辯。從國際實踐來看，針對徵收的案例，其結果都像是例行公事一樣，主張國家在為了「公共使用」（Public Use）的目的之下，可以徵用私有財產。但是，在那樣的情形一旦發生時，國家有義務要作「全額的補償」（Full Compensation）。

---

shall be exhausted. However, upon agreement by sovereign States and other parties concerned, settlement of the arbitration or international adjudication.

[103] 黃炳坤編著，當代國際法，臺北，風雲論壇出版社，民國78年，頁152。

[104] 同前註；頁154。

事實上，這個原則是建立的相當完備，也很健全。幾乎在高度發展的西歐國家之間，所簽訂的條約，對於徵收土地而必須賠償，均被視為理所當然，而沒有在條約中提及。而在二次世界大戰之前所發生的有關於「徵收」的國際法案例，最有名的當屬「邵作工廠案」（The Chorzow Factory Case）[105]。它是起因於波蘭政府徵收一家在「上西里西亞」（Upper Silesia）的一家德國人所有的工廠，德國向「常設國際法院」（Permanent Court of Justice）提起訴訟。「常設國際法院」宣判，波蘭的徵收行為違反了「德國—波蘭於上西里西亞日內瓦公約」（German-Polish Geneva Convention Concerning Upper Silesia）。關於賠償的問題，因為是起因於「違法的徵收」（Illegal Expropriation），法院表示：「賠償應該儘可能的清除掉所有違法行為的後果，並且在所有的可能情況下，再建立起一個情況就如同該違法行為從來就沒有發生過一樣『恢復原狀』（Restitution in kind）（即實物返還）或是在不可能時，則付出一筆款項等同於『恢復原狀』所必須支付的價值」[106]。而在判決文中，「常設國際法院」也特別說明：所謂的「合法的徵收」（Lawful Expropriation），並不必須是實際的「恢復原狀」（則歸還徵用的財產），僅僅需要支付「公正的價金」（Just Price），而其「公正的價值」（Just Value）之決定標準，是以在徵用的時候，被徵用財產的價值為基準，再加上到「支付日」（Day of Payment）之利息[107]。這樣的「賠償」或「補償」，在本質上即是肯定了

---

[105] Factory at Chorzow (Ger. V. Pol.) (Indemnity), 1928 P.C.I.J. (Ser. A) No.l7, p.29.

[106] The essential principle contained in the actual notion of anillegalact-a principle which seems to be established by international practice and in particular by the decisions of arbitral tribunals-is that reparation must, as far as possible, wipe out all consequences of the illegal act and reestablish the situation which would in all probability, have existed if that act had riot been committed. Restitution in kind, or, if that is riot possible, paymentof a sum corresponding to the value which a restitutionin kindwould bear [must be made] .

[107] This statement of the court in Chorzow Factory in dictaregarding the level of compensation that must be paid by a state following an expropriation has-been criticized by Professor Higgins (now Judge on the international Court of Justice), who has stated "I do not believe that a central element in the law of compensation should be resolved by making deductions from an orbiter dictum over the Permanent Court 40-5 years previously, when it was addressing only (and was only thinking about)

下述之原則：「適當補償」縱使是在合法徵收的情形之下，是指徵用財產價值，也就是說，「完全補償」（Full Compensation）是對「合法的」與「違法的」徵收，都必須負責支付的。

　　「邵作工廠案」之前與之後，在國際案例與國際仲裁的多起案例，均可證實與支持下述論點，在「徵收」之後的適當而妥善的補償程度就是被徵用財產之「全部價值」（Full Value）。在20世紀之初，被法院所判決必須支付「完全的補償案例」不勝其數，較著名的就有「德拉高灣仲裁案」（Delagoa Bay Arbitration Case）[108]、「摩洛哥西班牙屬區索償仲裁案」（Spanish Zone of Morocco Arbitration Case）[109]、「高登堡案」（Goldenberg Case）[110]、「底薩巴對訴巴拿馬案」（De Salba v. Panama）[111]、「沙文案」（Selwyn Case）[112]、「挪威船主索償案」（Norwegian Shipowner's Claims Case）[113]以及「李娜戈菲仲裁案」（Lena Goldfield Arbitration Case）[114]。「完全補償原則」（Full Compensation Principle）在國際社會曾經一再的被各國法院、「國際仲裁法院」乃至於「常設國際法院」所判決認定或證實為妥當的補償標準。在一份研究報告中指出，在1840年到1940年期間，有六十個國際索償案件發生，其爭執事件起因於當地國對於外國之損害，其中有許多都是因為當地國徵用外國人的財產所造成之損害；但是，這六十件提交「國際索償法庭」（International Claims Tribunals）的案件中，沒有一件案子「法庭」認為「補償的適當標準」（Appropriate Measure of Compensation）是少於「徵

---

a different situation-an unlawful taking." Rosalyn Higgins, Problems and Process in International Law and How We Use It. (1994), p.144.

[108] Delagoa Bay and East African Railway Co. (U.S. and Great Britain v. Portugal), reprinted in 3 M. Whiteman, Damages In International Law, 1694-1703 (1943).

[109] British, Properties in Spanish Zone of Morocco (Spain v. U.K.), 2 R.I.A.A. 615 (1925).

[110] Goldenberg Case (Ger. v. Rom.) 2 R.I.A.A. 901 (1928).

[111] De Salha v. Panaa (U.S. v. Pan.), 6 R.I.A.A.358 (1933).

[112] Seiwyn Case (G.B. V.Venezuela) 9 R.I.A.A. 380 (1903).

[113] Norwegian Shipownerrs' Claims (Norway v. U.S.), 1 R.I.A.A. 307 (1922).

[114] Lena Goldfields, Ltd. v. Russia (1930), reprinted in56 Cornel L. Q. 42, 51-52 (1950).

用財產的全部價值」（Full Value of the Property Taken），而且有相當多的法院確認了「完全補償」之必要性[115]。

　　「完全補償原則」由美國國務卿赫爾（Secretary of State Cordell Hull）所強力主張。在1938年致墨西哥政府的一封信函中，國務卿赫爾對於墨西哥政府「國有化」某些美國人在墨西哥所投資的「農業用地」（Agrarian）以及石油財產，相當堅持的主張：「對於外國所擁有的財產之徵收，必須伴隨著給付迅速的、足夠的與有效的補償」（Expropriation of foreign owned property must be accompanied by "prompt, adequate, and effective" compensation）[116]，而這一段陳述已被國際社會的相關人士習以為常的指為「赫爾公式」（The Hull Formula）。在國際實踐上的實際計算的補償金額則是指一項投資之「繼續營業價值」（Going Concern Value）的「全部公正市場價值」（Full Fair Market Value）[117]。此「赫爾公式」經常被美國列入它與其他國家之條約中[118]。而美國法學家的一般意見是要尋求所謂的「公正補償」（Just Compensation）之法律意義，在「美國外交關係法法律重述」中有作如下之說明[119]：「1.除有特殊情況，補償應

---

[115] Patrick M. Norton, A Law of the Future or a Law of the Past? Modern Tribunals and the International Law of Expropriation, 85 A.J.I.L. 474, 477 (1991). But see c.f. Amerasinghe, Issues of Compensation for the Taking of Alien Property in the Light of Recent Cases and Practice, 41 Int'l. & Comp. L. Q. 22. 23 (1992), who states: "[I] t may be noted that at the time the rule of full compensation is alleged to have come into existence and later in the nineteenth century the expropriations that took place, were almost entirely of an individual nature. There were no complications emanating from, e.g., the nature of state economies, which were at that time all based on lasses-faire principles."

[116] 同前註，Norton, at 476; Green H. Hackworth, 3 Digeot of International Law 658 (1942).

[117] Pat K.Chew, Political Risk and U.S. Investments in China; Chimera ofProtection and Predictability? 34 Va. J. Int'l L. 615, 641 (1994).

[118] 例如，1959年11月25日簽訂的美法體制（establishment）條約（事實上是友好通商航海條約的簡稱）第4條第2項規定：「締約國一方人民與司在另一締約國領土內的財產，非為公共目的與給付公平補償（just compensation），不得徵收。補償應代表被徵收財產的價值；並須以有效可以實現無必要的遲延的形式給付。在徵收財產時必須對補償的決定與支付有足夠準備。」UNTS, Vol. 401, p.75. 本條款中雖未用「迅速、足夠與有效」用詞，但其涵義已包括在條款的用語中。

[119] Just compensation: The elements constituting just compensation are not fixed or precise, but, in the

相當於徵收財產在徵收時的價值，通常是『公正市場價值』（Fair Market Value），並應包括繼續營業的價值（Going Concern Value）及其他公認的價值；2.如不在徵收時補償，則應支付到支付時的利息；3.補償應付可以兌換的貨幣，如以債券補償則應付在經濟上合理的利息」。根據國際法，不但在徵收之後，當地國必須支付「被徵收財產所有人」之「完全補償」（Full Compensation），而且如果那樣的補償沒支付，或不足之時「被徵收財產所有人」國籍所屬之國家（亦即投資國）往往會使用武力，以作為報復性之制裁。瓦德利教授（Professor Wortley）就指出：「在19世紀中葉，英國以及許多歐洲及美國的投資者，在他們的財產被徵收之後，都會期待在必要之時，他們的政府會採取一些措施，像禁運、和平封鎖或海軍示威，以及一般來說偶爾會使用相同的方式，來獲得『特定的恢復原狀』」（In the mid-19th century, British and many European and American investors, following expropriation of their property, could expect their governments to make use, if need be, of such measures as embargo, or pacific blockaded, or naval demonstrations, and generally to use the same means as from time to time were used to obtain specific restitution.）[120]。所以由此可知，傳統國際法指出外國人在他們的財產被徵收之後，不但可以向「徵收

---

absence of exceptional circumstances, compensation to be just must be equivalent to the. Value of the property taken and must be paid at the time of taking or with interest from that date and in an economically useful form.

There must be payment for the full value of the property, usually "fair market value" where that can be determined. Such value should take into account "going concern value," if any, and other generally recognized principles of valuation.

Provision for compensation must be based on value at the time of taking; as in United States domestic law, if compensation is not paid at or before the time of taking but is delayed pending administrative, legislative, or judicial processes for fixing compensation, interest must be paid from the time of the taking.

Compensation should be in convertible currency without restriction on repatriation, but payment in bonds may satisfy the requirement of just compensation if they bear interest at an economically reasonable rate and if there is a market for them through which their equivalent in convertible currency can be realized.

[120] B. A. Wortley, Expropriation in Public International Law 58 (1959).

國」（即當地國）請求「完全補償」，在必要時尚允許外國人之母國可以使用武力，以保護外國人在「徵收國」（即當地國）之權利[121]。

三、徵收之現狀

　　許多國際法學者基於前面所論及之徵收之國際法規範之起源及其歷史發展，就作出了如下之結論：國家對於其領域內之外國人（即外國投資者）之財產，有權加以徵收；但是，如果要讓那種徵收變得合法，那麼那樣的徵收不得對投資者加以歧視，必須是為了公共目的，必須是伴隨著支付全部補償；而此種補償必須是迅速的、足夠的以及有效的[122]。因此，一項徵收如果是「非歧視性的」（Non-discriminatory），以及是為了公共目的，原則上是合法的；但是，因為還有關於「補償」之規範，使得僅合於以上之前面的兩要件之徵收成為「有條件約合法」（Legally Conditional）。一項徵收不符合以上的三個條件之任何一個條件，即會使得該項徵收成為違法的徵收。而在另外一方面，一項徵收是具有歧視性的，或是並非為公共目的；那麼，不論這項徵收是否有支付「補償」，該徵收已經構成了「明顯的本質上違法」（Illegal Perse）。對徵收的這樣子的觀點，從各國的國家實踐及國際法庭之法理之依據來看，已經受到了相當大的支持。

　　所以根據習慣國際法，一個國家在其領域內，因為主權的至高無上性質，使得它可以徵用外國人的財產。但是，不論怎麼說，這個主權的至高無上性仍然是存在於國際法規範的架構之下；因此，在此架構之下，國際法要求國家對於在其領域內之外國人的財產之徵用，必須是不具歧視性的，必須是為了公共目的，而且更要求國家支付補償所徵用之外國人的財產的全部價值之金額。瓦德利教授就對此加以說明如下：「因為一個主權國家可以對於在其領域內之財產加以控制及徵收，但是，這並非就意味著

---

[121] 英國在1836年即曾對西西里政府威脅使用海軍介入西西里政府之徵收英國人在西西里之財產事件。

[122] 徵收如果違反了與他國所簽訂之投資條，自然也是違法的。

它可以不必顧忌依國際法所提出之請求要——恢復原狀或公正補償；或者意味著它總是可以堅持它自己的私有財產之概念」（Because a sovereign State may control and expropriate property in its territory, this does not mean that it can, at will, disregard the claims made, by virtue of public international law, to restitution or to just compensation, or that it may always insist on its own conception of private property.）[123]。

其次，習慣國際法對於有關國家徵收外國人在其境內之財產所應承擔之國際責任，可以從「美國外交關係法法律重述」第712節所述得知。該節指出：「一個國家必須對於因為徵用另一國家國民的財產所導致之損害，依照國際法來承擔責任：如果該徵用是：（1）不是為公共的目的；或（2）是具歧視性的；或（3）並未伴隨著支付公正的補償」（A state is responsible under international law for injury resulting from: A taking by the state of the property of a national of another state that (1) is not for a public purpose, (2) or is discriminatory, or (3) not accompanied by provision for just compensation.）[124]。所以我們可以了解，習慣國際法所指出的「公正的補

---

[123] Supra note 155, at 12. Professor Worley continues: "What, indeed, does the state acquire by its act of expropriation? Simply a title by its own national law that other States may not recognized if they think that the title has been acquired in a manner not recognized by international law," Id. at 16.

[124] Restatement (Third) of the Foreign Relations law of the Unintended States, Section 712stipulates as follows:

State Responsibility for Economic Injury to nationals of Other States...

A state is respcaisible under interactional law for injury resulting from:

(1)a taking byte state of the property of a national of another state that

(a)is not for a public purpose, or

(b)is discriminatory, or

(c)is not accompanied by prevision for just compensation;

For compensation to be just under this Subsection it mostly the, 6 absence of exceptional circumstances, be in an amount equivalent to the value of the property taken and be paid at the time of taking, or within a reasonable time thereafter with interest from the date of taking, and In a form economically usable by the foreign national;

(2)a repudiation or breach by the state of a contract with a national of another state

(a)where the repudiation or breach is (I) discriminatory; or (II) motivated by, noncommercial considerations, and compensatory damages are nonpaid; or

償」，其「公正」乃是指在缺乏例外的情形下，其補償金額必須是等於被徵用財產之價值，或者在合理的期間範圍內，仍須支付從徵用之日起的利息。

四、投資契約之違反

在一般情形之下，外國人與當地國政府所簽訂之投資契約，是受當地國之國內法的規範。當地國如果違反此種投資契約時，並不當然地引發「國家責任條款草案」之國際責任；必須要在某些情況發生時，此種契約關係才會導致國家之國際責任。此等情況，除了「國家責任條款草案」所指之應承擔國際責任的一般規範之「拒絕正義」（Denial of Justice）之外，尚有：1.國家沒收「特許契約」（Concession Contract）所特別賦予外國投資人之權利；以及2.國家違反「國際化契約」（Internationalized Contract）……等。

獨任仲裁員的杜樸教授（Professor Dupuy）在其審理「德土古海外石油公司對訴利比亞阿拉伯共和國」（Texaco Over seas Petroleum Company v. Libyan Arab Republic）一案中指出[125]：「個人或公司與外國人所締結

(b)where the foreign national is not given an adequate forum to determine his claim of repudiation or breach, or ii not compensated for any repudiation or breach determined to have occurred; or

(3)other arbitrary or discriminatory acts or omissions by the state that impair property or other economic interests of a national of another state.

[125] 俞寬賜書，新世紀國際法，臺北，三民書局，民國83年，頁335。其原文見531LR (1977) 389，如下：

International arbitration case law confirms that the reference to the general principles of law is always regarded to be a sufficient criterion forth internationalization of a contract... The recourse to general principles into be explained not only by the lack of adequate legislation in the State considered (which might have been thecae, at one time, in certain oil Emirates). Its also justified by the need for the private contracting partly be protectedagainstunilateral and abrupt modifications of the legislation in the contracting State; it plays, therefore, an important role in the contractual equilibrium intended by the parties.

...Another process for the internationalization of a contract consists in inserting clause providing that possible differences which may arise in respect of the interpretation and the performance of the contract shall be submitted to arbitration.

的某些契約可以被國際化，其方式包括：（一）在約中引述國際法一般原則作為拘束該契約之規範；（二）約中規定利用國際仲裁方式解決契約爭端；（三）將契約歸類為對該國長期經濟援助的「國際開發協定」（International development agreements），並受「穩定條款」（stabilization clauses）之保障。所謂「穩定條款」，其目的在使契約超出國內法領域，以免被締約國片面終止其效力。其次，這種國際化的契約，受到國際法的規範，使參與契約的個人或公司得以在國際社會行使其契約權利；而締約國在這種契約下所承擔的義務則與在條約下的義務一樣，原則上可以免於被徵收；萬一被徵收，即構成「非法徵收」，其補償條件也因此較為優厚。

　　如前所述，對於一個國家徵收所導致外國人之損害，其救濟措施是支付所徵收之財產的全部價值之金額給投資者。因為如國際法院法官海根斯（Rosalyn Higgins）所指出的：「契約權利」依國際法來看也是一種財產權[126]。所以對於投資的外國人之所作之補償，就必須包括被當地國所拒絕承認之「投資契約」（即前面所及之「特許契約」）所賦予外國投資者之「契約權利之價值」。更進一步來說，對於被徵收之「資產」（Assets）

Such a clause has a twofold consequence:

——on the one hand, as this Tribunal has already noted..., the institution of arbitration shall be that established by international law.

——on the other hand, as regards the law applicable to the merits of the dispute itself, the inclusion of an arbitration clause leads to reference to the rules of international law.

Even if one considers that the choice of international arbitration proceedings cannot by itself lead to the exclusive application of international law, it is one of theme ments which makes it possible to detect a certain inter nationalization of the contract. ...It is therefore unquestionable that the reference to international arbitration insufficient to internationalize a contract, in other words, to situate it within a specific legal order ——the order of the international law of contracts.

...A third element of the internationalization of the contracts in dispute results from the fact that it takes on a dimension of a new category of agreements between States and private persons; economic development agree ments... Thus, the internationalization of certain contracts entered into between a State and a private person does not tend to confer upon a private person competence comparable to those of a State but only certain capacities which enable him to act internationally in order to invoke the rights which result to him from an internationalized contract.

[126] 見前揭Rosalyn Higgins書，頁12。

或「企業」（Enterprise），在衡量其「完全補償」之金額時，就有必要來考量「契約權利之價值」（The Value of Contract Right）。同時，也有一些國際法學者就直接主張，一個「國際化契約」被一個國家所違反，就國際法而言就是一個「不當行為」（Wrongful Act）；更遑論徵收投資的外國人財產而未支付「完全補償」之「不當徵收」（Wrongful Expropriation）之構成「違法徵收」（Illegal Expropriation）。國際法院法官海根斯是這樣作結論的：「對於僅是契約之違反與財產之徵收之間作出的區別，將會對於任何補償的決定具有相關性」（The distinction between mere breach of contract and a taking of property will have relevance for the determination of any compensation.）[127]。而對一個外國的投資者而論，他的「契約權利」的被徵收，就如同他的其他財產被徵收一樣，應該有權要求如同財產被徵收一樣的完全補償。

五、私人國外投資之保護

當地國對於外國人之財產得因非歧視性之公共目的加以徵收，而且如果同意給予迅速的、足夠的以及有效的完全補償，對於投資當地國的外國人就不必過於擔憂其財產等權利受損。但是，在國際實踐上，關於私人投資國外因為「徵收」或「國有化」的發生，所衍生出來的不愉快的國際案件，層出不窮，亦所在多有。使得我們不得不考慮如何對於投資國外的本國人加以保護，下列幾種途徑雖不能完全防止財產被徵收，但是，至少可以保證在被徵收時，能夠得適當的補償[128]：

（一）投資公司可以試將其投資契約國際化；

（二）投資公司可避免在投資契約中列入「卡爾伏條款」；縱然列入亦不能排除其國籍國之外交保護；

（三）投資公司可謀求在契約中列入條款，規定當地國徵收其財產時須付給迅速、足夠和有效的補償；

[127] 同前註，頁140。
[128] 俞寬賜書，新世紀國際法，臺北，三民書局，民國82年，頁235-236。

（四）投資公司可在願意和有能力行使外交保護權的國家註冊，以取得其國籍。此之所「願意」，乃因國家有權拒絕行使外交保護權——尤其為了要與他國維持良好關係時，更是如此；

（五）投資公司可試圖說服其本國與接受資本的外國締結條約，規定保障契約的條件，使該國一旦違反契約時，即構成對國際條約之違反，從而發生違約國的直接責任；

（六）如果公司國籍所屬國與徵收財產的當地國均為1964年「國際投資爭端之解決公約」（International Convention for the Settlement of Investment Disputes）的締約國，投資公司當可將契約爭端導入該公約體制內，利用其所規定之正式機制，解決該公司與外國間的投資爭端。因為該公約在世界開發銀行主導下，自1966年以來設立了「解決投資爭端國際中心」（International Center for Settlement of Investment Disputes）。各國應當可以善用其「投資爭端」之解決機制。

肆、結論

一、國家會因為其應作為而不作為或不應作為而作為……等之結果而承擔及國際責任。此責任之發生可以是直接受到之損害，而生直接責任；或是間接的受到損害，而生間接責任。國家的這種對受害者應負起「賠償」之責任，在各國的國內法院以及國際法院的實力，均已確立了此國際法原則。例如：「常設國際法院」在1928年的「邵作工廠案」，即已確認了此原則；「國際法院」也在1949的「哥甫海峽案」，肯定了此原則。

二、傳統的國際法中，沒有規定國家必須允許外國人作為過客或永久居民入境。美國聯邦最高法院在1892年的「西村案」中即宣稱一國在其主權中，本來就具有為保護自己所必須的權利，可以禁止外國人進入它的領域，或者只能按照它所規定的條件進入。

三、國家一旦准許一外國人入境，就該對該外國人所屬之國家負有義務，必須對此人之人身、財產及其利益給予一定之待遇。此一義務是就該

國的國家行為而言，而不是就該國私人對該外國人之待遇而言。所以，國家可能對其直接影響該外國人的行為負責，例如：徵用該外國人的財產；或對其一私人行為正常運作之反應，作為或不作為而負責，例如：保護該外國人對付罪犯。該外國人國籍所屬之國家可用一切合法手段強迫該國履行此一義務。

　　四、各國給予外國人的待遇之基本原則是應該按照文明國家的一般標準。但是此基本原則會因各國對其本國國民待遇之不同而有所不同。因此，而有「卡爾伏條款」之出現。卡爾伏條款之精神在於堅持外國人應享受與當地國民相同之保護權，而認為對於外國人這樣的保護，是主權國家的內政。而該條款之主要目的是在使該外國人聲明今後決不請求其本國政府保護其權利，以防止外國干涉。但是，問題真正的解決其實是應該建立「國際最低標準」，使各個國家對其本國人民之待遇，不論在政治方面抑或是經濟方面，均能超越「國際最低標準」，則在此基礎上再做「國民待遇原則」給予外國人相同於本國人之待遇，問題應可化解不少。

　　五、關於徵收外國人財產與一個國家進行之國有化政策，二者之間是有區別的。雖然二者均是將財產之所有權強制個人轉移給國家，且其目的必須是與公共利益有關。除此之外，一般而言，徵收指涉及一項具體財產，而用途可能和在私人擁有時不同。國有化是將整個同類的財產徵用，用途仍然不變，但受益人則從私人業主改為公眾。

　　六、根據習慣國際法，一個國家在其領域內，因為主權的至高無上性質，使得它可以用外國人之財產。但是，此主權的至高無上性質，仍然是存在於國際法規範的架構之下，因此，國際法會要求對此項徵用外國人之財產，必須是為了公共目的，不具歧視的，而且徵收國必須支付補償所徵用外國人的財產之全部價值金額，以滿足「適當補償」的要求。

國家圖書館出版品預行編目資料

當代國際法／吳嘉生著. ― 初版. ― 臺北
市：五南，2008.09
　　冊；　公分
　參考書目：面
ISBN 978-957-11-5373-5 (上冊；平裝)
ISBN 978-957-11-5374-2 (下冊；平裝)

1.國際法

579　　　　　　　　　　　97016885

1V59

當代國際法(上)

作　　者 ― 吳嘉生(70.1)

發 行 人 ― 楊榮川

總 經 理 ― 楊士清

副總編輯 ― 劉靜芬

主　　編 ― 張若婕

責任編輯 ― 李奇蓁　張慧茵

封面設計 ― 童安安

出 版 者 ― 五南圖書出版股份有限公司

地　　址：106台北市大安區和平東路二段339號4樓

電　　話：(02)2705-5066　傳　　真：(02)2706-6100

網　　址：http://www.wunan.com.tw

電子郵件：wunan@wunan.com.tw

劃撥帳號：01068953

戶　　名：五南圖書出版股份有限公司

法律顧問　林勝安律師事務所　林勝安律師

出版日期　2008年9月初版一刷
　　　　　2011年2月初版二刷

定　　價　新臺幣380元